ET SI VOUS EN SAVIEZ ASSEZ POUR GAGNER EN BOURSE

NOTE D'IRLANDE

On ne peut plus aujourd'hui évoquer la bourse sans analyser les événements survenus entre le 16 et le 20 octobre 1987. Ce fut une des semaines les plus étranges de mon existence. Une année plus tard, un regard plus impartial en arrière me permet de discerner le battage à sensation des incidents marquants. Voici dans l'ordre chronologique ce qui vaut la peine d'être retenu :

- le 16 octobre, un vendredi, ma femme, Carolyn, et moi passions une merveilleuse journée à parcourir le comté de York en Irlande. Je prends rarement des vacances, et le fait que je voyage est déjà extraordinaire par lui-même.

Je ne me suis même pas arrêté pour visiter le siège d'une société cotée. En général, je fais un détour de 160 kilomètres pour obtenir les derniers chiffres des ventes, des stocks, et des bénéfices, mais il n'y avait pas l'ombre d'un rapport du Standard & Poor's ou d'un bilan dans un rayon de 250 kilomètres.

Nous allâmes à Blarney Castle, où la légendaire pierre de Blarney est malencontreusement nichée sur un parapet en haut du monument, à quelques étages au-dessus du sol. Il faut s'allonger, se tortiller sur une passerelle métallique au-dessus d'un précipice fatal et enfin, en agrippant une rambarde réconfortante, embrasser la pierre. L'émotion est telle qu'on la décrit, surtout celle que l'on ressent en y survivant.

Nous nous sommes remis de notre expédition à Blarney en passant un week-end tranquille à jouer au golf - à Waterville le samedi et à Dooks le dimanche - et à nous promener le long du superbe Ring de Kerry.

Le 19 octobre, je relevai l'ultime défi, qui exigea toute l'intelligence et la résistance dont j'étais capable - les dix-huit trous du parcours de Killeen dans le Killarney, l'un des plus difficiles du monde.

Après avoir rangé mes clubs dans la voiture, je partis avec Carolyn pour l'hôtel Sceilig, au bord de la mer, sur la péninsule de Dingle. Je devais être fatigué. Je n'ai pas quitté ma chambre d'hôtel de tout l'après-midi.

Ce soir là, nous avons dîné avec des amis, Elizabeth et Peter Callery, chez Doyle, un fameux restaurant de poissons. Le lendemain, le 20, nous sommes rentrés.

CES PETITS BOULEVERSEMENTS

Bien entendu, j'ai omis quelques petits bouleversements. Après coup, ils semblent tout juste dignes d'être mentionnés. Un an après, vous êtes censés vous souvenir de la chapelle Sixtine, et non pas de l'ampoule que vous avez récoltée en arpentant le Vatican. Mais pour ne rien vous cacher, je vais vous dire ce qui me tracassait :

Jeudi, en fin de journée, au moment ou nous partions pour l'Irlande, l'indice Dow Jones des valeurs industrielles avait perdu 48 points, et le vendredi, jour de notre arrivée, il perdait encore 108,36 points. Je me suis demandé si nous devions vraiment être en vacances.

Je pensais au Dow Jones et non pas à Blarney, même au moment où j'ai embrassé la pierre. Durant le week-end, entre deux parties de golf, je partais à la recherche de téléphones pour appeler mon bureau et leur indiquer quelles actions il fallait vendre et lesquelles acheter à bon prix si le marché continuait à baisser.

Lundi, jour où j'ai joué sur le golf de Killeen à Killarney, l'indice mentionné plus haut chutait de 508 points supplémentaires.

Grâce au décalage horaire, je finissais ma partie quelques heures avant l'ouverture de Wall Street, sinon j'aurais joué beaucoup plus mal. De la journée de vendredi subsistait un sentiment de mélancolie et de sort funeste qui explique peut-être (1) que j'ai putté encore plus mal que d'habitude, c'est-à-dire de façon terrible dans le meilleur des cas, et (2) que je n'ai pas retenu mon score. Le score qui a attiré mon attention plus tard ce jour là fut qu'un million d'actionnaires du Magellan Fund venaient de perdre 18 % de leurs avoirs, soit 2 milliards de dollars pendant la séance de lundi.

Obsédé par ce contretemps, je n'ai pas admiré le paysage sur la route de Dingle. J'aurais pu me trouver au carrefour de la quarante-deuxième et de Broadway, c'eut été la même chose.

Cet après-midi là, je ne faisais pas la sieste à l'hôtel Sceilig comme on pouvait le croire. J'étais au téléphone avec mon bureau, en train de décider lesquelles des 15 000 actions de mon fonds devaient être vendues pour trouver des liquidités et rembourser le nombre exceptionnel de vendeurs. Nous avions assez de liquidités pour des circonstances normales mais insuffisamment pour celles du 19 octobre. Je n'arrivais pas à trancher. Etait-ce la fin du monde, allions-nous vers une dépression, ou bien les choses n'étaient-elles pas aussi graves, et seul Wall Street était-il au bord de la faillite ?

Avec mes associés, nous avons vendu ce que nous avions à vendre. Nous nous sommes d'abord débarrassés de quelques actions britanniques sur le marché de Londres. Lundi matin, les cours étaient dans l'ensemble plus hauts à Londres que sur le marché américain, grâce à une tempête exceptionnelle qui, le vendredi précédent, avait obligé le marché à fermer, lui épargnant ainsi la forte baisse de ce jour là. Puis nous avons vendu à New York, surtout à l'ouverture, alors que le Dow Jones bien parti pour perdre 508 points, n'avait chuté encore que de 150.

Ce soir là chez Doyle, je n'aurais pas pu vous dire ce que j'ai mangé. Je n'aurais pas distingué un cabillaud d'une crevette alors que notre fonds venait de perdre l'équivalent du PNB d'un petit pays.

Nous sommes rentrés le 20 car tous ces événements me poussaient désespérément à retourner au bureau. C'était une éventualité que j'avais envisagée dès le premier jour. Franchement, j'ai fini par me laisser gagner par ces bouleversements.

LES LEÇONS D'OCTOBRE

J'ai toujours été convaincu que les investisseurs devaient ignorer les hauts et les bas du marché. Heureusement la grande majorité d'entre eux n'a guère prêté attention aux événements que nous venons de relater. Si on peut considérer celà comme un exemple, moins de trois pour cent du million de détenteurs de comptes dans le Magellan Fund l'ont quitté pour se réfugier dans des OPCVM (organismes de placements collectif de valeurs mobilières : sicav et fonds communs) monétaires durant les moments de détresse de cette semaine. Vendre, poussé par le désespoir, revient toujours à vendre mal.

Même si le 19 octobre a semé l'inquiétude dans votre esprit, vous n'étiez pas obligé de vendre ce jour là - ni même le suivant -. Vous auriez pu progressivement réduire votre portefeuille d'actions, et sortir du peloton des vendeurs paniqués car, à partir de décembre le marché repartait. En juin 88 il avait récupéré 400 points, c'est-à-dire plus de 23 %.

Aux nombreuses leçons que nous sommes censés avoir tiré de cette semaine d'octobre, j'en rajouterai trois : (1) ne laissez pas de fléaux gâcher un bon portefeuille; (2) ne laissez pas des ennuis ruiner vos vacances; (3) ne voyagez jamais à l'étranger si vous n'avez pas beaucoup de liquide.

Je pourrais continuer sur ce sujet pendant plusieurs chapitres mais je ne veux pas vous faire perdre votre temps. Mieux vaut écrire sur quelque chose qui vous paraîtra plus précieux : comment identifier les meilleures sociétés. Que ce soit une chute de 108 points ou de 508, les meilleures sociétés finissent toujours pas réussir, les médiocres à échouer, et leurs investisseurs respectifs à être récompensés en conséquence.

Mais dès que je me souviendrai de ce que j'ai mangé chez Doyle, je vous le dirai.

INTRODUCTION

LES AVANTAGES DE L'ARGENT BÊTE

C'est là où l'auteur, un investisseur professionnel, promet au lecteur que dans les prochaines pages, il partagera les secrets de son succès. Règle numéro un : n'écoutez plus les professionnels ! Vingt ans de métier m'ont convaincu que toute personne normale utilisant les trois pour cent des capacités de son cerveau pouvait choisir des actions aussi bien, si ce n'est mieux qu'un expert de Wall Street.

Je sais bien que vous n'attendez pas de votre chirurgien esthétique qu'il vous conseille de faire vous même votre lifting, ou de votre plombier qu'il vous dise d'installer votre propre chauffe-eau, et encore moins de votre coiffeur qu'il vous recommande d'égaliser vos mèches, mais il ne s'agit ni de chirurgie, ni de plomberie, ni de coiffure. Il s'agit d'investissement, où l'argent intelligent n'est pas si intelligent, et l'argent bête n'est bête que s'il écoute l'argent intelligent.

En fait, l'investisseur amateur a de nombreux avantages innés qui, exploités, devraient l'aider à faire mieux que les experts, et que le marché en général. De plus, en choisissant vous-même vos actions, vous devriez surpasser les experts. Sinon, pourquoi se donner tant de mal ?

Je ne vais pas exagérer et vous conseiller de vendre tous vos fonds communs de placement. Si tout le monde le faisait, je serais sans travail. En outre, ces fonds sont tout à fait bien, et l'honnêteté non la fausse modestie, me contraint à dire que des millions d'investisseurs amateurs ont été largement récompensés en investissant dans Fidelity Magellan, ce qui m'a d'abord valu d'être invité à écrire ce livre. Le fonds commun de placement est une merveilleuse invention pour les gens qui n'ont ni le temps ni l'inclination pour tenter leur chance contre la bourse, et pour ceux dont les investissements modestes ne permettent pas de chercher la diversification.

Mais si vous avez décidé d'investir tout seul, alors faites le tout seul. Cela signifie qu'il vous faut ignorer les bons tuyaux, les recommandations des maisons de courtage, et les derniers conseils infaillibles de votre lettre confidentielle préférée, pour se fier à votre propre recherche. Cela signifie aussi qu'il vous faut ignorer les valeurs qui, vous a-t-on dit, ont été achetées par Peter Lynch, ou toute autorité similaire.

Il y a au moins trois bonnes raisons pour ne pas tenir compte de ce qu'achète Peter Lynch : (1) il peut se tromper ! Une longue liste de perdants dans mon propre portefeuille me rappelle constamment que le soi-disant argent intelligent est extrêmement bête dans 40 % des cas; (2) même s'il a raison, vous ne saurez jamais quand il aura changé d'avis et vendu; et (3) vous avez de meilleures sources car vous pourrez les contrôler, tout comme je contrôle les miennes. En gardant un oeil ouvert, vous trouverez des sociétés exceptionnelles depuis votre bureau ou dans votre centre commercial, bien avant que Wall Street ne les découvre. Il est impossible d'être un consommateur américain avec une carte de crédit sans avoir fait de l'analyse fondamentale sur des douzaines de sociétés - et si vous travaillez dans l'industrie c'est encore mieux. C'est là que vous découvrirez les "10-baggers". De mon perchoir à Fidelity, j'en ai eu la preuve des dizaines de fois.

CES MERVEILLEUX 10-BAGGERS

Dans le jargon de Wall Street un "10-bagger" est une valeur qui rapporte dix fois sa mise. Je crois que ce mot hautement technique a été emprunté au base ball, où on n'excède pas le "4-bagger" ou "home run" (terme technique de base ball). Dans mon domaine, un 4-bagger c'est bien, mais si vous avez déjà eu un 10-bagger dans votre portefeuille, vous savez combien c'est excitant.

Je me suis découvert très tôt dans ma carrière d'investisseur une passion pour décupler mon argent. Mon premier achat, Flying Tiger Airlines s'est révélé un multi-bagger et m'a aidé à finir mes études. Dans les dix dernières années, les 5 ou 10-baggers occassionnels et les plus rares 20-baggers, ont aidé mon fonds à surpasser ses concurrents - et je possède 1 400 valeurs. Dans un petit portefeuille, ne serait-ce qu'une seule de ces performances peut transformer une cause perdue en un profit. Le mécanisme est étonnant.

L'effet est plus saisissant encore dans des marchés médiocres. Revenons en 1980, deux ans avant de voir poindre le marché haussier. Supposons que vous ayiez investi 10 000 dollars dans 10 actions le 22 décembre 1980, et les ayiez gardées jusqu'au 4 octobre 1983. C'est la stratégie A. La stratégie B est la même sauf que vous avez ajouté une onzième valeur, Stop & Shop, qui se révéla être un 10-bagger.

Résultat de la stratégie A, vos 10 000 dollars sont devenus 13 040 dollars, soit une rentabilité médiocre de 30,4 % sur trois ans (le S & P 500 affichait pour la même période une rentabilité de 40,6 %). Il aurait été normal de vous dire : "Bien. Mais j'aurais mieux fait de laisser faire des professionnels". En ajoutant à votre portefeuille Stop & Shop, vos 10 000 dollars auraient doublé. Et avec 21 060 dollars, et une rentabilité de 110,6 %, vous auriez pu pavaner à Wall Street.

Mieux encore, si vous aviez consolidé votre position dans Stop & Shop au vu de perspectives prometteuses, votre rendement total aurait encore doublé.

Pour parvenir à de telles performances, il suffisait d'un grand gagnant sur onze. Avoir raison sur une valeur suffit à vous permettre d'avoir tort sur les dix autres et à vous faire passer pour un investisseur brillant.

Stratégie A			
	Cours d'achat	Cours de vente	Variation
Bethlehem Steel	\$ $25\frac{1}{8}$	\$ $23\frac{1}{8}$	- 8.0%
Coca-Cola	$32\frac{3}{4}$	$52\frac{1}{2}$	+ 60.3%
General Motors	$46\frac{7}{8}$	$74\frac{3}{8}$	+ 58.7%
W. R. Grace	$53\frac{7}{8}$	$48\frac{3}{4}$	- 9.5%
Kellogg	$18\frac{3}{8}$	$29\frac{7}{8}$	+ 62,6%
Mfrs Hanover	33	$39\frac{1}{8}$	+ 18,5%
Merck	80	$98\frac{1}{8}$	+ 22,7%
Owens Corning	$26\frac{7}{8}$	$35\frac{3}{4}$	+ 33,0%
Phelps Dodge	$39\frac{5}{8}$	$24\frac{1}{4}$	- 38,8%
Schlumberger (cours ajustés)	$81\frac{7}{8}$	$51\frac{3}{4}$	- 36,8%
			+ 162,7%
Stratégie B			
Toutes les actions ci-dessus, plus:			
Stop & Shop	\$ 6	\$ 60	+ 900%

POMMES ET BEIGNETS

Vous pouvez penser qu'un 10-bagger ne se trouve que sous la forme d'une petite société étrange comme Braino Bioffedback ou Cosmic R and D, le genre de valeurs qu'évitent les investisseurs sensés. Il y a pourtant beaucoup de 10-baggers parmi des sociétés que vous reconnaîtrez : Dunkin' Donuts, Wal-Mart, Toys "R" Us, Stop & Shop, et Subaru, pour n'en citer que quelques unes. Ce sont des produits que vous avez admirés et aimés, mais qui aurait suspecté qu'en achetant des actions Subaru en même temps que la voiture du même nom, vous seriez maintenant millionnaire ?

C'est pourtant vrai. Cette assertion repose sur plusieurs suppositions : premièrement que vous ayiez acheté l'action à son cours le plus bas de 2 dollars en 1977, et ensuite que vous l'ayiez vendu en 1986, alors qu'elle culminait à 312 dollars, si l'on tient compte du fractionnement de l'action en huit. C'est un 156-bagger. Ainsi, en investissant 6 410 dollars (environ le prix d'une voiture), vous vous seriez retrouvé avec très exactement un million de dollars. Au lieu de posséder une voiture toute cabossée, vous seriez assez riche pour avoir une superbe maison et deux Jaguars dans le garage.

Peu probable que vous ayiez gagné un million de dollars en investissant dans les actions Dunkin' Donuts autant que vous dépensez en beignets - combien de beignets une personne peut-elle manger ? Mais si en même temps que les deux douzaines de beignets hebdomadaires achetés durant l'année 1982 (un total de 270 dollars), vous aviez investi la somme équivalente en actions, vous auriez, quatre ans plus tard, retrouvé 1 539 dollars (un 6-bagger). Un investissement de 10 000 dollars dans cette société aurait rapporté un bénéfice de 47 000 dollars quatre ans plus tard.

Si en 1976, vous aviez acheté dix paires de jeans au Gap pour 180 dollars, ils seraient usés aujourd'hui, mais dix actions The Gap achetées pour le même montant (le cours initial était de 18 dollars) valaient en 1987, à leur cours le plus haut, 4 672,50 dollars. 10 000 dollars investis dans The Gap auraient rapporté un bénéfice de 250 000 dollars.

Si pendant l'année 1973, vous aviez passé à l'occasion de voyages d'affaires 31 nuits dans des motels La Quinta (la nuit coûte 11,98 dollars) et si vous aviez dépensé la même somme de 371,31 dollars en achats d'actions dans cette société, ces dernières auraient valu 4 363,08 dollars dix ans plus tard. Un investissement de 10 000 dollars aurait rapporté un bénéfice de 107 500 dollars.

Si en 1969 vous aviez dû enterrer un proche (un enterrement traditionnel coûte 980 dollars) par l'intermédiaire d'une des nombreuses succursales de Service Corporation International, et si malgré votre chagrin, vous aviez songé à investir 980 dollars supplémentaires en actions SCI, vos 70 actions auraient valu en 1987, 14 352,19 dollars. Un investissement de 10 000 dollars dans SCI aurait rapporté un bénéfice de 137 000 dollars.

Et si enfin en 1982, la même semaine où vous avez acheté un ordinateur Apple de 2 000 dollars pour que vos enfants améliorent leurs notes et fassent des études supérieures, vous aviez aussi acheté pour 2 000 dollars d'actions Apple, vous auriez été en 1987 à la tête de 11 950 dollars, largement de quoi payer une année d'université.

LE POUVOIR DE LA NOTORIÉTÉ PUBLIQUE

Pour obtenir ces résultats spectaculaires, il fallait vendre et acheter très exactement au bon moment. Mais même en passant à côté des cours extrêmes, vous auriez fait mieux avec l'une de ces sociétés qui vous sont familières qu'avec certains groupes ésotériques qu'aucun de nous ne saisit.

On raconte cette fameuse histoire d'un pompier de Nouvelle Angleterre. Vraisemblablement dans les années cinquante, il remarqua l'étonnante expansion d'une usine locale de Tambrands (qui s'appelait alors Tampax). Il songea que c'était là un signe de prospérité, et sur cette supposition, investit avec sa famille 2 000 dollars. Mieux encore, chaque année pendant cinq ans, ils investirent 2 000 dollars supplémentaires. En 1972, le pompier était millionnaire - sans avoir acheté de Subaru !

Je ne sais si notre investisseur chanceux a demandé ou non conseil à des brokers ou autres experts. Mais beaucoup lui auraient démoli sa théorie, et l'auraient incité pour son bien à s'en tenir aux blue chips recherchées par les institutions ou aux électroniques tellement en vogue à l'époque. Heureusement le pompier a gardé ses opinions pour lui.

Vous pensez peut-être que les spécialistes trouvent leurs meilleures idées d'investissement dans les potins sophistiqués de haut niveau qui s'échangent dans les bureaux, mais je trouve la plupart des miennes de la même façon que le pompier. Chaque année je vois des centaines de sociétés, et passe des heures avec des directeurs, analystes financiers, et collègues, pourtant je rencontre les occasions exceptionnelles hors de mon travail. Celà pourrait aussi vous arriver : Taco Bell, c'est un burrito (spécialité mexicaine) qui m'a impressionné lors d'un voyage en Californie; La Quinta Motor Inns, quelqu'un de l'Holiday Inn concurrent m'en a parlé; Volvo, ma famille et mes amis en ont une; Apple Computer, mes enfants en ont un à la maison, puis nous en avons acheté pour le bureau; Service Corporation International, un analyste du secteur électronique de Fidelity (qui n'a rien à voir avec les pompes funèbres, ce n'était pas son domaine) l'a découvert pendant un voyage au Texas; Dunkin' Donuts, j'aimais leur café.

Plus récemment, c'est Pier Import, requinqué, qui m'a été recommandé par ma femme. D'ailleurs Carolyn est l'une de mes meilleures sources. C'est elle qui a découvert les collants L'eggs.

L'eggs est un parfait exemple du pouvoir de la notoriété publique. Il se trouve que ce produit de consommation est devenu l'un des deux plus grands succès des années soixante-dix. Au début des années quatre-vingt, avant que je ne reprenne le Magellan Fund, je travaillais comme analyste dans le groupe. Je connaissais le secteur textile pour avoir parcouru le pays, visité des usines, calculé marges bénéficiaires et PER (price earning ratios : rapport cours / bénéfice par action), et étudié les mystérieux fils de trame et fils de chaîne.

Mais aucune de ces informations n'était aussi précieuse que celles de Carolyn. Je n'ai pas trouvé L'eggs dans mes recherches, elle l'a trouvé en allant faire le marché.

Juste là dans un présentoir en métal près de la caisse, il y avait un nouvel étalage de collants pour femmes, présentés dans des oeufs en plastique de toutes les couleurs. La société, Hanes, faisait un test de marché dans plusieurs endroits du pays, et notamment dans la région de Boston. Quand Hanes demanda à des centaines de femmes sortant du supermarché si elles avaient acheté des collants, un fort pourcentage répondit par l'affirmative. Mais peu se souvenaient de la marque. Hanes était en extase. Si un produit devenait un succès sans la reconnaissance d'une marque, on pouvait présager son avenir, une fois faite sa publicité.

Carolyn n'avait pas besoin d'être une experte en textiles pour deviner que L'eggs était un produit supérieur. Il lui suffisait d'en acheter une paire et de l'essayer. Ces collants avaient plus de deniers, et donc moins tendance à filer que des collants ordinaires. Ils s'ajustaient très bien, mais surtout ils étaient très pratiques. Vous pouviez les acheter là entre les chew gums et les lames de rasoir, sans avoir à aller spécialement dans les grands magasins.

Hanes commercialisait aussi des collants sous sa marque dans les grands magasins et les magasins spécialisés. Mais la société avait remarqué que les clientes y allaient environ une fois toutes les six semaines alors qu'elles allaient au supermarché deux fois par semaine, ce qui leur donnait douze chances d'acheter des L'eggs contre une seule d'acheter leurs collants habituels. La vente de collants dans les supermarchés remporta un grand succès. Il suffisait de voir dans les caddies, à la caisse, tous ces oeufs en plastique de toutes les couleurs. On s'imaginait alors aisément la multitude qui serait vendue dans tout le pays, une fois qu'on commencerait à en parler.

Combien de femmes ayant acheté ces collants, d'employés du magasin les ayant vu les acheter, et de maris les ayant aperçus à la maison, ont-ils deviné le succès de L'eggs ? Des millions. Deux ou trois ans après son lancement national, vous auriez pu, dans n'importe lequel des milliers de supermarchés, réaliser que c'était un best seller. Il suffisait alors d'un pas pour deviner que L'eggs était produit par Hanes et que cette dernière était cotée à la bourse de New York.

Carolyn m'ayant notifié Hanes, j'ai fait les recherches habituelles. Plus attirante encore que je ne pensais, je m'empressai, avec la même confiance que le pompier qui avait acheté Tambrands, de recommander la valeur aux gestionnaires des fonds de Fidelity. Et Hanes devint un 6-bagger avant d'être racheté par Consolidated Foods, devenu Sara Lee. L'eggs est resté le même fleuron chez Sara Lee, et s'est largement développé pendant ces dix dernières années. Je suis convaincu qu'il aurait pu devenir un 50-bagger s'il n'avait pas été repris.

Ce qui est extraordinaire dans L'eggs, c'est que l'on n'avait pas besoin de l'avoir découvert depuis le début. Vous auriez pu acheter des actions Hanes la première, la seconde ou même la troisième année après que L'Eggs soit devenu un produit national, vous auriez de toute façon triplé votre investissement. Mais beaucoup ne l'ont pas fait, surtout les maris. Les maris (généralement réputés comme les Investisseurs Désignés) étaient alors trop occupés à investir dans le secteur de l'énergie solaire ou des satellites, et à y perdre leur chemise.

Prenez mon ami Martin Dupont - dont j'ai changé le nom pour le protéger. Il y a toujours un peu de Dupont dans chacun de nous. Cet Investisseur Désigné (chaque famille semble avoir le sien) vient de passer la matinée à lire le Wall Street Journal, ainsi qu'une lettre boursière à laquelle il est abonné pour le prix annuel de 250 dollars. Il cherche une nouvelle valeur excitante à jouer, quelque chose sans gros risque mais avec un avenir chargé de promesses. Dans son journal et dans sa lettre, il trouve des recommandations favorables sur Winchester Disk Drives, une petite firme volontaire au futur prometteur. Martin Dupont ne saurait pas reconnaître un lecteur de disquette d'un pigeon d'argile, mais il appelle son courtier et apprend que Winchester fait partie des valeurs chaudement recommandées par Merrill Lynch.

Tout ceci ne peut être pure coïncidence, songe Dupont, vite convaincu qu'un investissement de 3 000 dollars gagnés grâce à son labeur, est forcément une excellente idée. Après tout, il a fait des recherches !

La femme de Dupont, Henriette - également connue comme la Personne Qui Ne Connaît Rien aux Choses Sérieuses de l'Argent (ces rôles pourraient être inversés, mais c'est rarement le cas) - vient de rentrer du centre commercial où elle a découvert un tout nouveau magasin merveilleux de prêt à porter féminin, The Limited. Les clients s'y bousculent. Elle lui décrit aussitôt la gentillesse des vendeuses et les prix extraordinaires. "J'ai acheté à Charlotte une garde-robe entière pour cet automne", s'exclame-t-elle. "Pour seulement 275 dollars".

"275 dollars ?" grogne l'Investisseur Désigné. "Pendant que tu étais dehors à dilapider notre argent, j'étais à la maison en train de chercher les moyens d'en gagner. Je crois que j'ai trouvé : Winchester Disk Drives! Nous allons miser dessus 3 000 dollars."

"J'espère que tu sais ce que tu fais", répondit la Personne Qui ne Connaît rien aux Choses Sérieuses de l'Argent. "Rappelle toi de Havalight Photo Cell ? Cette valeur sûre a chuté de sept à trois dollars et demi. Nous avons perdu 500 dollars".

"Oui, mais c'était Havalight. Maintenant, c'est Winchester. Le Journal de Wall Street dit que l'industrie des lecteurs de disquette aura l'une des plus fortes croissances dans les dix prochaines années. Pourquoi serions nous les seuls à ne pas en profiter ?"

La suite de l'histoire n'est pas difficile à imaginer. Winchester Disk Drives afficha de mauvais chiffres trimestriels, ou une concurence imprévue apparut dans le secteur, et le cours fondit de 10 à 5 dollars. Et comme l'investisseur Désigné n'y comprend plus rien, il décide prudemment de vendre, ravi de n'avoir perdu que 1 500 dollars supplémentaires - ou un peu plus de cinq garde-robes pour Charlotte.

Pendant ce temps, à l'insu de Martin Dupont, le cours de l'action The Limited, le magasin qui avait tant impressionné sa femme Henriette, avait grimpé avec constance, de moins de 50 cents (un cours ajusté au fractionnement de l'action) en décembre 1979 à 9 dollars en 1983. C'était déjà à l'époque un 20-bagger. Et même en l'achetant alors à 9 dollars, (il souffrit ensuite une chute à 5 dollars), il aurait plus que quintuplé son argent quand le cours s'envola à 52 7/8. Ce qui en fit un 100-bagger depuis le début. En investissant 10 000 dollars, Martin Dupont aurait pu gagner un million de dollars.

Et si Madame Dupont avait doublé les 275 dollars dépensés en vêtements de 275 autres en actions, elle aurait pu, avec ce faible investissement, payer un semestre de collège. Mais notre Investisseur Désigné, qui aurait encore largement pu acheter des actions The Limited après avoir vendu ses Winchester, a continué à ignorer le bon tuyau de son épouse. A cette époque, il y avait 400 magasins The Limited dans le pays, la plupart bondés, mais notre Dupont était trop occupé à suivre les aventures de Boone Pickens et Mesa Petroleum.

Ce ne fut que fin 1987, peu de temps avant la grande glissade de 508 points, que Dupont finit par découvrir que The Limited était conseillé à l'achat par sa firme de courtage. Mieux, trois journaux différents avaient écrit des articles élogieux; elle était suivie par trente analystes. Il apparut à l'Investisseur Désigné que c'était un achat sûr et respectable.

"C'est drôle, marmonna-t-il un jour à sa femme. Tu te rappelles ce magasin que tu aimais tant, The Limited ? Eh bien, c'est une société cotée. On peut donc acheter des actions. A en juger par ce que j'ai vu à la télévision, cela a l'air d'être un bon coup. Forbes (magazine financier) a fait une couverture sur eux. En tout cas, cela doit valoir la peine d'y mettre au moins 2 000 dollars de notre fonds de retraite".

"On a encore 2 000 dollars sur notre fonds de retraite ?", demande Henriette avec scepticisme.

"Mais, bien sûr", tonne l'Investisseur Désigné. "Et il y en aura bientôt plus grâce à ton magasin préféré". Mais je n'y vais plus", répond Henrietta. '"C'est devenu trop cher et les autres magasins ont maintenant les mêmes articles".

"Cela n'a rien à voir, mugit alors notre Investisseur Désigné. Je ne parle pas courses. Je parle investissement".

Martin Dupont acquit l'action à 50 dollars, proche de son cours le plus haut de 1987. Mais elle se mit rapidement à dégringoler jusqu'à 16 dollars, et à mi-chemin, il vendit, ravi une fois encore d'avoir limité ses pertes.

EST-CE UNE SOCIÉTÉ COTÉE ?

J'ai beau jeu de raconter tout cela. Je n'ai pas non plus acheté d'actions The Limited alors qu'elles montaient, et ma femme avait, comme la sienne, remarqué le succès de leurs magasins. Moi aussi, j'ai acquis les actions une fois la société devenue célèbre, quand ses fondements n'étaient plus aussi favorables. Et je suis toujours perdant dessus.

Je pourrais d'ailleurs disserter longtemps sur les 10-baggers que j'ai manqués, et d'autres exemples aussi désolants surgiront au fil de ce livre. Autant que quiconque, je laisse passer des opportunités prometteuses. Alors que je jouais sur l'un des plus grands ensembles d'actifs du siècle, le golf de Pebble Beach, il ne m'est jamais venu à l'idée de demander si c'était une société cotée. J'étais trop occupé à demander la distance entre les départs et les greens.

Heureusement, il y a assez de 10-baggers autour de nous pour que nous puissions en ignorer la majorité tout en se prenant une petite part du gâteau. Dans un grand portefeuille, comme le mien, il m'en faut plusieurs pour faire la différence. Dans un plus petit comme le vôtre, un seul suffit.

De plus, l'avantage d'investir dans des sociétés qui nous sont familières comme L'eggs ou Dunkin' Donuts, c'est qu'en essayant des collants ou en sirotant un café, on entame l'analyse fondamentale que des analystes de Wall Street sont payés pour faire. Visiter des magasins et tester des produits font partie des éléments critiques de la fonction d'analyste.

Passer sa vie à acheter des voitures ou des appareils de photos forge un sens du bon et du mauvais, de ce qui est vendeur ou ne l'est pas. Si vous n'y connaissez rien aux voitures, peut-être êtes-vous experts dans un autre domaine ? L'important est de trouver avant Wall Street. Pourquoi attendre que le spécialiste de la restauration de Merrill Lynch vous recommande Dunkin' Donuts alors que vous avez vu huit franchises s'ouvrir dans votre région? Le spécialiste de la restauration chez Merrill Lynch ne va pas remarquer Dunkin' Donuts (pour des raisons que j'expliquerai plus tard) avant que le cours de l'action n'ait quintuplé de 2 à 10 dollars, alors que vous l'avez remarqué quand il était à 2 dollars.

GAGER SUR UN GIGAHERTZ

Parmi les investisseurs amateurs, il n'est pas bien vu, pour quelque obscure raison, de parcourir la ville et de manger des beignets en considérant cela comme la première phase de recherche sur des actions. La plupart des gens préfèrent investir dans un secteur qu'ils ignorent totalement. Peut-être règne-t-il à Wall Street une loi orale : si vous n'y comprenez rien, investissez toutes vos économies. Evitez l'entreprise du coin de la rue, que vous pouvez facilement observer, et cherchez plutôt une société qui fabrique un produit incompréhensible.

Justement l'autre jour j'en ai rencontré un. A lire un rapport trouvé sur mon bureau, c'était une chance inouïe d'investir dans une entreprise qui produit le "megabit S-Ram, C-Mos (un oxyde de métal semi-conducteur); risc (reduced instructive set computer) bipolaire, point de flottaison, data I/O array processor, compilateur à optimisation... 6 gigahertz...

Gigahertz ou mégaflop, s'il vous est impossible de dire s'il s'agit d'un cheval de course ou d'une puce à mémoire, n'y touchez pas, même si votre courtier vous appelle pour la recommander comme étant l'occasion du siècle.

CHOU BLANC AVEC LA POUPÉE CABBAGE PATCH

Cela signifie-t-il que vous devez investir dans tous les fast-foods qui fleurissent, dans toutes les sociétés qui sortent des produits à succès, ou dans toutes les entreprises cotées qui ouvrent un magasin dans votre centre commercial ? Si c'était aussi simple, je n'aurais pas perdu de l'argent sur Bildner's, le café à la mode en face de mon bureau. Si au lieu d'acheter des actions (50 me paieraient à peine un sandwich au thon), je m'étais contenté de sandwichs ! Mais nous en reparlerons plus tard.

Et Coleco ? Le succès foudroyant de leur poupée, la Cabbage Patch, n'a pas pu sauver cette société médiocre au mauvais bilan. Et bien que son action eut fait des prouesses pendant près d'un an, sous l'impulsion des jeux vidéos, puis de la popularité de sa nouvelle poupée, son cours sombra de 65 dollars en 1983 jusqu'à 1 3/4 dollar quand Coleco fut mise en liquidation judiciaire, avant de finalement déposer son bilan en 1988.

Trouver une société prometteuse n'est que la première étape. La suivante sera la recherche. C'est cette recherche qui vous aidera à distinguer Toys "R" Us de Coleco, Apple Computer de Televidéo, ou Piedmont Airlines de People Express. Maintenant que j'y pense, j'aurais dû mieux vérifier cette dernière. Peut-être alors ne l'aurais-je pas achetée.

En dépit de mes ratés, les parts du Fidelity Magellan ont été multipliés par vingt durant les douze années ou je l'ai géré - en partie grâce à quelques actions méconnues ou mal aimées que j'avais trouvées et sur lesquelles j'avais moi-même fait des recherches. Je suis convaincu que n'importe quel investisseur peut bénéficier de cette même stratégie. Il n'en faut pas beaucoup pour être plus malin que de l'argent intelligent qui, je l'ai déjà dit, n'est pas toujours intelligent.

Ce livre est divisé en trois parties. La première, Se Préparer à Investir (Chapitres 1 à 5), explique comment vous deviendrez apte à distinguer les actions, comment évaluer les concurrents (gérants de portefeuille, investisseurs institutionnels, et autres experts de Wall Street), comment juger si les actions sont plus risquées que les obligations, comment jauger vos besoins financiers, et comment élaborer une routine efficace pour choisir les actions. La deuxième partie, Choisir des Gagnants (Chapitres 6 à 15), montre comment dénicher les meilleures opportunités, que faut-il rechercher dans une société et que faut-il éviter, comment utiliser au mieux les courtiers, les rapports annuels, et autres ressources, et que faire des nombreux chiffres (PER, évaluation des actifs, MBA) qui sont souvent mentionnés dans les évaluations techniques des actions. La troisième, Perspectives à long terme (Chapitres 16 à 20) décrit comment constituer un portefeuille, comment tenir à l'oeil les entreprises dans lesquelles vous avez investi, quand faut-il acheter et vendre, les sottises des options et des futures, et quelques observations générales sur la santé de Wall Street, les entreprises américaines, et la bourse - des choses que j'ai remarquées en vingt étranges années d'investissement.

PREMIÈRE PARTIE

SE PRÉPARER A INVESTIR

Avant de songer à acheter des actions, il vous faut avoir pris quelques décisions fondamentales sur le marché, avoir mesuré votre confiance envers les entreprises américaines, savoir si vous devez investir en actions, et ce que vous en attendez, décider si vous serez un investisseur à court ou à long terme, et penser quelle sera votre réaction face à un sévère et soudain effondrement des cours. Mieux vaut avant tout définir vos objectifs et clarifier votre attitude : est-ce que je pense vraiment que les actions sont plus risquées que les obligations ? Si vous êtes indécis ou manquez de conviction, alors vous serez une victime potentielle du marché, prête à abandonner tous vos espoirs et votre raison au pire moment pour vendre à perte. C'est cette préparation personnelle, au même titre que les connaissances et la recherche, qui distingue un actionnaire couronné de succès d'un perdant chronique. En fin de compte, ce n'est pas le marché, ni même les entreprises, qui déterminent le sort de l'investisseur. C'est l'investisseur lui-même. Dans les prochains chapitres, j'essaierai de vous décrire ce que vous allez rencontrer, comment vous pouvez assurer votre propre succès, et ce que vous pouvez espérer en tirer.

CHAPITRE UN

COMMENT DÉNICHER LES BONNES ACTIONS

Il n'y a aucune hérédité en la matière. Bien que certains aimeraient imputer leurs pertes à quelque tare innée, et croire que les autres sont nés pour investir, mon histoire personnelle prouve le contraire. Il n'y avait pas de bande de télescripteur au-dessus de mon berceau, et je n'ai pas fait mes premières dents sur les pages boursières du journal avec la même précocité que celle de Pelé, bébé, qui jouait au football, comme le veut la légende. Autant que je sache, mon père n'a jamais quitté la salle d'attente de la maternité pour vérifier le cours de General Motors, et ma mère ne s'est pas enquérie du dividende d'ATT entre deux contractions.

Ce n'est que plus tard que j'ai remarqué que le Dow Jones (l'indice phare de la bourse américaine) était en baisse le 19 janvier 1944, jour de ma naissance, et le resta tout au long de la semaine que je passai à l'hôpital. Je ne le suspectais pas encore à l'époque, mais c'était bel et bien la première démonstration de la Loi Lynch. La Loi Lynch, proche du Principe de Peter, déclare : quand Lynch avance, le marché recule. La dernière preuve remonte à l'été 1987, quand peu de temps après que mon éditeur et moi-même envisagions de publier ce livre, une étape importante de ma carrière, le marché perdit 1 000 points en deux mois. Je réfléchirai deux fois avant de céder les droits cinématographiques.

La majorité de ma famille n'avait aucune confiance dans le marché financier, et à juste titre. Ma mère étant la dernière de sept enfants, mes oncles et tantes avaient déjà atteint l'âge adulte au moment de la Grande Dépression, et avaient vécu le krach de 1929. Personne dans notre maison ne recommandait les actions.

Le seul investissement dont j'ai jamais entendu parler fut celui de mon grand père, Gene Griffin, dans Cities Service. En tant qu'investisseur très conservateur, il avait choisi Cities Service, pensant que c'était une entreprise de distribution d'eau. Au cours d'un voyage à New York, il découvrit que c'était une société pétrolière et vendit aussitôt. Cities Service vit par la suite son cours multiplié par 50.

Cette méfiance vis à vis des actions fut largement partagée par les américains pendant les années cinquante puis soixante, alors que le marché triplait puis doublait à nouveau. C'est pendant mon enfance et non pas dans les années quatre-vingt qu'on trouve le marché le plus haussier de l'histoire. Pourtant, à entendre mes oncles, cela tenait du jeu de dés dans l'arrière salle d'un club de billard. “Ne mettez pas les pieds dans le marché”, conseillait-on. “C'est trop risqué. Vous perdrez jusqu'à votre dernier centime”.

Un regard en arrière me fait réaliser qu'il y avait moins de risque de tout perdre dans le marché des années cinquante qu'à n'importe quelle autre époque antérieure ou ultérieure. Ceci m'enseigna qu'il est non seulement difficile de faire des prévisions, mais que les petits investisseurs ont tendance à être pessimistes ou optimistes aux mauvais moments. Aussi court-on à l'échec en essayant d'investir dans un marché favorable et de se retirer dans un marché en baisse.

Mon père, un homme travailleur, ancien professeur de mathématiques, quitta l'académie pour devenir le plus jeune commissaire aux comptes chez John Hancock. Il tomba malade quand j'avais sept ans et mourut d'un cancer du cerveau quand j'en avais dix. Cette tragédie obligea ma mère a travailler (chez Ludlow Manufacturing, racheté plus tard par Tyco Labs), et je décidai d'apporter ma contribution en prenant un travail à mi-temps. A l'âge de onze ans, je fus embauché comme caddie. C'était le 7 juillet 1955, jour où le Dow Jones chuta de 467 à 460 points.

Pour un enfant de 11 ans qui avait déjà découvert le golf, faire le caddie était une occupation idéale. On me payait pour marcher sur le parcours. En un après-midi, je gagnais plus que les livreurs de journaux qui commençaient à six heures du matin sept jours d'affilée. Que pouvais-je espérer de mieux ?

Au lycée, je commençai à comprendre les avantages plus importants et plus subtils de ce travail, surtout dans un club aussi fermé que Brae Burn, dans les faubourgs de Boston. Mes clients étaient les présidents et les directeurs généraux de grands groupes : Gillette, Polaroid et ... Fidelity. En aidant D. George Sullivan à chercher sa balle, je m'aidais moi-même à me bâtir une carrière. Je ne suis pas le seul caddie à avoir découvert que le plus court chemin vers le conseil d'administration passait par les vestiaires d'un club comme Brae Run.

Si vous voulez apprendre à connaître les actions, un parcours de golf est le meilleur endroit après un parquet de bourse. Surtout s'ils rataient leur coup, les membres du club se lançaient avec enthousiasme dans les détails de leur plus glorieux investissement. En une seule partie, il m'arrivait de donner cinq tuyaux de golf et d'en recevoir en échange cinq sur la bourse.

Bien que je n'avais pas le moindre cent à investir, ces histoires heureuses entendues sur les fairways m'ont amené à reconsidérer le point de vue familial selon lequel la bourse était un endroit où l'on perdait son argent. Beaucoup de mes clients semblaient vraiment en avoir gagné et cette évidence s'insinuait lentement dans mon esprit.

Un caddie apprend vite à trier ses clients en un système de castes, à commencer par les demi-dieux (grands golfeurs, grandes personnalités et gros pourboires), pour tomber dans les golfeurs corrects et pourboires moyens, avant éventuellement de trouver le mauvais golfeur, désagréable, distribuant des pourboires dérisoires - une caste redoutée d'intouchables. La plupart du temps, je suivais des joueurs moyens distribuant des pourboires moyens, mais si j'avais le choix entre un mauvais jeu avec un bon pourboire ou un beau jeu avec un petit pourboire, j'optais pour le premier. Mon état de caddie renforçait mon sentiment que mieux valait avoir de l'argent.

Je continuai ce travail parallèlement au lycée puis au collège de Boston où la bourse Francis Ouimet Caddy m'aida à payer les factures. Au collège, à l'exception des cours obligatoires, j'évitai les sciences, les maths et la comptabilité - toutes des matières de la section commerciale. J'avais plutôt choisi les options littéraires, et en plus de l'habituelle histoire, de la psychologie, et des sciences politiques, j'étudiais également la métaphysique, l'épistémologie, la logique, la religion et la philosophie de la Grèce Antique.

En y repensant maintenant, il est évident que l'histoire et la philosophie préparent mieux à la bourse que les statistiques. Investir est un art, pas une science, et les gens entraînés à tout quantifier avec rigidité démarrent avec un handicap. Si le choix d'actions pouvait être quantifié, il suffirait de louer un ordinateur Cray pour faire fortune. Mais cela ne marche pas ainsi. Toutes les connaissances mathématiques dont vous avez besoin (Chrysler a 1 milliard de dollars de liquidités, une dette à long terme de 500 millions de dollars...), datent de la classe de seconde.

La logique est la matière qui m'a été la plus utile pour choisir des actions, ne serait-ce que pour identifier l'étrange illogisme de Wall Street. A vrai dire, Wall Street raisonne exactement comme les Grecs de l'Antiquité. Ces derniers avaient l'habitude de s'asseoir pour débattre des journées entières du nombre de dents d'un cheval. Ils s'imaginaient trouver la réponse en restant assis à discuter, plutôt qu'en vérifiant sur le cheval. Nombre d'investisseurs s'assoient et débattent de la hausse d'un cours, comme si une muse financière allait leur donner la réponse, au lieu d'aller se renseigner sur la société.

Dans le passé, les gens croyaient que le chant du coq était à l'origine du lever du soleil. Cela paraît idiot aujourd'hui, mais chaque jour les experts de Wall Street confondent cause et effet en offrant quelque nouvelle explication sur la hausse du marché : une quelconque conférence a abouti, les Japonais sont mécontents, une prévision a été dépassée, les Républicains vont gagner les élections, les actions se vendent comme des petits pains, etc... Quand j'entends ces théories, je me souviens du coq.

En 1963, ma seconde année de collège, j'achetai ma première action - Flying Tiger Airline au cours de 7 dollars. Entre mon travail de caddie et ma bourse, mes études étaient payées; habiter avec ma mère réduisait mes autres dépenses, et j'avais remplacé ma voiture à 85 dollars par une de 150 dollars. Après tous les tuyaux que j'avais dû ignorer, j'étais finalement assez riche pour investir !

Flying Tiger n'était pas un hasard. Je l'ai choisi à la suite d'une recherche opiniâtre. A l'occasion de l'un de mes cours, j'avais lu un article sur les promesses d'avenir du fret aérien, mentionnant que Flying Tiger appartenait à ce secteur. Voilà pourquoi j'achetai cette valeur, mais ceci n'explique pas pourquoi le cours grimpa. Il grimpa car le pays s'engagea dans la guerre du Vietnam et la compagnie fit fortune en convoyant des troupes et des cargaisons au-dessus du Pacifique.

En moins de deux ans le cours de bourse atteignit 32 3/4 dollars et j'avais mon premier "5-bagger" (cinq fois la mise). Je vendis petit à petit pour payer mes études, et c'est en partie grâce à Flying Tiger, que j'allai au collège de Wharton.

Si votre première action est aussi importante pour votre avenir financier qu'un premier amour pour votre avenir amoureux, alors Flying Tiger fut un choix des plus heureux. Il m'a prouvé que les "big-baggers" (les grosses plus-values) existaient, et que d'autres suivraient de la même façon.

Au cours de ma dernière année de collège à Boston, je demandai, sur la suggestion de son président Mr Sullivan - le golfeur malchanceux, mais grand et généreux homme dont j'étais le caddie - un stage d'été chez Fidelity. Fidelity était le New York Yacht Club, l'Augusta National, le Carnegie Hall, et le Kentucky Derby. C'était le Cluny des banques d'investissement, et comme cette superbe abbaye médiévale où les moines étaient flattés d'être appelés, tout dévot des bilans rêvait d'y travailler. Il y avait une centaine de demandes pour trois places.

Fidelity avait si bien réussi à vendre des fonds communs de placement à l'Amérique que même ma mère investissait chaque mois 100 dollars dans Fidelity Capital. Ce fonds, géré par Gerry Tsai, était l'un des deux fameux fonds de cette époque. L'autre, Fidelity Trend, était géré par Edward C. Johnson III, connu sous le nom de Ned. Ned Johnson était le fils du fabuleux Edward C. Johnson II, connu sous le nom de Mr Johnson, fondateur de la société.

Le Fidelity Trend de Ned Johnson et le Fidelity Capital de Gerry Tsai surpassèrent très largement les concurrents, et firent l'envie de la profession des années 1958 à 1965. Avec de telles personnes pour me former et me soutenir, je comprenais ce que voulait dire Isaac Newton : "Si j'ai vu plus loin ... c'est en me tenant sur les épaules des Géants".

Bien avant les grands succès de Ned, son père Mr Johnson avait transformé le sentiment des Américains pour les actions. Mr Johnson était persuadé qu'il fallait acheter des actions, non pas pour préserver son capital, mais pour gagner de l'argent. Ensuite, on prenait ses bénéfices et on achetait davantage d'actions. "Vos actions sont comme des femmes que vous êtes condamnées à garder" disait Mister Johnson que l'on citait souvent. Aucun magazine féminin ne lui aurait jamais décerné le moindre prix.

J'étais fou de joie d'avoir été engagé chez Fidelity, et aussi d'être installé dans l'ancien bureau de Gerry Tsai, parti pour le Manhattan Fund à New York. Bien sûr, le Dow Jones, de 925, la première semaine de mai 1966, à mes débuts, avait chuté en dessous de 800 en septembre, alors que je retournai à l'université. Ainsi le veut la Loi Lynch.

ERRANCE ET "MAINE SUGAR"

Les étudiants comme moi sans aucune expérience en finance ou en comptabilité, étaient attelés à la recherche sur les entreprises et à la rédaction de rapports, tout comme les analystes financiers. Ce travail très intimidant fut soudain démystifié - même un étudiant licencié en arts pouvait analyser une valeur. On me confia le secteur du papier et de l'édition et je me mis à parcourir le pays pour faire le tour de sociétés comme Sorg Paper ou International Textbook. Les avions étant en grève, je voyageai en bus. A la fin de l'été, l'entreprise que je connaissais la mieux était Greyhound.

Après cet intermède à Fidelity, je repartis à Wharton pour ma deuxième année d'université, plus sceptique que jamais sur la valeur des théories académiques sur le marché financier. Il me semblait que ce que j'apprenais à Wharton et qui devait, soi-disant, m'aider à réussir ne pouvait que me faire échouer. J'ai étudié les statistiques, le calcul avancé et l'analyse quantitative. Cette dernière m'a enseigné que les choses dont j'avais été le témoin à Fidelity, ne pouvaient pas vraiment arriver.

J'ai également eu beaucoup de mal à admettre l'hypothèse d'un marché efficace, qui veut que tout soit "connu" et que les prix soient "rationnels", avec la théorie d'errance, qui veut que les hauts et les bas du marché soient irrationnels et totalement imprévisibles. J'avais déjà vu trop de mouvements étranges pour douter du côté rationnel.

Il était évident que mes professeurs de Wharton qui croyaient à l'analyse quantitative et à l'errance avaient de moins bons résultats que mes collègues de Fidelity : entre théorie et pratique, j'avais déjà opté pour les adeptes de la seconde. Il est impossible d'entériner la théorie académique (acceptée par la majorité) d'un marché irrationnel alors que vous savez que quelqu'un vient de multiplier par 20 son investissement dans Kentucky Fried Chicken, et mieux, qu'il vous avait expliqué d'avance pourquoi le cours allait grimper. Aujourd'hui, je n'ai toujours pas perdu ma méfiance envers théoriciens et pronostiqueurs.

Certains cours avaient du bon, mais quand bien même ils auraient tous été inutiles, je n'ai pas regretté mon expérience, car c'est sur le campus que j'ai rencontré Carolyn. Nous nous sommes mariés le 11 mai 1968, alors que j'étais dans l'armée. C'était un samedi, la bourse était fermée, et nous partîmes en voyage de noces une semaine pendant laquelle le Dow Jones perdit 13,93 points. Non pas que j'y fisse attention. Je ne m'en aperçus que plus tard.

A la fin de cette deuxième année d'université, je servis dans l'armée. De 1967 à 1969, j'étais lieutenant dans l'artillerie, d'abord au Texas puis en Corée - une nomination confortable si l'on considère l'alternative : la plupart des lieutenants de l'artillerie se retrouvèrent au Vietnam. Seul inconvénient de la Corée, c'était loin de Wall Street, et autant que je sache, il n'y avait pas de bourse à Séoul. J'ai souffert de cette retraite.

Pendant mes rares permissions, je me rattrapai, et me précipitai pour acheter les valeurs chaudement recommandées par collègues et amis. Ils achetaient des actions qui n'en finissaient pas de monter mais me suggéraient des valeurs conservatrices qui n'en finissaient pas de baisser. J'ai quand même fait des bénéfices sur Ranger Oil mais des pertes plus importantes sur Maine Sugar, une valeur sûre qui s'est effondrée.

Maine Sugar avait essayé de persuader les éleveurs de pommes de terre du Maine de produire de la betterave à sucre hors saison. Ce devrait être très profitable pour Maine Sugar et pour les fermiers. En plantant de la betterave - parfait complément de la pomme de terre - ils gagneraient plus d'argent et revitaliseraient leur sol en même temps. De surcroît, Maine Sugar paierait les frais de plantation. Seule condition, les fermiers devaient apporter leur récolte à la toute nouvelle gigantesque raffinerie que le groupe venait de construire.

Petit inconvénient, il s'agissait des fermiers du Maine réputés pour leur extrême prudence. Au lieu de planter des betteraves sur des hectares, ils firent une première tentative sur un huitième d'hectare, puis le succès aidant, sur un quart d'hectare, mais avant d'atteindre un demi-hectare, l'usine avait fermé faute d'activité, et Maine Sugar fit faillite. L'action chuta à 6 cents, juste de quoi acheter six chew gums dans une machine.

Après ce fiasco je me suis juré de ne plus jamais acheter des actions qui pouvaient dépendre de l'âpreté au gain des fermiers du Maine.

Je revins de Corée en 1969 pour rejoindre Fidelity en tant qu'employé permanent et analyste financier, et le marché prit du plomb dans l'aile. (Les théoriciens de la Loi Lynch prendront note). En juin 1974, d'assistant du directeur de la recherche je fus promu directeur de la recherche, et le Dow Jones plongea de 250 points en trois mois. En mai 1977, je pris les rênes du Magellan Fund. Le marché qui se maintenait à 899, entama une longue glissade de cinq mois jusqu'à 801.

Fidelity Magellan avait 20 millions d'actifs. Il y avait seulement 40 actions dans le portefeuille, et Ned Johnson, le numéro un de Fidelity, me recommanda de les réduire à 25. J'écoutai respectueusement mais à peine sorti de son bureau j'en augmentai le nombre à 60, à 100, six mois plus tard, puis très vite à 150. Pas par esprit de contradiction. Mais parce que chaque fois que je voyais une occasion, je ne résistais pas, or à cette époque, les occasions pullulaient.

Ned Johnson avait l'esprit large et m'observait de loin avec des encouragements. Nos méthodes étaient différentes, mais il accepta la mienne - du moins tant que j'obtenais des bons résultats.

Mon portefeuille grossissait; il m'arriva de détenir jusqu'à 150 actions rien qu'en savings and loan. Au lieu d'en avoir une ou deux, je décidai d'en acheter systématiquement (après bien sûr avoir déterminé si chacune d'entre elles était un bon investissement). Ce n'était pas suffisant d'investir dans un seul magasin. Parallèlement à Southland, la maison mère de 7-Eleven, je ne pus m'empêcher d'acheter Circle K, National Convenience, Shop and Go, Hop-In-Foods, Fairmont Foods et Sunshine Junior, pour n'en citer que quelques unes. Cette frénésie d'achats était contraire à l'idée que Ned Johnson se faisait de la gestion d'un fonds, mais je suis encore là.

On m'appela vite le Will Rogers des actions, l'homme qui ne rencontrait jamais une valeur qu'il n'aimait pas. On se moque encore de moi dans le Barron's - nommez une seule action que Peter Lynch ne possède pas. Puisque j'en ai maintenant 1 400, ils ont, semble-t-il marqué un point. Mais je peux tout à fait citer des tas de valeurs que j'aurais aimé ne jamais posséder.

Pendant ce temps, les actifs de Fidelity Magellan avaient atteint 9 milliards de dollars, soit le produit national brut de la moitié de la Grèce. En termes de rendement, Fidelity Magellan a fait, pendant ces 11 années, mieux que la Grèce qui, elle en revanche, affiche un score enviable pour les 2 500 années précédentes !

Quant à Will Rogers, il a peut-être donné le meilleur conseil jamais entendu : "Ne jouez pas; prenez toutes vos économies et achetez quelques bonnes actions. Gardez les jusqu'à ce qu'elles montent, puis vendez les. Si elles ne montent pas, ne les achetez pas".

CHAPITRE DEUX

LES OXYMORONS DE WALL STREET

A la liste des fameux oxymorons - intelligence militaire, professeur savant, silence assourdissant, et crevette géante - j'ajouterais investissement professionnel. Il est important que les amateurs considèrent la profession avec un oeil suffisamment sceptique. Au moins vous saurez qui vous avez en face de vous. 70 % des actions des plus grandes sociétés étant aux mains des institutionnels, il est probable que lorsque vous achèterez ou vendrez des valeurs, vous rivaliserez avec des oxymorons. Tant mieux pour vous. Compte tenu des barrières culturelles, légales et sociales qui réfreinent l'investisseur professionnel - nous en avons nous-mêmes dressé beaucoup -, notre succès est étonnant.

Bien sûr, tous les professionnels ne sont pas comme cela. Il y a d'excellents gérants, des gérants à l'esprit innovateur et des francs-tireurs qui investissent comme bon leur semble. John Templeton est l'un des meilleurs. Il est le pionnier du marché global, l'un des premiers à avoir gagné de l'argent sur tous les continents. Ses clients ont échappé à l'effondrement du marché américain de 1972-74 car il avait judicieusement placé ses actifs au Canada et au Japon. Il fut aussi le premier à profiter de l'ascension du Dow Jones nippon (l'indice Nikkei) qui fut multiplié par 17 tandis que le Dow Jones américain ne faisait que doubler.

Max Heine (maintenant décédé) fut lui aussi, chez Mutual Shares, un libre penseur ingénieux. Son protégé et successeur Michael Price poursuivit la tradition. Il achète des entreprises riches en actifs à moitié prix et attend que la place soit prête à les payer au prix fort. Il a fait un travail superbe. John Neff, lui, est un champion des valeurs mal aimées, qu'il guette sans relâche. Ken Heebner chez Loomis-Sayles a lui aussi toujours l'esprit en alerte, et nous a offert de remarquables résultats.

Peter deRoetth est un autre de mes amis qui s'en est très bien tiré avec de petites valeurs. Licencié en droit d'Harvard, il s'est pris de passion pour les actions. C'est lui qui m'a fait découvrir Toys "R" Us. Le secret de sa réussite vient du fait qu'il n'a jamais mis les pieds dans une école de commerce - imaginez toutes les leçons qu'il n'a pas eu à désapprendre.

George Soros et Jimmy Rogers ont bâti des millions sur des positions ésotériques que je ne pourrais vous expliquer - vente d'or à découvert, achat d'options, couvertures sur des obligations australiennes. Et Warren Buffet, le meilleur de tous, cherche le même genre de bonnes occasions que moi, mais quand lui les trouve, il achète toute la société.

Ces exceptions sont très rares dans la masse des gérants banals, des gérants ternes, des comateux, des sycophantes, des timides, mais aussi des gérants sans fantaisie, des copieurs ou des moutons de Panurge prisonniers des règlements.

Essayez de comprendre la mentalité des gens de notre métier. Nous lisons tous les mêmes journaux et écoutons tous les mêmes économistes. Nous sortons tous du même moule bien homogène. Peu d'entre nous ont quitté les sentiers battus. Je doute fort qu'il y ait des gérants qui ne soient pas bacheliers. Je ne crois pas qu'il y ait parmi nous des anciens surfers ou même d'anciens routiers.

Vous ne trouverez pas dans nos rangs d'adolescents bien polissés. Ma femme avait un jour fait des recherches sur la théorie bien connue qui veut que les grandes idées et les grandes inventions viennent à leurs auteurs avant leur trentième année. J'ajouterai que j'ai 45 ans, que je suis toujours à la tête de Magellan Fund, et prêt à témoigner que les bons investissements n'ont rien à voir avec la jeunesse - et que l'investisseur d'âge moyen qui a vécu plusieurs sortes de marchés a peut-être un avantage sur un jeune sans expérience.

De toute façon, l'écrasante majorité des gestionnaires de fonds étant d'âge moyen, cela supprime toute possibilité de génie, au début comme à la fin du spectre gériatrique.

LE DÉCALAGE

Les qualités de chaque action extraordinaire que j'ai pu dénicher étaient tellement évidentes que 99 % des professionnels l'auraient ajoutée à leur portefeuille sans hésiter. Mais, pour des raisons que je vais vous décrire, ils n'ont pas pu. Il y a tout simplement trop d'obstacles entre eux et les 10-baggers.

Dans le système actuel, une valeur n'est attirante que si elle a été reconnue par un certain nombre d'institutionnels et si un nombre équivalent d'analystes respectables de Wall Street (ce sont eux qui font des recherches sur les différents secteurs et sociétés) ne l'ont mise sur leur liste de recommandations. Avec autant de personnes qui attendent que les autres fassent le premier pas, il est étonnant qu'il y ait des transactions.

The Limited est un bon exemple de ce que j'appelle le décalage. Quand la société fut introduite en bourse, elle était complètement inconnue des principaux institutionnels et des grandes signatures de l'analyse financière. Le responsable de l'émission était une petite firme du nom de Vercoe & Co, située à Colombus dans l'Ohio où se trouvait le siège de The Limited. L'un des directeurs de Vercoe & Co, Peter Halliday, était un ami de classe de Leslie Wexner, le président de The Limited. Peter Halliday imputait ce manque d'intérêt de Wall Street au fait que Colombus dans l'Ohio n'était pas vraiment à cette époque La Mecque des affaires.

Une analyste solitaire (Susie Homes de White, Weld) suivit la valeur deux ans avant qu'une seconde, Maggie Gilliams de First Boston, ne la remarque officiellement en 1974. Et ce fut par hasard, dans le centre commercial de Woodfield à Chicago où elle se réfugia, lors d'une tempête de neige à l'aéroport. Disons qu'elle suivit son instinct d'amateur.

Le premier institutionnel à investir dans The Limited fut T. Rowe Price New Horizons Fund. C'était pendant l'été 1975 et le groupe avait déjà ouvert une centaine de boutiques à travers tout le pays. Des milliers de clients attentifs auraient pu à l'époque commencer leur propre enquête. Pourtant en 1979, deux institutionnels seulement avaient investi dans la firme, et possédaient 0,6 % des actions en circulation. La direction et le personnel étaient eux-mêmes des gros actionnaires - un signe généralement favorable, comme nous l'expliquerons plus loin.

En 1981, 400 boutiques faisaient un chiffre d'affaires florissant et six analystes seulement suivaient la société. C'était sept ans après la découverte de mademoiselle Gilliam. En 1983, le cours atteignait 9 dollars, 18 fois celui de 1979 qui était de 50 cents si l'on tient compte de la division d'actions.

Je sais bien qu'en 1984, le cours chuta presque de moitié à 5 dollars, mais le groupe marchait bien, et cela donnait une chance aux investisseurs de sauter dans le train. (Comme je l'expliquerai plus tard, si le cours baisse mais que les fondamentaux restent sains, mieux vaut s'y tenir et même en profiter pour racheter). Il faut attendre 1985, avec un cours remonté à 15 dollars, pour que les analystes rentrent dans la danse. Ils se sont même battus pour faire figurer The Limited sur leurs listes de recommandations. Le résultat fut une hausse du titre à 52 7/8 dollars, un cours injustifié par les fondamentaux mais provoqué par les achats agressifs des institutionnels.

Une trentaine d'analystes s'étaient mis sur la piste, 37 très exactement, certains étant arrivés juste à temps pour voir l'action s'effondrer.

Ma société de pompes funèbres favorite, Service Corporation International (SCI), fut introduite en 1969. Aucun analyste n'y prêta la moindre attention pendant dix ans ! La firme fit tout pour attirer Wall Street, avant d'être enfin remarquée par une petite firme d'investissement Underwook, Neuhaus. Shearson fut le premier grand courtier à s'y intéresser. C'était en 1982. Le titre était déjà multiplié par cinq.

Pourtant vous auriez encore pu doubler votre argent en achetant SCI à 12 dollars en 1983 et en le revendant à son cours extrême de 30 3/8 en 1987, mais ce n'est pas tout à fait aussi enivrant que le 40-bagger que vous auriez obtenu en investissant dès 1978.

Des milliers de personnes connaissaient cette société, ne serait-ce que pour avoir assisté à un enterrement, et ses fondamentaux n'ont jamais cessé d'être bons. Il se trouve que les oxymorons de Wall Street ont ignoré SCI parce qu'il ne tombait dans aucun secteur bien précis. Ce n'était pas vraiment le secteur des loisirs, encore moins celui des biens de consommation à longue durée de vie.

Durant les années soixante-dix, quand Subaru faisait des prouesses, seuls trois ou quatre analystes gardaient un oeil dessus. Et alors que Dunkin' Donuts fut un 25-bagger entre 1977 et 1986, il n'y a encore aujourd'hui que deux firmes importantes pour la surveiller. Aucune des deux ne s'y intéressait il y a cinq ans. C'étaient alors des courtiers locaux comme Adams, Harkness ou Hill à Boston qui étaient au premier rang, mais vous auriez pu enquêter vous-même après avoir goûté les donuts.

Pep Boys, une valeur dont je reparlerai, a bondi de moins de 1 dollar en 1981 à 9 1/2 en 1985 avant d'attirer l'attention de trois analystes. Stop & Shop monta en flèche de 5 à 50 dollars; les analystes intéressés passèrent de un à quatre. Je pourrais poursuivre mais tout le monde aura compris. Comparez ces chiffres aux 56 firmes de courtage dont les analystes couvrent IBM, ou aux 54 qui ont les yeux fixés sur Exxon.

LES QUATRE INSPECTIONS

Celui qui s'imagine qu'à Wall Street, le professionnel moyen cherche des raisons pour acheter des valeurs excitantes, n'y a guère passé de temps. Le gestionnaire de fonds cherche plutôt des raisons de ne pas acheter des valeurs excitantes, pour pouvoir offrir des excuses si jamais ces mêmes actions excitantes se mettaient à monter. "Elles étaient trop petites pour moi", vient en tête des justifications suivi de "elle n'avait pas d'antécédents", "c'était un secteur sans croissance", "le management n'a pas fait ses preuves", "il y a des syndicats", et "la concurrence les tuera" tout comme "Stop & Shop ne marchera jamais, les 7-Eleven les tueront", ou "Pic 'N' Save ne marchera jamais, Sears les tuera" ou encore "Agency Rent-A-Car n'a aucune chance contre Hertz ou Avis". Ces remarques peuvent être raisonnables et mériter plus ample investigation, mais elles sont trop souvent utilisées pour étayer des jugements rapides et des tabous généralisés.

Avec la survie comme enjeu, rare est le professionnel qui a assez de cran pour aller se fourrer dans un La Quinta inconnu. Entre l'opportunité de faire un gros bénéfice inattendu avec une société inconnue et l'assurance de ne faire qu'une faible perte sur une société connue, le gestionnaire normal choisit la seconde solution. Le succès est une chose mais il est plus important de ne pas faire mauvais effet si vous échouez. Il y a une règle à Wall Street : "Vous ne perdrez jamais votre emploi en perdant l'argent de votre client sur IBM".

Si IBM se porte mal et que vous en avez, vos clients et votre patron vous diront : " Qu'est-il arrivé à ce sacré IBM ?" "Mais si La Quinta se porte mal, on vous dira : "Qu'est-ce qui vous arrive ?" Voilà pourquoi les gestionnaires soucieux de sécurité n'achètent pas d'actions La Quinta Motor Inn qui ne sont suivies que par deux analystes, et ne coûtent que 3 dollars. Ils n'achètent pas non plus Wal-Mart au cours de 4 dollars; ce n'est encore qu'un petit magasin dans une petite ville d'Arkansas, mais sur le point de grandir. Ils achèteront Wal-Mart quand on trouvera un point de vente du groupe dans chaque grande ville des Etats-Unis, que le titre sera devenu l'objet d'attention de cinquante analystes et que son président fera la une du magazine People comme le millionnaire excentrique qui va au bureau en camionnette. Mais à ce moment là, le titre vaudra 40 dollars.

Ce sont surtout dans les caisses de retraite et les compagnies d'assurance que l'on trouve le plus grand nombre de moutons de Panurge : les transactions se font d'après des listes préalablement approuvées. Dans les caisses de retraite, neuf gestionnaires sur dix travaillent d'après ces listes, la meilleure couverture contre "des performances dissemblables".

Les "performances dissemblables" peuvent être la source de gros ennuis ainsi qu'en témoigne cette anecdote. Deux présidents de sociétés, Smith et Jones, qui, tous deux, possèdent des comptes dans des caisses de retraite gérées par la National Bank of River City, font une partie de golf comme ils en ont l'habitude. En attendant un départ, ils parlent de choses et d'autres et notamment de leurs fonds respectifs pour découvrir que celui de Smith a progressé de 40 % sur un an, et celui de Jones de 28 %. Tous deux devraient être satisfaits mais Jones est livide. Lundi, dès la première heure, il téléphone à sa banque pour demander pourquoi son compte a été moins performant que celui de Smith; après tout, les deux ne sont-ils pas gérés dans le même département de la banque ? “Si cela se reproduit, tempête John, nous retirons notre argent”.

Ce problème désagréable pourra être évité si tous les gérants choisissent leurs valeurs dans un même lot approuvé. De cette façon Smith et Jones jouiront de résultats semblables ou du moins la différence ne sera pas assez importante pour provoquer leur fureur. Le résultat risque d'être médiocre, mais une médiocrité acceptable est beaucoup plus confortable que des “performances dissemblables”.

Si cette liste était faite d'une trentaine de valeurs, chacune étant le résultat de la libre pensée d'un analyste ou gestionnaire différent, on obtiendrait un portefeuille dynamique. Mais cela se passe autrement. Chaque valeur de la liste doit être acceptée par les trente directeurs. Aucun comité n'a jamais composé ni grand livre, ni grande symphonie, aucune chance qu'il compose jamais un grand portefeuille. Rappelez vous les étiquettes “Inspectés par quatre” que l'on trouve sur les nouvelles chemises. Cette méthode d'inspection par quatre est la même que pour la sélection de ces listes. Ceux qui prennent la décision savent à peine ce qu'ils approuvent. Ils ne vont pas voir les sociétés et ne font aucune recherche sur leurs nouveaux produits, ils prennent ce qu'on leur donne et le passent au suivant. Je pense à cela chaque fois que j'achète une chemise.

Rien d'étonnant à ce que les gérants de portefeuille ou les gestionnaires de fonds soient écoeurés en choisissant leurs valeurs. Il y a autant de sécurité d'emploi dans la gestion de portefeuille que dans l'enseignement de la danse ou dans l'entraînement de football. Les entraîneurs peuvent au moins se reposer entre deux saisons. Les gérants ne peuvent pas ; le jeu dure toute l'année. Les victoires et les défaites sont revues tous les trois mois par les clients et les patrons qui demandent des résultats immédiats.

C'est un peu plus confortable de travailler comme moi pour le public, que cela ne l'est pour les gérants qui choisissent des valeurs pour d'autres professionnels. Les actionnaires de Fidelity Magellan sont pour la plupart des petits investisseurs libres de vendre quand ils veulent, mais qui ne vérifient pas chaque action de mon portefeuille pour mettre en doute mes hypothèses. C'est pourtant ce qui arrive à Monsieur Boon Doggle à Blind Trust, la banque qui a été choisie pour gérer les fonds de la caisse de retraite de la société White Bread Inc.

Boon Doggle connaît bien ses valeurs. Il fut gérant de portefeuille pendant sept ans chez Blind Trust et n'a toujours eu que de bonnes inspirations. Il ne demande qu'à faire son travail en paix. En face se trouve Sam Flint, vice président de White Bread. Il pense qu'il connaît, lui aussi, ses valeurs, et jette tous les trois mois un oeil critique sur les sélections que Boon Doggle a faites pour White Bread. Entre deux contrôles trimestriels énergiques, Flint appelle Doggle deux fois par jour. Doggle est tellement las de Flint qu'il aimerait n'avoir jamais entendu parler de lui ou de White Bread. Il perd tellement de temps à parler à Flint de bonnes actions à acheter qu'il ne lui en reste pas pour faire son travail.

Les gérants de fonds passent le plus souvent un quart de leur temps de travail à expliquer ce qu'ils font - d'abord aux supérieurs immédiats de leur département, puis aux autorités suprêmes comme par exemple Flint chez White Bread. Comme le veut la règle, plus le client est important, plus le gérant devra lui parler longtemps. Il y a quelques exceptions connues - Ford Motor, Eastman Kodak et Eaton pour n'en citer que quelques-uns mais c'est vrai la plupart du temps.

Disons que le très sourcilleux Flint en revoyant les derniers résultats du fonds, s'aperçoit que Xerox fait partie du portefeuille, et que le titre a été acheté au cours de 32 dollars, alors qu'il se traite en ce moment à 52 dollars. “Fantastique, s'écrie t-il, enthousiaste. Je n'aurais pas fait mieux”.

Il note aussi la présence de Sears. Son cours actuel est de 34 7/8 dollars, et elle a été achetée à 25. “Excellent”, jette-t-il à Doggle. Heureusement pour ce dernier, les dates de transactions ne sont pas précisées, et Flint ne réalise pas que ces deux titres font partie du portefeuille depuis 1967 quand les pantalons à pattes d'éléphant faisaient fureur. En tenant compte de toutes ces années, le rendement de Xerox est inférieur à celui que l'on aurait obtenu dans un fonds commun de placement, mais Flint ne peut s'en apercevoir.

Puis Flint trouve le nom de Seven Oaks International qui se trouve être l'une de mes valeurs favorites. Ne vous êtes-vous jamais demandés ce qui arrivait à tous ces coupons de réduction (deux francs de moins sur une bouteille de ketchup, - 10 % sur l'Ajax) que vous découpez dans les journaux et que vous tendez à la caissière de votre supermarché ? Ils sont expédiés chez Seven Oaks où ils sont traités à peu près comme les chèques dans les banques de la Federal Reserve. Seven Oaks tire beaucoup d'argent de ce travail fastidieux et les actionnaires en sont largement récompensés. C'est exactement le genre de société au nom impénétrable, obscure, ennuyeuse et très profitable, que j'aime voir figurer dans mon portefeuille.

Flint, bien sûr, n'en a jamais entendu parler, et n'en connaît que ce qui apparaît sur le relevé - le titre avait été acquis à 10 dollars et en vaut maintenant 6. "Quoi ?" demande-t-il. "Une chute de 40 % !" Doggle devra passer le reste de la réunion à défendre cette valeur. Après deux ou trois épisodes semblables, il fait le voeu de ne plus toucher à une seule société originale et de s'en tenir à des traditionnelles Xerox ou Sears. Il décide aussi de vendre Seven Oaks à la première occasion afin d'en effacer toutes les traces dans son portefeuille.

En revenant à une "pensée de groupe" et en se rappelant que mieux vaut choisir des sociétés dans la foule, il ignore ce refrain inspiré de sagesse qui nous vient du dramaturge Eschyle, de l'auteur Goethe ou d'Alf, ce héros télévisé venu de l'espace :

Deux, c'est une compagnie, trois une foule
Quatre, c'est deux compagnies
Cinq, une compagnie et une foule
Six, c'est deux foules
Sept, une foule et deux compagnies
Huit, peut-être quatre compagnies ou deux foules et une compagnie
Neuf, c'est trois foules
Dix, peut-être cinq compagnies ou deux compagnies et deux foules.

Même sans élément défavorable dans les fondamentaux de Seven Oaks (ce dont je suis presque sûr puisque j'ai encore quelques titres et que le titre deviendra plus tard un 10-bagger) les actions disparaîtront du fonds de retraite de White Bread, uniquement parce que Flint ne l'aime pas. Et bien sûr celles qui devraient être vendues seront conservées. Dans notre métier, vendre sans discrimination des valeurs qui baissent s'appelle "enterrer les preuves". Parmi les gérants expérimentés, enterrer les preuves se fait si vite et si bien que je crains que cela ne soit devenu un mécanisme de survie, et que les futures générations le fassent sans hésiter, de la même façon que les autruches se cachent la tête dans le sable.

Si Boon Doggle n'enterre pas lui-même les preuves à la première occasion, il sera renvoyé et son portefeuille confié à un successeur qui s'empressera de le faire. Un successeur veut toujours prendre la ligne de départ avec un sentiment positif, c'est-à-dire garder les Xerox et se débarrasser des Seven Oaks.

Avant que tous mes collègues ne m'injurient, laissez-moi faire l'éloge de quelques exceptions connues. Certaines banques régionales ont fait un travail remarquable. De nombreuses entreprises, dont beaucoup de taille moyenne, ont réussi elles-mêmes à gérer leurs fonds de retraite. Un sondage national découvrirait certainement des douzaines de talentueux chercheurs d'actions dans les caisses de retraite, compagnies d'assurance ou sociétés d'investissement.

LES HUITRES ROCKEFELLER

Quand le gérant d'un fonds décide d'acheter quelque chose d'excitant (en dépit d'obstacles d'ordre politique ou social) il peut en être empêché par divers règlements. Certaines sociétés d'investissement empêchent tout simplement l'acquisition d'actions des sociétés où règnent des syndicats. D'autres n'investiront pas dans des secteurs à faible croissance, ou tout simplement dans certaines industries comme les compagnies de distribution d'électricité, les pétrolières ou les sidérurgiques. Il arrive qu'il ne puisse pas investir dans les sociétés dont le nom commence par "r", une règle empruntée à la dégustation des huîtres.

Si la banque ou le fonds n'érige pas de règlement, la SEC (Securities Exchange Commission, l'équivalent de notre Commission des Opérations de Bourse, la COB) le fera. Elle interdira notamment à un fonds comme le mien de détenir plus de 10 % du capital d'une société, ou d'investir plus de 5 % des actifs du fonds dans une même société.

Toutes ces règles sont bien intentionnées, et empêchent un fonds de mettre tous ses oeufs dans le même panier (j'en reparlerai) ou de prendre le contrôle d'un groupe à la manière de Carl Icahn (j'en reparlerai aussi). Résultat, les fonds importants doivent se limiter aux 90 ou 100 plus grosses sociétés sur les 10 000 cotées.

Imaginons que vous gériez un fonds d'un milliard de dollars. Pour éviter des performances dissemblables, on exige que vous choisissiez les actions parmi la quarantaine d'une liste approuvée selon la méthode d'inspection par quatre. N'étant pas autorisé à investir plus de 5 % de vos actifs dans chaque société, il vous faudra placer 50 millions de dollars dans 20 titres, ou au mieux 25 millions de dollars dans 40 titres. Dans ce cas il vous faudra trouver des sociétés où 25 millions de dollars correspondront à moins de 10 % des actions en circulation. Cela supprime pas mal d'opportunités, et notamment les petites entreprises à forte croissance qui s'avèrent souvent des 10-baggers. Vous n'auriez pas pu acheter Seven Oaks ou Dunkin' Donuts.

Pour certains fonds, s'ajoute une restriction supplémentaire : ils ne peuvent pas acquérir les actions d'une société dont la taille n'atteint pas, disons 100 millions de dollars. (La taille se calcule en multipliant le nombre d'actions en circulation par le cours de l'action). Une société avec 20 millions d'actions au cours unitaire de 1,75 dollars a une capitalisation de 35 millions de dollars et doit donc être évitée par le fonds. Mais si le titre triple à 5,25 dollars, sa capitalisation passera à 105 millions de dollars, et la société devient une cible autorisée. Il en résulte un étrange phénomène : les grands fonds ne peuvent investir dans des petites entreprises que lorsque leurs actions sont chères.

Donc, par définition, les caisses de retraite sont vouées aux actions gagne-petit, aux poussives, ou aux 500 grands noms du classement du magazine "Fortune" qui offrent rarement des surprises. Elles achètent les IBM, les Xerox, et les Chrysler, mais attendront avant d'acheter Chrysler que celui-ci ait achevé son redressement et bien sûr que le cours soit réajusté en conséquence. La très respectée et compétente firme d'investissement Scudder, Stevens and Clark a cessé de suivre Chrysler quand le cours avait sombré à 3,5 dollars et ne s'y intéressa plus jusqu'à ce qu'il remonte à 30 dollars. Rien d'étonnant à ce que les directeurs de fonds de retraite aient du mal à faire mieux que la moyenne du marché. Si vous demandez à une banque de gérer votre argent, attendez vous à des résultats médiocres dans la plupart des cas.

Les fonds communs de placement comme le mien sont plus souples. Je ne choisis pas mes actions sur un menu, et aucun Monsieur Flint ne me surveille par-dessus l'épaule. Cela ne veut pas dire que mes patrons et mes supérieurs chez Fidelity n'enregistrent pas mes progrès, ne me défient pas avec des questions, et ne vérifient pas régulièrement mes résultats. Mais personne ne me dit de prendre des Xerox et de ne pas prendre des Seven Oaks.

Mon plus gros handicap est la taille. Plus un fonds d'actions est important, plus il lui est difficile de surpasser ses concurrents. Vouloir qu'un fonds de 9 milliards de dollars fasse mieux qu'un fonds de 800 millions revient à demander à Larry Bird de remporter une victoire de basket-ball avec un poids de trois kilos attaché à la taille. Les gros fonds ont les mêmes inconvénients que tous les gros - plus on l'est, plus cela demande d'énergie pour avancer.

Pourtant, même avec 9 milliards de dollars, Fidelity Magellan continue à faire bonne figure dans la compétition. Chaque année un Cassandre prétend que cela ne durera pas, mais jusqu'à maintenant nous avons prouvé le contraire. Depuis juin 1985, date où Magellan devint le fonds le plus important des Etats-Unis, il a surpassé 98 % des autres fonds investis en actions.

Je dois ces résultats à Seven Oaks, Chrysler, Taco Bell, Pep Boys et toutes les autres valeurs à la hausse rapide, aux sociétés redressées, et aux entreprises mal aimées que j'ai trouvées. Les actions que j'ai achetées sont les mêmes actions que les gérants classiques cherchent à éviter. Autrement dit, je continue le plus souvent possible à réfléchir comme un amateur.

ALLEZ-Y TOUT SEUL

Vous n'avez pas besoin d'investir comme un institutionnel. Si vous le faîtes, vous êtes condamnés à obtenir les mêmes performances que lui, ce qui n'est généralement guère brillant. Vous n'avez pas non plus à vous forcer à penser comme un amateur si vous en êtes déjà un. Surfer, routier, retraité excentrique, ou non diplômé, vous avez déjà un avantage. C'est de là que viennent les 10-baggers, au delà des frontières de la cogitation de Wall Street.

Quand vous investissez, aucun Flint ne vient critiquer vos résultats trimestriels ou semi-annuels, ou vous torturer pour savoir pourquoi vous avez acheté Agency Rent-A-Car au lieu d'IBM. Peut-être y a-t-il une épouse ou un courtier avec qui vous serez forcés de parler, mais un courtier acceptera vos choix étranges et ne vous renverra certainement pas pour avoir remarqué Seven Oaks - du moins tant que vous lui payez ses commissions. Quant à l'épouse ("la Personne Qui Ne Connaît Rien Au Domaine Sérieux De l'Argent") ne vous a-t-elle pas déjà prouvé sa confiance en vous laissant continuer à faire des erreurs ?

Dans l'éventualité improbable où votre conjoint serait consterné par votre sélection, vous pouvez toujours cacher vos relevés. Je n'approuve pas cette pratique, mais je veux seulement vous prouver que c'est un avantage de plus pour l'investisseur particulier face au gérant de portefeuille.

Vous n'avez pas non plus besoin de passer le quart de votre temps à expliquer à un collègue pourquoi vous achetez ce que vous achetez. Aucun règlement ne vous empêche d'acheter une action qui commence par r, une action de moins de 6 dollars ou une action liée aux Teamsters, le syndicat des poids lourds*. Personne ne rouspètera, "je n'ai jamais entendu parler de Wal-Mart", ou "Dunkin' Donuts, quel nom idiot - John Rockefeller n'aurait jamais investi dans des beignets". Personne ne vous interdira de racheter à 19 dollars une action que vous venez de vendre à 11 - ce qui peut être parfaitement raisonnable. Des professionnels n'ont pas le droit de le faire. On leur confisquerait leur écran.

Vous n'êtes pas obligés d'avoir 1 400 valeurs différentes, et on ne vous conseillera pas non plus de répartir votre argent sur 100 titres. Vous êtes libre de posséder une, quatre ou dix actions. Si aucune ne vous attire, vous pouvez attendre une prochaine occasion. Les gestionnaires de fonds ne connaissent pas ce luxe. Nous ne pouvons pas tout vendre, si nous essayons, nous ne trouverons personne pour acheter à des cours intéressants.

C'est important, vous découvrirez des occasions uniques autour de vous ou au bureau, des mois ou même des années avant que les analystes en prennent conscience et ne les désignent aux gérants.

Mais une fois encore, peut-être vaudrait-il mieux que vous ne touchiez pas à la bourse. Il faut le débattre avec précision, car la bourse exige de la conviction, aussi sûrement qu'elle élit ses victimes parmi les hésitants.

* C'est le syndicat le plus puissant des Etats-Unis.

CHAPITRE TROIS

S'AGIT-IL D'UN JEU DE HASARD, OUI OU NON ?

"Les gentlemen préfèrent les obligations"
Andrew Mellon

Après avoir essuyé quelques tempêtes comme celle d'octobre dernier, certains investisseurs ont trouvé refuge dans les obligations. Ce dilemme entre actions et obligations mérite d'être traité dès maintenant dans le calme et la dignité, au risque d'avoir à le résoudre dans un moment de panique, alors que le marché baisse et que tout le monde se précipite à la banque pour acheter des certificats de dépôt. C'est encore arrivé tout récemment.

Investir dans des obligations, dans le marché monétaire ou dans des certificats de dépôt revient, sous des formes différentes, à investir dans une dette - pour laquelle on se voit verser un intérêt. Il n'y a aucun mal à recevoir des intérêts, surtout s'ils sont réglés à l'amiable. Prenons les Indiens de Manhattan, qui, en 1626 vendirent toutes leurs terres à un groupe d'émigrants pour 24 dollars en perles et bibelots. Pendant 362 années, ils furent la risée générale - mais il se pourrait qu'ils aient fait une meilleure affaire que les acquéreurs de l'île.

Avec 24 dollars rémunérés à 8 % pendant toutes ces années (ne soyons pas incrédules et assumons qu'ils ont converti leurs colifichets en espèces) les Indiens auraient amassé une valeur nette d'un peu moins de 30 trillions de dollars alors que les dernières évaluations du Borough de Manhattan estiment à 28,1 milliards de dollars sa valeur immobilière. Donnons à Manhattan le bénéfice du doute : 28,1 milliards de dollars est une estimation, et tout le monde sait que cela en vaut peut-être deux fois plus. Disons donc que Manhattan vaut 56,2 milliards de dollars. Quoi qu'il en soit, les Indiens ont 29 trillions de dollars d'avance.

Mais il est peu probable que les Indiens aient obtenu un taux de 8 %, même aux taux de l'époque. Les pionniers emprunteurs payaient beaucoup moins, mais même en supposant que les Indiens aient obtenu du 6 %, ils auraient aujourd'hui la somme de 34,7 milliards de dollars, et cela sans avoir à entretenir de propriété ou à tondre la pelouse de Central Park. Voilà ce que peuvent faire deux points de différence, remboursés au fil de trois siècles. Néanmoins, vous l'aurez remarqué, on peut épiloguer longtemps sur les dupes de cette transaction. Investir dans une dette n'est donc pas si mal.

Durant ces vingt dernières années, les obligations ont été particulièrement attrayantes. Ce ne fut pas le cas dans les cinquante années précédentes, mais pendant ces deux dernières décennies, sans aucun doute. Historiquement, les taux d'intérêt ne se sont jamais écartés de plus de 4 %. Ce ne fut pas le cas des années quatre-vingt, où nous avons vu les taux à long terme grimper à 16 % pour retomber à 8 %, créant des opportunités remarquables. Ceux qui en 1980 avaient acheté des bons du Trésor américains ont vu leurs valeurs doubler, continuant en même temps à toucher 16 % d'intérêt sur leur investissement initial. Si vous avez été assez intelligent pour être dans ce cas, vous avez largement battu le marché, même dans sa récente phase haussière. Et tout cela sans avoir à lire une seule étude ou à verser le moindre centime à un courtier.

Les bons du Trésor à long terme sont le meilleur moyen de jouer les taux d'intérêt car ils ne sont pas "remboursables par anticipation" - ou du moins pas avant les cinq dernières années de leur durée de vie. Comme beaucoup d'investisseurs obligataires mécontents s'en seront aperçus, bon nombre d'obligations émises par des sociétés ou des collectivités locales peuvent être remboursables par anticipation plus rapidement, ce qui signifie que les débiteurs les rachètent dès que la situation tourne à leur désavantage. Le détenteur des obligations n'a alors plus d'autre choix que celui d'un propriétaire face à une condamnation. Dès que les taux se mettent à baisser, laissant espérer à l'investisseur qu'il a fait un choix astucieux, l'affaire est terminée et on lui renvoie son argent par courrier. En revanche, si les taux se mettent à monter contre son intérêt, il se retrouve avec ses obligations sur les bras.

Vu qu'il existe peu d'obligations privées qui ne soient remboursables par anticipation, mieux vaut jeter son dévolu sur les Bons du Trésor si l'on veut profiter d'une baisse des taux.

LA LIBÉRATION DES LIVRETS D'ÉPARGNE

Traditionnellement, les obligations étaient vendues par grosses unités, ce qui les rendaient inaccessibles au petit actionnaire à qui il ne restait que l'alternative entre un compte d'épargne ou le très ennuyeux bon d'épargne américain. Puis furent créés les fonds obligataires et l'épargnant put investir dans une dette aux côtés des tycoons. Ce fut ensuite le tour des OPCVM (organismes de placement collectif de valeurs mobilières) de trésorerie (les sicav monétaires en France) qui libérèrent une fois pour toutes des millions de détenteurs de livrets d'épargne du joug des banques. On aurait dû ériger un monument à la mémoire de Bruce Bent et d'Harry Browne qui, grâce à leur invention, osèrent mener la grande exode loin des économies grippe-sous. Ils commencèrent en 1971 avec le Reserve Fund.

Mon patron Ned Johnson creusa encore l'idée en y ajoutant la possibilité d'avoir un chéquier. Auparavant, le marché monétaire était surtout utile aux petites sociétés soucieuses de faire fructifier l'argent des salaires hebdomadaires. Le chéquier lui concéda une double fonction, celle de compte épargne et de compte chèque.

C'est une chose de préférer les actions à un compte épargne sans imagination offrant un éternel 5 %. C'en est une autre de les privilégier à une Sicav monétaire qui offre les meilleurs taux à court terme, et dont le rendement grimpe si les taux montent.

Si depuis 1978, toutes vos économies sont investies en Sicav monétaires, n'en soyez pas honteux. Vous avez évité deux ou trois baisses magistrales. Et le pire que vous ayiez récolté est un intérêt de 6 %, sans avoir perdu un centime de votre investissement initial. L'année où les intérêts à court terme ont grimpé à 17 % (en 1981) alors que le marché des actions chutait de 5 %, vous avez enregistré un gain de 22 % en restant liquide.

Si durant l'irrésistible ascension du Dow Jones de 1775 points le 29 septembre 1986 à 2722 le 25 août 1987, vous n'avez pas acheté une seule action, vous deviez vous sentir de plus en plus bête, et pensiez avoir raté l'occasion de votre vie. Vous n'avez même pas osé confier à vos amis que toute votre fortune était investie en sicav monétaires - avoir commis un vol eût été moins mortifiant.

Mais le lendemain du krach, avec un Dow Jones retombé à 1738 points, vous vous êtes senti justifié. Vous avez évité tout le traumatisme du 19 octobre. Avec la chute des cours, le marché monétaire a enregistré de meilleures performances sur toute l'année que le marché des actions - un gain de 6,12 % contre 5,25 % pour les 500 valeurs du Standard & Poor's.

PLAIDOIRIE POUR LES ACTIONS

Mais deux mois plus tard, le marché des actions entamait une nouvelle remontée, et surpassait à nouveau les sicav monétaires ou les obligations à long terme. Au bout du compte, c'est toujours le cas. Historiquement, investir en actions est plus profitable qu'investir dans une dette. Depuis 1927, les actions ont enregistré en moyenne un gain annuel de 9,8 %, à comparer à 5 % pour les obligations privées, 4,4 % pour les obligations d'Etat, et 3,4 % pour les Bons du Trésor. Avec un taux d'inflation annuel de 3 % (index des prix de consommation) cela donne aux actions un rendement réel de 6,8 %. Celui des Bons du Trésor, reconnu comme l'investissement le plus traditionnel et le plus raisonnable, revient à zéro. C'est vrai. Voilà.

La supériorité d'un rendement de 9,8 % pour les actions à 5 % pour les obligations peut paraître modeste mais considérons cette fable financière. Si à la fin de l'année 1927, un Rip Van Winkle des temps modernes s'était endormi pendant 60 ans sur 20 000 dollars investis en obligations privées, rapportant 5 %, il se serait réveillé avec 373 584 dollars - de quoi s'offrir un bel appartement, une Volvo et une coupe de cheveux. S'il avait investi cette même somme en actions, avec un rendement annuel de 9,8 % il aurait 5 459 720 dollars. (Rip étant endormi, ni le krach de 29, ni les remous de 87 ne l'auraient incité à quitter le marché). Si en 1927, vous aviez investi 1 000 dollars dans chacun des quatre investissements cités ci-dessous, et dans l'hypothèse d'une amnistie fiscale, vous auriez 60 ans plus tard, les montants suivants :

Bons du Trésor	7 400 dollars
Obligations d'Etat	13 200 dollars
Obligations privées	17 600 dollars
Actions ordinaires	272 000 dollars

En dépit des krachs, dépressions, guerres et récessions de dix administrations différentes et de nombreux changements dans la longueur des jupes, les actions ont fait près de quinze fois mieux que les obligations privées et plus de trente fois mieux que les certificats de dépôt.

Il y a une explication logique à cela. Avec les actions, vous bénéficiez de la croissance de l'entreprise. Vous êtes un partenaire dans une société prospère et en pleine expansion. Avec des obligations, vous ne faites que prêter de l'argent. Et donc, la seule chose que vous puissiez espérer, c'est de le récupérer avec des intérêts.

Pensez à ceux qui, toutes ces années, avaient des obligations McDonald's. Leur relation avec McDonald's commence et s'achève avec le paiement de la dette. Ce n'est pas le côté excitant de McDonald's. Bien sûr, ceux qui possèdent des obligations depuis le début ont récupéré leur argent, de la même façon qu'avec le certificat de dépôt d'une banque, mais les actionnaires des premiers jours, eux, sont devenus riches. Ils possèdent la société. Vous ne trouverez jamais un 10-bagger dans une obligation.

ET LES RISQUES ?

"Oui", direz-vous, surtout au lendemain d'une baisse du marché, "mais qu'en est-il des risques ? Les actions ne sont-elles pas plus risquées que les obligations ?" Bien sûr, les actions sont risquées. Il n'est écrit nulle part qu'une action nous soit redevable de quoi que ce soit, comme cela m'a été prouvé à maintes tristes occasions.

Même des blue chips conservées des années durant, et supposées être les propositions les plus sûres, peuvent s'avérer risquées. RCA fut un exemple célèbre. Considéré comme l'investissement prudent par excellence, idéal pour les veuves et les orphelins, il fut pourtant racheté en 1986 par General Electric au prix unitaire de 66,50 dollars, un cours proche de celui de 1967, en hausse de seulement 74 % sur son cours le plus haut de 1929, soit 38,25 dollars (chiffre ajusté). Moins de 1 % de progression annuelle, voilà tout ce que vous pouvez espérer au bout de 57 années de fidélité à une entreprise solide, prospère, et mondialement célèbre. Bethleem Steel continue à se vendre en dessous de son cours maximum de 60 dollars atteint en 1958.

Jetez un coup d'oeil à la liste des valeurs industrielles du Dow Jones de 1896. Qui n'a jamais entendu parler d'American Cotton Oil, de Distilling and Cattle Feeding, de Laclede Gas, de U.S. Leather Prefered ? Ces valeurs autrefois célèbres ont dû disparaître depuis longtemps.

Dans la liste de 1916, on trouve Baldwin Locomotive effacée en 1924. Celle de 1925 comprend des noms aussi courants que Paramount Famous Lasky ou Remington Typewriter; en 1927 ce dernier disparaît et laisse sa place à United Drug. En 1928 quand le Dow Jones passe de vingt à trente sociétés, les nouveaux arrivants s'appellent Nash Motors, Postum, Wright Aeronautical et Victor Talking Machine. Ces deux dernières furent rayées en 1929 - Victor Talking Machine en raison de sa fusion avec RCA (Vous connaissez déjà l'intérêt d'être resté fidèle à celle-là). En 1950 vous trouvez aussi sur la liste Corn Products Refining également supprimée en 1959 et remplacée par Swift and Co.

En conclusion, les fortunes changent et rien ne dit que de grandes compagnies ne passeront pas au second rang, et qu'il existe une blue chip infaillible. Achetez les bonnes actions au mauvais prix et au mauvais moment, et vous perdrez beaucoup d'argent. Regardez ce qui s'est passé sur le marché entre 1972 et 1974, lorsqu'une valeur père de famille comme Bristol Myers est tombée de 9 à 4 dollars ou, même chose, que Teledyne a fondu de 11 à 3 dollars. McDonald's n'y a pas échappé, chutant de 15 à 4 dollars. Ce ne sont pourtant pas vraiment des valeurs éphémères. Achetez les mauvaises actions au bon moment, et il vous arrivera la même chose. Il semble que la fameuse théorie du gain annuel de 9,8 % ait parfois du mal à se concrétiser. L'indice Dow Jones atteignit un sommet historique de 995,15 en 1966 et ne le surpassa plus avant 1972. A son tour le sommet de 1972-73 ne fut pas excédé avant 1982.

Mais hormis les obligations à très court terme ou les fonds obligataires, les obligations peuvent aussi être risquées. Ainsi une hausse des taux vous forcera à opter pour cette alternative déplaisante à souffrir un taux peu élevé jusqu'à la maturité des obligations, ou les vendre à un cours déprécié. Si vous êtes vraiment allergique au risque, optez pour des OPCVM monétaires ou une banque. Sinon, il y a des risques partout.

Les obligations des collectivités locales ont la réputation d'être aussi sûres que du liquide dans un coffre fort, mais quand survient - très rarement - un manquement, n'allez pas dire aux perdants que les obligations sont sans risque. Le manquement le plus connu fut celui de Washington Public Power Supply et de ses impopulaires "Whoops". Oui, je sais, les obligations sont remboursées dans 99,9 % des cas, mais on peut aussi perdre de l'argent avec des obligations d'une autre façon. Essayez de garder une obligation de 30 ans à 6 % pendant une période d'inflation galopante, et vous verrez combien elle vaudra.

Beaucoup de gens ont investi dans des fonds qui achètent des obligations du Government National Mortgage Association (Ginnie Maes) sans réaliser combien le marché obligataire était devenu volatil. Ils sont rassurés par la publicité - "100 % garanti par l'Etat" - et ils ont raison car l'intérêt leur sera payé. Mais rien ne protègera la valeur de leurs parts dans le fonds obligataire, si les taux d'intérêts grimpent et que le marché obligataire s'effondre. Ouvrez la page financière de votre journal et vous verrez ce qui est arrivé à de tels fonds le jour où les taux prennent un demi-point, et vous comprendrez ce que je veux dire. En ce moment, les fonds en obligations varient autant que les fonds en actions. Cette même volatilité des taux d'intérêt, qui permet aux investisseurs astucieux de faire de gros bénéfices, rend aussi les obligations une affaire de chance.

ACTIONS ET STUD POKER

Très franchement, il est impossible de séparer l'investissement du jeu de hasard en catégories bien distinctes, susceptibles de nous rassurer. Il n'y a simplement aucune muraille de Chine, aucune cloison étanche, ou autre division absolue entre les lieux sûrs et les endroits aléatoires où placer son argent. C'est à la fin des années vingt que les actions ordinaires finirent par gagner le statut "d'investissement prudent", alors qu'auparavant on les avait reléguées au rang de pari hasardeux - or c'est justement à ce moment là qu'un marché surévalué rendait l'investissement en actions risqué.

Durant les vingt années qui suivirent le krach, la majorité de la population considéra les actions comme une affaire de chance, et ce sentiment persista jusqu'à la fin des années soixante, quand elles furent à nouveau estimées comme un investissement, dans un marché pourtant très cher, et donc redevenu hasardeux. Historiquement les actions passent tour à tour pour des investissements ou des paris, mais généralement à un moment inopportun. **On les considère sans risque quand elles ne le sont pas**.

Pendant des années, les actions des grandes sociétés étaient jugées "des investissements", celles des petites, "des spéculations". Puis plus tard, les petites actions sont devenues des investissements, la spéculation se faisant avec les "futures" (contrats à terme) et les options. Remettons définitivement les pendules à l'heure.

Cela m'amuse toujours d'entendre les autres décrire leurs investissements comme "des spéculations conservatrices" ou bien revendiquer qu'ils "spéculent prudemment". Généralement, cela signifie qu'ils espèrent être en train d'investir mais craignent d'être en train de spéculer. La formule "nous sortons ensemble" a la même signification chez les couples qui n'arrivent pas à prendre une décision.

Une fois accepté le fait troublant que l'argent n'est jamais acquis, on peut commencer à séparer le jeu et l'investissement. Non pas par le genre d'activité (obligations, actions, tiercé...) mais par l'habileté, la dédicace, et l'esprit d'entreprise du participant. Pour un vieux joueur de tiercé discipliné, parier sur des chevaux offre un rendement à long terme relativement sûr qui, à ses yeux, est aussi sécurisant qu'une part dans un fonds d'investissement, ou que des actions General Electric. En revanche, pour l'actionnaire impétueux toujours à la recherche de tuyaux, et prêts aux aller et retours, un "investissement" en actions n'est pas plus sécurisant que de dépenser sa paye sur un cheval au joli nom ou sur un jockey à la toque violette. En fait à cet actionnaire impétueux, je conseille d'oublier Wall Street et d'emporter ses économies à Hialeah, Monte Carlo, Saratoga, Nassau, Santa Anita ou Baden Baden. Au moins, dans ces superbes endroits quand vous perdez, vous avez la consolation de vous être amusés. Si vous perdez sur vos actions vous ne trouverez aucune consolation en regardant votre courtier faire les cent pas dans son bureau.

De plus, quand vous perdez aux courses, vous n'avez qu'à jeter votre ticket, et c'est fini. Avec les actions, les options etc, vous devez revivre ce douloureux épisode avec votre comptable chaque printemps. Cela peut même vous donner beaucoup de travail.

Pour moi, un investissement est simplement un jeu dans lequel vous aurez su faire pencher la chance de votre côté. Peu importe si c'est Atlantic City, le Standard & Poor's 500, ou le marché obligataire. D'ailleurs, la bourse me rappelle beaucoup le stud poker.

Jouer au stud poker peut procurer un joli rendement à long terme à ceux qui savent tirer parti de leurs cartes. Quatre des sept cartes distribuées sont découvertes, ce qui vous permet de voir une bonne partie du jeu de vos adversaires. Dès la troisième, on voit assez bien qui peut gagner ou perdre, ou bien s'il n'y aura pas de gagnant. C'est pareil à Wall Street. Vous pourrez avoir des tas d'informations entre les mains si vous savez où les chercher.

En posant quelques questions élémentaires sur les sociétés, vous pourrez découvrir lesquelles sont susceptibles de grandir et prospérer, lesquelles ne le sont pas, et lesquelles demeurent très mystérieuses. On ne peut jamais être certains de l'avenir, mais chaque nouvel événement - un bond du bénéfice, la vente d'une filiale déficitaire, l'expansion vers de nouveaux marchés - est comme une nouvelle carte que l'on retourne. Aussi longtemps que les cartes suggèrent des chances de succès, vous gardez la main.

Quiconque joue régulièrement au stud poker réalise vite que ce sont toujours les "mêmes veinards" qui gagnent. Ce sont les joueurs qui s'engagent pour maximiser leur rentabilité en calculant et recalculant avec attention leurs chances au fur et à mesure des cartes retournées. Ils augmentent leur mise si leur position se consolide, mais se retirent si la chance est contre eux. Les perdants, eux, s'accrochent jusqu'au bout, dans l'espoir d'un miracle, sensibles au frisson de la défaite. Au poker, comme à Wall Street, les miracles arrivent juste assez souvent pour que les perdants continuent à perdre.

Les gagnants chroniques se résignent au fait qu'ils auront éventuellement un brelan d'as, et miseront le maximum, pour finalement perdre face à un full caché. Ils acceptent leur sort, et continuent confiants dans cette méthode fondamentale qui finira par porter ses fruits. Les gens qui réussissent à la bourse, acceptent, eux aussi, les pertes périodiques, les revers et les événements occasionnels. Les chutes spectaculaires ne les font pas abandonner. S'ils ont fait la recherche nécessaire sur H & R Block et acheté le titre, et que le gouvernement décide de simplifier le code fiscal (ce qui, je vous l'assure, est peu probable) mettant en péril l'activité de Block, ils l'acceptent et repartent en chasse d'une nouvelle valeur. Ils réalisent que la bourse n'est pas une science exacte et qu'à l'inverse d'une partie d'échecs, le gagnant n'est pas toujours celui qui domine. Si sept actions sur dix répondent à mes attentes, je suis ravi. S'il y en a seulement six, je suis reconnaissant. **A Wall Street six actions sur dix suffisent largement à vous procurer un score enviable.**

Au bout d'un moment, vous pourrez même réduire vos risques en jouant bien, exactement comme au poker. En jouant mal (surpayer une valeur par exemple), même l'acquisition de Bristol Myers ou Heinz peut se transformer en une lourde perte ou une opportunité manquée. Cela arrive à ceux qui s'imaginent que parier sur des blue chips les dispense de faire attention. Ce sont eux qui perdent la moitié de leur capital, et mettent plus de huit ans à le récupérer. Au début des années soixante, des millions de dollars mal informés se sont rués sur des occasions surévaluées et s'envolèrent ainsi. Peut-on pour autant dire que Bristol Myers ou McDonald's soient des investissements risqués ? Tout est dans la manière d'investir. D'un autre côté, assumant que vous avez fait votre travail de recherche, investir dans General Public Utilities propriétaire de la problématique centrale nucléaire de Three Miles Island, une valeur risquée et erratique, faisait preuve de plus de "conservatisme" qu'investir à contretemps dans la vieille et solide Kellogg.

Afin de ne pas "prendre de risques" avec le patrimoine de ma belle-mère Mrs Charles Hoff, je lui conseillai un jour d'acheter des Houston Industries, une société tout à fait "sûre". Sûre, certes, mais la valeur ne bougea pas en dix ans. Je m'imaginai que je pouvais prendre quelques petits "risques" supplémentaires avec l'argent de ma propre mère, aussi lui ai-je acheté Continental Edison. La valeur fut multipliée par six. Con Ed n'était pas si risquée pour ceux qui, sans relâche, continuaient à surveiller ses fondamentaux. Les grands gagnants se trouvent toujours dans ces catégories jugées à haut risque, mais les risques viennent plutôt des investisseurs que des catégories. Pour celui qui accepte les incertitudes, l'avantage majeur des actions est la récompense extraordinaire que l'on y trouve si on a raison. Le calcul de rentabilité des différents fonds communs de placements de la

Johnson Chart Service de Buffalo (dans l'état de New York) le confirme. La corrélation est intéressante : plus le fonds est risqué, plus il rapporte. Si en 1963 vous avez mis 10 000 dollars dans un fonds, disons moyen, vous vous êtes retrouvés avec 31 338 dollars quinze ans plus tard. Les mêmes 10 000 dollars placés dans un fonds mixte (actions et obligations) vous auraient mis à la tête de 44 343 dollars. Un fonds de croissance et revenus (exclusivement d'actions) aurait fructifié jusqu'à 53 157 dollars. Quant à un fonds plus agressif (également des actions), il vous aurait procuré 76 556 dollars. La bourse valait donc bien qu'on mise sur elle, à condition bien sûr de connaître les règles du jeu. Et tant que vous possédez des actions de nouvelles cartes sont retournées. Maintenant que j'y pense, investir ne revient pas vraiment à jouer au poker avec 7 cartes, mais plutôt avec 70 cartes, ou si vous possédez dix actions, avec 10 jeux de 70 cartes dans la même main.

CHAPITRE QUATRE

LE TEST DU MIROIR

"General Electric est-il un bon investissement ?" Ce n'est pas la première question à poser. Même si General Electric est un bon investissement, cela ne veut pas dire que vous devez l'acheter. Il ne sert à rien de lire les pages financières de votre journal sans vous être examiné antérieurement dans le miroir le plus proche. Avant d'investir dans la moindre action, il vous faut répondre à ces trois questions personnelles : 1/ Suis-je propriétaire de ma maison ? 2/ Ai-je besoin de cet argent ? et 3/ Ai-je les qualités qui me permettront de réussir ? Que les actions soient pour vous de bons ou de mauvais investissements dépend plus de vos réponses à ces trois questions que tout ce que vous lirez dans le *Wall Street Journal.*

1. SUIS-JE PROPRIÉTAIRE DE MA MAISON ?

A Wall Street on dirait, "Une maison, quelle affaire !" Avant de vous lancer dans les actions, vous devriez songer à acheter une maison, car une maison, après tout est le bon investissement que presque tout le monde fait. Il y a sûrement quelques exceptions, comme des maisons bâties sur une fosse à ordures ou d'autres dans des quartiers chics passés de mode, mais dans 99 pour cent des cas, une maison vous fait gagner de l'argent.

Combien de fois avez-vous entendu se lamenter un ami ou une relation ? "Ma maison est un mauvais investissement !" Rarement, je parie. Des millions d'amateurs ont fait de bonnes affaires dans l'immobilier grâce à leurs maisons. Il arrive que des familles obligées de déménager rapidement, vendent à perte mais très rare est l'individu qui perde de l'argent dans plusieurs maisons successives, comme cela peut fréquemment arriver avec des actions. Plus rare encore est celui qui se retrouve ruiné découvrant un beau matin que sa maison a déclaré banqueroute, ce qui est le tragique destin de plus d'une société cotée. Ce n'est pas une coïncidence que ceux qui se révèlent des génies pour acheter leur maison, fassent preuve de bêtise dès qu'il s'agit d'actions. L'achat d'une maison est entièrement truqué en faveur du propriétaire. La banque vous permet de l'acquérir avec seulement 20 % de capital, quelquefois moins encore, vous donnant ainsi un remarquable pouvoir d'endettement. Bien sûr vous pouvez aussi acheter une action en bloquant seulement la moitié de sa valeur en garantie, c'est ce qu'on appelle "acheter à terme"; mais à chaque fois que le cours de l'action ainsi achetée, baisse, il vous faut rajouter de l'argent frais pour assurer votre solvabilité. Cela n'arrive jamais avec une maison. Vous n'avez pas d'argent à remettre sur le tapis si le marché immobilier baisse. L'agent immobilier ne vous appellera pas en pleine nuit pour vous annoncer : "Il faut 20 000 dollars avant 11 heures demain matin, sinon il vous faudra vendre deux chambres", ce qui arrive fréquemment à des actionnaires forcés de rétrocéder leurs actions achetées à terme. C'est l'un des autres avantages à être propriétaire.

Grâce à l'effet de levier, si vous achetez une maison de 100 000 dollars en versant seulement le cinquième de la somme et en empruntant le reste, et que celle-ci prenne 5 % chaque année, vous faites un profit de 25 % sur votre acompte (le cinquième de la somme). En outre, l'intérêt de votre emprunt est déductible de vos impôts (le régime est différent en France). Faites aussi bien à Wall Street et vous serez aussi fort que Boone Pickens.

En prime, vous bénéficierez aussi d'un allégement de vos impôts locaux. Ajoutons que votre maison est un parfait remède contre l'inflation et un endroit idéal où s'abriter durant une récession, sans omettre le toit au-dessus de votre tête. Et enfin, si vous décidez de la vendre, vous pourrez réinvestir dans une autre, plus luxueuse, ce qui vous évitera d'être taxé sur vos plus-values.

La progression normale dans les maisons est la suivante. Vous commencez par une petite (la maison des débuts), puis vous en achetez une de taille moyenne, avant éventuellement de déménager dans une plus spacieuse. Quand les enfants sont partis, vous vendez la grande et revenez vers une plus petite, faisant ainsi un joli profit. Ce bénéfice exceptionnel n'est pas taxé car l'administration, dans sa compassion, vous exempte de l'impôt sur les plus-values immobilières une fois dans votre vie. Ceci n'arrive jamais avec les actions qui sont imposées aussi souvent et aussi lourdement que possible.

Vous pouvez, quarante ans durant, acheter des maisons sans payer d'impôts. Quand bien même, il vous faudrait finir par en payer, vous serez revenus dans une tranche d'imposition inférieure, ce sera moins terrible.

Le vieil adage de Wall Street, "N'investissez jamais dans quelque chose qui se nourrit ou se répare", peut s'appliquer aux courses de chevaux, mais il est absurde pour les maisons.

Il y a d'autres raisons secondaires qui expliquent que vous fassiez mieux dans la pierre que dans les actions. Peu de chance que, par peur, vous désertiez votre maison, parce que le supplément immobilier de votre journal titre "Les prix des logements plongent". On ne publie pas le vendredi après-midi, le prix de clôture de votre propre maison, pas plus qu'il ne s'inscrit sur votre écran de télévision. Et aux nouvelles financières, on ne cite pas les dix maisons les plus actives. "Le 100 rue des Vergers a perdu 10 %. Les voisins n'ont rien vu qui puisse expliquer cette chute exceptionnelle".

Les maisons, comme les actions, ont plus de chance d'être profitables à long terme. Et, à l'inverse des actions, elles restent généralement plus longtemps la propriété d'une même personne - sept ans, je crois, est la moyenne générale. Comparez ce chiffre aux 87 % des actions de la Bourse de New York qui changent de mains tous les ans. Les gens se sentent plus en sécurité dans leur maison qu'avec leurs actions. Il faut un camion de déménagement pour quitter sa maison, mais un coup de fil suffit pour se débarrasser d'une action.

En fait, vous êtes un bon investisseur immobilier parce que vous savez fourrer votre nez de la cave au grenier en posant les bonnes questions. C'est une qualité héréditaire. Vous avez grandi en voyant vos parents vérifier les services publics, les écoles du quartier, la tuyauterie, la fosse septique, et les impôts locaux. Certains conseils comme celui-ci vous reviennent en mémoire : "N'achetez pas la maison la plus chère de la rue". Vous pouvez faire le tour du voisinage et regarder ce qui a été fait ou détruit et le nombre de maisons à rénover. Et avant de faire une proposition, vous demandez conseil à des experts qui chercheront les termites, les fuites sur le toit, le salpêtre, les tuyaux rouillés, l'électricité défaillante ou des fissures dans les fondations.

Rien d'étonnant à ce que les gens gagnent de l'argent dans l'immobilier et non dans les valeurs mobilières. Il leur faut des mois pour choisir leurs maisons, quelques minutes seulement pour choisir leurs actions. Ils passent même plus de temps à acheter un bon micro-ondes qu'à opter pour un bon investissement.

2. AI-JE BESOIN DE CET ARGENT ?

Cela nous amène tout droit à la deuxième question. Il paraît sensé, avant d'investir, de jeter un oeil sur le budget familial. Par exemple, s'il vous faut dans deux ou trois ans assumer les frais de collège de votre fils, n'achetez pas d'actions. Peut-être êtes-vous veuve (il y en a toujours dans les livres sur la Bourse) et votre fils Dexter, en classe de terminale a-t-il une chance de rentrer à Harvard, mais sans bourse ? Comme vous aurez du mal à payer les frais élevés d'université, vous êtes tentée d'accroître vos revenus avec quelques blue chips traditionnelles.

Dans ces conditions, même des blue chips peuvent être risquées. Sauf imprévu, on peut raisonnablement prédire l'avenir des actions dans dix ou vingt ans. Mais savoir si elles auront grimpé ou chuté dans deux ou trois ans tient du hasard, autant jouer à pile ou face. Des blue chips peuvent chuter et se maintenir à un cours très bas pendant trois ou même cinq ans. Pour Dexter, cela voudra dire les cours du soir. Peut-être, êtes-vous une personne âgée vivant sur un revenu fixe, ou même quelqu'un de jeune, allergique au travail et vivant aussi d'un revenu fixe, part de l'héritage familial. Dans ces deux cas, vous resterez loin du marché. Il existe un bon nombre de formules compliquées pour calculer quel pourcentage de vos actifs pourrait être investi en actions; le mien est plus simple et s'applique à Wall Street comme au tiercé.

N'investissez que ce que vous pouvez perdre sans que cela n'affecte votre vie quotidienne ou votre futur proche.

3. AI-JE LES QUALITÉS QUI ME PERMETTRONT DE RÉUSSIR ?

C'est la plus importante des questions. Il me semble que la liste des qualités doive inclure la patience, la confiance en soi, le bon sens, une certaine tolérance à la douleur, la largesse d'esprit, le détachement, la persistance, l'humilité, la flexibilité, la volonté de faire ses propres recherches, la même volonté à admettre ses erreurs, et le pouvoir d'ignorer la panique générale. En termes de Q.I., les meilleurs investisseurs sont au-dessus des 10 % les plus mauvais mais au-dessous des 3 % de surdoués. Il me semble que les véritables génies se laissent trop souvent séduire par des cogitations théoriques et sont à jamais trahis par la véritable évolution des actions, qui s'avère beaucoup plus simple qu'ils ne l'imaginent.

Il est également important de savoir prendre des décisions sans une information complète et parfaite. A Wall Street, les choses sont rarement claires, et si elles le sont, il est déjà trop tard pour en profiter. L'esprit scientifique qui a besoin de toutes les données, sera voué à l'échec.

Il est enfin crucial de savoir résister à votre nature humaine et à vos intimes convictions. Rare est l'investisseur qui n'abrite pas la certitude secrète qu'il a un don pour anticiper les cours des actions, ceux de l'or, ou les taux d'intérêt, alors que la plupart d'entre nous ont déjà eu maintes fois la preuve de leurs erreurs. Il est troublant de voir combien de fois les gens ont eu le sentiment inéluctable d'une hausse des cours ou d'une amélioration de conjoncture, alors que l'inverse se produisait. Les lettres boursières confidentielles, toujours très recherchées, confirment cette règle. Elles anticipent toujours hausse ou baisse à contretemps.

Selon les informations de l'Investor's Intelligence qui mesure l'opinion des investisseurs à travers ces publications, le sentiment général, à la fin de l'année 1972, fleurait bon l'optimisme - 15 % seulement des spécialistes étaient baissiers - alors que s'amorçait une chute des cours. Aux premiers signes du regain de 1974, le pessimisme était encore de mise et 65 % des analystes annonçaient que le pire restait à venir. Regain d'optimisme dans 90 % des lettres en 1977... juste avant la chute. Et quand début 1982, le marché entame sa grande envolée, on trouve 55 % de spécialistes pour anticiper une baisse. Et enfin, 80 % voyaient une poursuite de la hausse... à la veille du grand soubresaut du 19 octobre 1987.

Ce n'est pas parce que les investisseurs et ceux qui les conseillent sont foncièrement stupides ou peu perspicaces. Mais le signal à peine reçu, le message risque d'avoir déjà changé. Quand des nouvelles positives donnent aux investisseurs un sentiment de confiance, il ne faut pas longtemps à l'économie pour se faire pilonner.

Quel autre élément peut-il expliquer que bon nombre d'actionnaires (y compris des PDG ou autres ténors des affaires) aient davantage eu peur des actions quand celles-ci se sont le mieux comportées (du milieu des années trente aux années soixante), et, à l'inverse, ont été plus sereins quand celles-ci affichaient leurs plus mauvais records (début des années soixante-dix, et l'automne 1987). Le succès du livre de Ravi Batra "La grande crise de 1990" est-il le garant d'une période de prospérité nationale ?

C'est étonnant de voir la vitesse à laquelle le sentiment d'un investisseur peut s'inverser alors que la réalité ne change pas. Quelques jours avant le krach d'octobre, des hommes d'affaires de passage traversaient Atlanta, Orlando, ou Chicago, admirant les nouvelles constructions. "Superbe ! Quel boom extraordinaire !" échangeaient-ils. Quelques jours plus tard, je suis persuadé que ces mêmes voyageurs regardaient ces mêmes immeubles, remarquant cette fois : "Mon dieu, ils doivent avoir des problèmes. Comment vont-ils vendre tous ces appartements et louer tous ces bureaux ?"

La nature humaine veut que nous soyons de piètres synchronisateurs dès qu'il s'agit de bourse. L'investisseur imprudent passe continuellement par trois stades émotionnels : l'inquiétude, la suffisance et la capitulation.

Il s'inquiète dès que le marché a baissé ou que l'économie hoquette, et cela l'empêche d'acheter des bonnes valeurs à un prix intéressant. Il finit par les acheter plus cher mais affiche une grande satisfaction car elles montent. C'est justement le moment où il devrait vérifier les fondamentaux, mais il ne le fait pas. Puis finalement ses actions traversent une mauvaise passe, et retombent en dessous de leur cours d'achat. Il capitule et vend.

Certains se targuent d'être "des investisseurs à long terme", mais ne le sont que jusqu'à la prochaine chute sévère (ou toute petite hausse), stade auquel ils deviennent des investisseurs à court terme, et vendent en faisant de lourdes pertes ou, éventuellement un modeste bénéfice. Il est facile de paniquer dans ces affaires volatiles. Depuis que je suis à la tête du Magellan, le fonds a perdu entre 10 et 35 % pendant huit périodes de baisse, et pour l'année 1987 seule, il était en hausse de 40 % en août avant de fondre à moins 11 % début décembre. Nous avons fini l'année avec un gain de 1 %, confirmant de justesse ma réputation de n'avoir jamais terminé une année en baisse - touchons du bois. J'ai lu récemment qu'en moyenne, le cours d'une action fluctuait de 50 % sur un an. Si c'est vrai, et cela le fut apparemment à travers notre siècle, une action de 50 dollars a toutes les chances de grimper à 60 dollars et/ou de chuter à 40 dans les douze prochains mois. En d'autres termes, son cours le plus haut de l'année (60 dollars) est de 50 % supérieur à son cours le plus bas (40 dollars). Si vous êtes le genre de personne à acheter irrésistiblement à 50 dollars, à en acquérir davantage à 60 dollars ("Voyez, j'avais raison, elle monte") puis, découragé, à vendre à 40 dollars ("J'avais tort. Elle descend") alors, le meilleur manuel boursier ne peut rien pour vous.

Certains se félicitent de marcher à contre courant, s'imaginant qu'il vaut mieux faire exactement le contraire de ce que font les autres. En fait, l'authentique original n'est pas celui qui adopte l'attitude inverse de celle de la foule (c'est-à-dire se délester d'une action que tout le monde achète). L'authentique original attend que les choses se calment et achète les actions auxquelles personne ne prête attention, et surtout celles qui font bailler Wall Street.

Quand E.F. Hutton parle, tout le monde est censé écouter, voilà le problème. Tout le monde devrait essayer de somnoler. Dès qu'il s'agit de prévisions du marché, l'habileté ne consiste pas à écouter mais, à ronfler. Plutôt que d'apprendre à croire en ses convictions profondes, il est plus astucieux de se discipliner à les ignorer. Gardez vos actions tant que leurs fondamentaux n'ont pas changé.

Sinon, votre seul espoir d'arrondir vos actifs nets sera d'adopter cette formule de Paul Getty : "Levez vous tôt, travaillez dur, trouvez du pétrole".

CHAPITRE CINQ

LE MARCHÉ EST-IL BON ? SOYEZ GENTILS, NE POSEZ PAS LA QUESTION

Dans la série de questions qui suit mes conférences, il y a toujours quelqu'un pour me demander si nous sommes dans un bon ou mauvais marché. Pour chaque personne qui s'interroge sur la solidité de Goodyear Tire, ou le juste prix de ses actions, il y en a quatre qui veulent savoir si le taureau* est bien vivant et piaffe, ou si l'ours** a montré sa face renfrognée. Je leur réponds invariablement que la seule chose que je sache sur l'avenir du marché, c'est qu'à chaque fois que j'obtiens une promotion, il descend. A peine ai-je donné cette réplique que quelqu'un d'autre se lève pour s'enquérir de la date de ma prochaine promotion.

Cela prouve bien qu'il n'est pas nécessaire de lire l'avenir de la bourse pour gagner de l'argent ou bien je n'en aurais jamais gagné. Assis derrière mon écran, j'ai assisté à quelques unes des plus fortes glissades du Dow Jones. Pas une fois, je n'aurais pu prédire ces catastrophes, même si ma vie en avait dépendu. Au cours de l'été 87, je n'ai averti personne, ni moi-même, de la chute vertigineuse de 1 000 points qui allait suivre.

Je n'ai pas été le seul à être incapable de le prévoir. Si l'ignorance aime

* symbole d'un marché haussier

** symbole d'un marché baissier

la compagnie, alors j'étais confortablement entouré d'un groupe impressionnant de célèbres voyants, pronostiqueurs et experts en tous genres qui, eux non plus, n'ont rien vu. "Si vous devez prévoir" a déclaré un jour un expert intelligent, alors prévoyez souvent".

Personne ne m'a appelé pour m'informer d'une baisse imminente en octobre, et si toutes les personnes qui se vantent de l'avoir prévue, avaient vendu toutes leurs actions, le marché aurait perdu ses 1 000 points encore plus tôt, du fait de la vente massive de ces personnes bien informées.

Chaque année, je m'entretiens avec les patrons d'un millier de sociétés, et je ne peux éviter d'entendre les différents parasites de l'or, disciples des taux d'intérêt, gardiens de la Federal Reserve et mystiques de la fiscalité cités dans les journaux. Des milliers d'experts se penchent sur des indicateurs aux mérites exagérés, des ratios de double options, sur la politique du Fed en matière de masse monétaire, sur les investissements des étrangers, ou même sur les constellations du ciel et la mousse sur les chênes. Et ils n'arrivent pas plus à prévoir le marché avec logique que l'examen des entrailles d'oiseaux qui avait informé les empereurs Romains de l'invasion des Huns.

Il n'y avait pas eu davantage de signaux de détresse avant la débâcle de 1973-74. Pendant mes années d'université, j'avais appris que le marché grimpait annuellement de 9 %, et cela ne s'est jamais prouvé depuis. Il me faut maintenant trouver quelqu'un pour me dire de combien sera la hausse, ou tout simplement s'il baissera ou montera. Tous les grands mouvements du Dow Jones me sont toujours apparus comme des surprises. Puisque le marché est plus ou moins lié à l'économie, on essaie souvent de l'anticiper en prévoyant l'inflation et la récession, l'expansion et la déflation et l'évolution des taux d'intérêt.

C'est vrai, il existe une extraordinaire corrélation entre la bourse et les taux, mais qui peut prévoir ces derniers avec une fiabilité régulière ? Les Etats-Unis possèdent 6 000 économistes, dont la plupart sont employés à plein temps pour prévoir les récessions et les taux d'intérêt. S'ils parvenaient à deux prévisions exactes successives, ils seraient déjà millionnaires, et auraient pris leur retraite à Bimini, sirotant un rhum et pêchant le marlin. A ma connaissance, la plupart est toujours grassement payée à travailler, c'est un signe. Comme l'a dit un jour un esprit perspicace, si tous les économistes du monde s'allongeaient les uns à côté des autres, ce ne serait pas une mauvaise chose.

Allons, peut-être pas tous les économistes. Sûrement pas ceux qui lisent ce livre, ni à fortiori ceux qui, comme Ed Hyman chez C.J. Lawrence, regardent les prix de détail, les inventaires, et les livraisons de voitures, ignorant totalement les courbes de Laffer et le stade de la lune. Les économistes pratiques sont des économistes comme je les aime.

Il existe aussi la théorie selon laquelle une récession survient tous les cinq ans, mais là non plus, cela ne s'est pas confirmé. J'ai lu la Constitution, cela n'est écrit nulle part. Bien sûr, j'aimerais être prévenu de l'imminence d'une récession et pouvoir ainsi ajuster mon portefeuille. Mais il n'y a aucune chance pour que cela se produise. Certains attendent que des cloches leur signalent la fin de la récession ou le début d'un rallye. Mais elles ne sonnent jamais. Rappelez-vous les choses ne sont jamais claires avant qu'il ne soit trop tard.

Nous avons eu une récession de seize mois entre juillet 81 et novembre 1982. Ce fut la période la plus effrayante dont je me souvienne. Les professionnels sensés songeaient à s'initier à la pêche ou à la chasse, car nous ne tarderions pas à nous réfugier dans les bois et ramasser des glands. Pendant cette période, le chômage atteignit 14 %, l'inflation, 15 % et le taux d'escompte des banques, 20 % mais là encore, je n'avais pas reçu un seul coup de fil pour me prévenir. Il y eut aussi beaucoup de personnes promptes à déclarer qu'elles l'avaient prévu, mais personne ne m'en avait fait part.

Puis alors que s'aggravait le pessimisme, et que huit investisseurs sur dix juraient que nous allions revivre les années trente, le marché rebondit avec vengeance, et la vie reprit son cours normal.

LA PRÉPARATION PÉNULTIÈME

Peu importe notre ultime conclusion en matière de finance, il semble que nous soyions toujours préparés au dernier événement survenu plutôt qu'à celui qui risque de survenir. Cette "préparation pénultième" est notre façon de remédier au fait que nous n'avions pas vu tout de suite ce qui allait arriver.

Le lendemain du krach du 19 octobre, on a commencé à craindre que le marché ne s'effondre. Il s'était déjà effondré et nous avions survécu (alors que nous ne l'avions pas prévu); nous étions maintenant pétrifiés à l'idée que cela pourrait recommencer. Ceux qui se retirèrent du marché pour ne pas être floués une seconde fois, le furent néanmoins quand le marché remonta.

La prochaine fois ne ressemble jamais à la dernière fois, mais nous ne pouvons jamais nous empêcher de nous préparer à cette éventualité. Cela me rappelle la conception de l'univers des Mayas.

Dans leur mythologie, l'univers fut détruit quatre fois, et chaque fois les Mayas en tirèrent la triste leçon et se promirent de mieux se protéger - mais toujours pour la catastrophe qui avait précédé. La première fut une inondation, et les survivants se déplacèrent vers les forêts, sur un lieu plus élevé, construisirent digues et remparts et placèrent leurs maisons sur des arbres. Mais la seconde fois, la terre fut ravagée par le feu, et leurs efforts réduits à néant. Les survivants descendirent de leurs arbres et fuirent les bois. Leurs nouvelles maisons furent bâties en pierre et se situaient près d'une fissure escarpée. C'est un tremblement de terre qui survint peu de temps après. Je ne me souviens plus quelle fut la quatrième catastrophe - peut-être une récession - mais, en tout cas, elle échappa aux Mayas. Ils étaient trop occupés à construire de nouveaux abris pour le prochain tremblement de terre.

Deux mille ans plus tard, nous cherchons toujours dans le passé les signes de la prochaine menace, seulement bien sûr si nous pouvons deviner de quelle nature elle sera. Il n'y a pas si longtemps, on s'inquiétait d'une baisse du baril de pétrole à 5 dollars susceptible de provoquer une récession. Deux ans plus tôt, ces mêmes personnes s'inquiétaient d'une hausse du baril à 100 dollars, et là aussi d'une récession. Elles se sont aussi inquiétées d'un gonflement trop rapide de la masse monétaire. Maintenant, elles craignent qu'il ne soit trop lent. La dernière fois que nous étions prêts pour une hausse de l'inflation, nous eûmes une récession, puis, prêts pour une aggravation de la récession, nous eûmes de l'inflation.

Il y aura un jour une autre récession défavorable à la bourse, le contraire d'une inflation, elle aussi très défavorable à la bourse. Peut-être y aura-t-il une récession entre aujourd'hui et le jour de la publication de ce livre. Ne me posez pas la question ?

LA THÉORIE DU COCKTAIL

Si les économistes professionnels ne peuvent prédire l'avenir de l'économie, si les analystes professionnels ne peuvent prédire celui des marchés, quelles chances peut bien avoir un investisseur amateur ? Vous connaissez déjà la réponse, et ceci m'amène à ma propre théorie du "cocktail" que j'ai développée pendant maintes années, en arpentant les réceptions, debout près du buffet, à écouter ce que les dix personnes les plus proches de moi racontaient sur les actions.

Au premier stade d'un marché haussier - resté longtemps maussade et dont personne n'attend une amélioration - personne ne parle d'actions. Si quelqu'un me demande ma profession et que je lui réponde "Je gère un fonds d'actions", il acquiesce poliment avant de s'éloigner. S'il ne s'éloigne pas, il oriente rapidement la conversation sur l'équipe de football des Celtiques, les prochaines élections ou le temps. Puis très vite, il se met à parler de plaque dentaire avec un dentiste.

Lorsque dix personnes préfèrent parler plaque dentaire avec un dentiste plutôt qu'actions avec un gestionnaire, il y a des chances pour que le marché entame une hausse.

Au second stade, mes nouvelles relations s'attardent un peu plus longtemps après l'aveu de ma profession - assez longtemps pour me confier que la bourse est bien risquée - mais ils finissent par rejoindre le dentiste. Durant la réception, on parle toujours plus de plaque dentaire que d'actions. Le marché a grimpé de 15 % depuis le stade un, mais peu y prêtent attention.

Au troisième stade, après une hausse de 30 %, bon nombre d'invités intéressés ignorent le dentiste pour s'agglutiner autour de moi toute la soirée. Les uns après les autres, quelques individus enthousiastes me prennent à part pour me demander quelles valeurs acheter. Même le dentiste me pose la question. Toutes les personnes présentes ont investi dans une action ou une autre, et discutent de ce qui s'est passé.

Au quatrième stade, ils se pressent toujours autour de moi - mais cette fois-ci, ils me donnent des conseils. Même le dentiste a deux ou trois tuyaux, qui, je le constate en lisant les journaux, s'avèrent bons. Quand les voisins me disent ce qu'il faut acheter, et que je commence à regretter de ne pas avoir suivi leurs conseils, c'est le signe inéluctable que le marché a atteint son sommet et s'apprête à trébucher.

Faites ce que vous voulez de cette histoire, mais ne vous attendez pas à me voir parier sur cette théorie du cocktail. Je ne crois pas qu'on puisse prédire les marchés. Je n'ai foi que dans les belles valeurs - particulièrement celles des sociétés sous-cotées et/ou sous évaluées. Que le Dow Jones ait atteint aujourd'hui 1 000, 2 000, ou 3 000 points il valait mieux posséder ces dix dernières années des Marriott, des Merck et des McDonald's que des Avon Products, Bethleem Steel et Xerox. Il valait mieux également posséder des Marriott, Merck et McDonald's que d'avoir investi dans des obligations ou des fonds monétaires durant cette même période.

Si en 1925, vous aviez acheté des fleurons, et si vous les aviez conservés à travers le krach et la Grande dépression (je reconnais que ce n'était pas facile) vous auriez été ravis du résultat en 1936.

QUEL MARCHÉ ?

Le marché n'est pas pertinent. Si je peux au moins vous convaincre de cela, mon livre aura porté ses fruits. Et si vous ne me croyez pas, peut-être croirez vous Warren Buffet. "En ce qui me concerne", a-t-il écrit, "la bourse n'existe pas. Elle n'est là qu'en tant que référence, pour voir si quelqu'un tente de faire une bêtise". Buffet a fait de Berkshire Hatheway une entreprise extraordinairement profitable. En 1960, une action coûtait 7 dollars, elle en vaut aujourd'hui 4 900. Un investissement de 2 000 dollars à cette époque aurait été multiplié par 700, soit 1,4 millions de dollars d'aujourd'hui. On peut dire que Buffet est un grand investisseur. Et davantage, le plus grand investisseur de tous les temps, car à un moment où il estimait que les actions étaient surcotées, il vendit tout, et distribua l'argent à ses associés leur faisant faire un joli profit. Rendre spontanément de l'argent à des gens qui seraient prêts à vous payer pour que vous gardiez les rênes, est unique dans les annales de la finance.

J'aimerais beaucoup pouvoir anticiper le marché et prévoir les récessions, mais puisque c'est impossible je me satisfais en cherchant des entreprises profitables, comme celle de Buffet. J'ai gagné de l'argent dans des marchés maussades et vice versa. Plusieurs de mes 10-baggers préférés ont fait leurs preuves dans un marché en déclin. Taco Bell monta en flèche durant les deux dernières récessions. C'est en 1981, seule mauvaise année de la décade, qu'il fallait acheter Dreyfus qui entamait alors sa hausse de 2 à 40 dollars.

Juste pour la beauté de l'argument, imaginons que vous puissiez prédire sans hésitation le prochain boom économique, et que vous vouliez en profiter avec quelques valeurs. Soit, mais faut-il encore choisir les bonnes.

Si vous aviez deviné que l'immobilier en Floride avait le vent en poupe, et que vous avez choisi Radice, vous auriez perdu 95 % de votre investissement. Si vous aviez pressenti un regain de faveur pour l'informatique et acquis Fortune Systems sans recherches préalables, vous l'auriez vu chuter de 22 dollars en 1983, à 1 dollar 7/8 en 1984. Anticiper la bonne tenue des lignes aériennes au début des années quatre-vingt ne vous aurait servi à rien si vous aviez choisi People Express ou Pan Am (grâce à un mauvais management, son cours a fondu de 9 dollars en 1983 à 4 dollars en 1984).

Imaginons que vous ayiez flairé le retour de l'acier. Vous tirez au sort dans la liste des valeurs sidérurgiques et tombez sur LTV. De 26 dollars 1/2 en 1981, son cours s'effrita jusqu'à 1 1/8 dollar en 1986, alors que durant cette même période Nucor, également une sidérurgique s'envolait de 10 à 50 dollars. (Je possédais les deux, alors pourquoi ai-je vendu mes Nucor et gardé mes LTV. J'aurais pu aussi bien tirer au sort, moi aussi).

A chaque fois, vos prévisions du marché étaient justes, mais cela ne vous a pas empêché de perdre la moitié de vos actifs car vous avez choisi les mauvaises valeurs. Si vous attendez que le marché entraîne vos actions, autant prendre un bus pour Atlantic City et parier vos économies sur le rouge ou le noir. Si un matin, vous vous réveillez en pensant : "Je vais acheter des actions car le marché va monter cette année", alors mieux vaut débrancher votre téléphone et rester le plus loin possible des "brokers" (courtiers). Vous imaginez que le marché vous sortira d'affaire. Non, il n'y a aucune chance.

Si vous devez vous inquiéter, inquiétez-vous des bulletins de commandes de West Point - Pepperell ou de savoir si le dernier né des burritos de Taco Bell a du succès. Choisissez les bonnes actions et le marché en prendra soin.

Ne me faites pas dire qu'un marché surévalué est sans importance, mais il n'y a pas de quoi s'affoler. Vous reconnaîtrez ce jour là lorsqu'il n'y aura plus une seule valeur au cours intéressant ou qui ne réponde à vos critères. La raison pour laquelle Buffet a rendu à ses partenaires leur argent, c'est, disait-il, qu'il ne trouvait plus d'actions qui valaient la peine d'être conservées. Il avait examiné des centaines de sociétés, sans en trouver une seule qu'il aurait achetée pour le mérite de ses fondamentaux.

Le seul signal d'achat dont j'ai besoin, c'est de trouver une société que j'aime. Dans ce cas, il n'est jamais ni trop tôt, ni trop tard.

Les points importants de cette première partie que j'aimerais que vous gardiez en mémoire sont les suivants :

- Ne surestimez pas l'adresse et la sagesse des professionnels.
- Tirez parti de ce que vous savez déjà.
- Cherchez des opportunités que Wall Street n'a pas encore découvertes et cautionnées - des sociétés qui ne soient pas dans "le rayon du radar".
- Achetez une maison avant d'acheter des actions.
- Investissez dans des actions, pas dans le marché.
- Faites abstraction des mouvements à court terme.
- On peut faire de gros bénéfices avec des actions.
- On peut faire de grosses pertes avec des actions.
- Prévoir l'économie est futile.
- Prévoir la tendance à court terme du marché est futile.
- Le rendement des actions à long terme est généralement prévisible et largement supérieur à celui des obligations.
- Surveiller la société dont vous êtes actionnaire revient à une interminable partie de poker.
- Les actions ne sont pas faites pour tout le monde, ni pour toutes les étapes d'une vie.
- L'individu moyen est en contact avec des sociétés locales intéressantes et des produits avec plusieurs années d'avance sur les professionnels.
- Avoir un avantage vous aidera à gagner de l'argent avec des actions.
- Dans le marché des actions, une dans les mains vaut mieux que dix tu l'auras.

DEUXIÈME PARTIE

TROUVER LES GAGNANTS

Dans cette partie, nous allons montrer comment jouer un atout, comment dénicher les investissements les plus prometteurs, comment évaluer ce que l'on possède, et quel gain on peut espérer dans chacune des six différentes catégories d'actions. Nous évoquerons également les caractéristiques des sociétés à éviter à tous prix, l'importance des bénéfices sur le succès ou l'échec d'une action, les questions à poser pendant vos recherches, la meilleure façon de suivre les progrès d'une société, comment obtenir les faits et évaluer les repères les plus importants : les liquidités, l'endettement, le PER, la marge bénéficiaire, la valeur comptable, les dividendes, etc...

CHAPITRE SIX

TRAQUER LES 10-BAGGERS

Le meilleur endroit où commencer ses recherches est près de chez vous - sinon dans le jardin, dans votre centre commercial et surtout sur votre lieu de travail. La plupart des 10-baggers cités plus haut - Dunkin' Donuts, The Limited, Subaru, Dreyfus, McDonald's, Tambrands et Pep Boys, ont affiché des signes avant-coureurs de succès dans des centaines d'endroits à travers le pays. Le pompier de Nouvelle Angleterre, les clients de l'Ohio où Kentucky Fried Chicken a ouvert ses premiers restaurants, la foule chez Pic'N' Save, tous ont eu une chance de se dire, "C'est fantastique, je me demande si l'action...", bien avant que Wall Street ne trouve le moindre indice.

L'individu moyen rencontre une aubaine deux à trois fois par an - quelquefois plus. Les cadres de Pep Boys, les employés de Pep Boys, les avocats et les comptables, les fournisseurs de Pep Boys, les entrepreneurs chargés de construire les nouveaux magasins, l'agence qui s'occupa de leur publicité, les peintres et même les personnes qui lavent le sol tous les jours ont dû remarquer le succès de Pep Boys. Des milliers d'investisseurs en puissance ont eu ce "tuyau", et je ne parle même pas des centaines de milliers de clients.

Au même moment, l'employé de Pep Boys qui s'occupe des assurances pour la société a pu remarquer l'augmentation des primes - ce qui est un signe du redressement du secteur de l'assurance - il s'est peut-être demandé si ce n'était pas le moment d'y investir. Peut-être aussi les entreprises de construction des magasins Pep Boys ont-elles observé un raffermissement des prix du ciment, une bonne nouvelle pour les cimentières.

Tout au long de la chaîne des détaillants et des grossistes, ceux qui fabriquent, vendent, nettoient ou analysent, rencontrent une multitude d'opportunités de "stock picking"*. Dans mon propre domaine - les sociétés d'investissement -, les vendeurs, employés de bureau, secrétaires, analystes, comptables, standardistes, ou informaticiens, n'ont pu ignorer l'essor de la profession, qui au début des années quatre-vingt, propulsa les actions de ces sociétés.

Vous n'avez pas besoin d'être le directeur général d'Exxon pour remarquer la prospérité florissante du groupe, ou la hausse des prix du pétrole. Il vous suffit d'être un géologue, un foreur, un fournisseur, le gérant d'une station service, un mécanicien, ou tout simplement un client à la pompe.

Vous n'avez pas besoin de travailler au siège de Kodak pour savoir que la nouvelle génération d'appareils japonais 35 mm, bon marché, faciles à utiliser et de grande qualité a requinqué l'industrie de la photo, et que les ventes de pellicules grimpent. Il vous suffit d'être un vendeur de films, le propriétaire d'un magasin d'appareils photo, ou son assistant, ou tout simplement un photographe spécialisé dans les mariages qui aura remarqué que certains invités font aussi bien que lui.

Vous n'avez pas besoin d'être Steven Spielberg pour deviner qu'une ou plusieurs nouvelles sur-productions vont doper les bénéfices de la Paramount ou d'Orion Pictures. Il vous suffit d'être acteur, doublure, metteur en scène, cascadeur, avocat, chef électricien, maquilleur, ou même ouvreuse dans un cinéma de quartier qui fait salle comble six semaines consécutives, pour enquêter sur le pour et le contre d'un investissement dans Orion Pictures.

Peut-être êtes-vous professeur et le conseil de gestion de l'école vous a-t-il choisi pour expérimenter un nouvel appareil destiné à faire l'appel des élèves, avec un gain de temps inoui. "Qui fabrique ce truc ?" sera ma première question.

Connaissez-vous Automatic Data Processing qui traite neuf millions de feuilles de salaire hebdomadaires pour 180 000 PME ? Ce fut l'une des aubaines du siècle. Depuis 1961, année où elle fut introduite en bourse, cette société a vu augmenter ses bénéfices chaque année sans exception. Son plus mauvais score fut une hausse de 11 % durant la récession de 1982-83, quand la majorité des entreprises affichait des pertes. Automatic Data Processing sonne comme ces sociétés de "high tech" (haute technologie) que j'essaie la plupart du temps d'éviter, mais elle n'a aucun rapport avec l'informatique. Elle ne fait qu'utiliser des ordinateurs pour traiter des bulletins de salaire. Or les utilisateurs de technologie sont les

* Expression souvent utilisée même en français qui signifie choisir les bonnes actions indépendamment de leur marché

grands bénéficiaires du "high tech". Alors que la concurrence a fait baisser les prix des ordinateurs, des firmes comme Automatic Data Processing peuvent faire des économies sur leur équipement, et réduire progressivement leurs coûts. Cela ne peut qu'augmenter leurs bénéfices.

Sans tambour ni trompette, cette banale entreprise qui s'introduisit au cours unitaire de six cents, (cours ajusté), affiche aujourd'hui une action à 40 dollars - un 600-bagger à long terme -. Le titre atteignit 54 dollars à la veille du dérapage d'octobre 1987. Sa trésorerie représente le double de ses dettes, et aucun signe d'essoufflement n'est visible.

Les dirigeants et les employés des 180 000 sociétés clientes ont certainement été témoins du succès d'Automatic Data Processing, et comme les principales firmes de courtage en font partie, la moitié de Wall Street aurait dû le remarquer.

Nous avons si souvent du mal à choisir une action gagnante... alors qu'une action gagnante nous a choisis.

LE 10-BAGGER DES ULCÉRÉS

Vous n'imaginez pas une telle aubaine dans votre vie ? Supposons que vous soyez retraité, vivant à quinze kilomètres du plus proche feu rouge, cultivant vos légumes, et sans télévision. Un jour vous finirez par aller voir un docteur, cette existence rurale vous a donné un ulcère. Voici une parfaite introduction à SmithKline Beckman.

Des centaines de docteurs, des milliers de patients et des millions d'amis ou de relations de ces patients ont entendu parler de ce merveilleux médicament qu'est Tagamet et qui fit son apparition sur le marché en 1976. Même chose pour le pharmacien qui le distribuait ou le coursier qui passait son temps à le livrer. Tagamet fut une bénédiction pour les malades et une mine d'or pour les investisseurs. Pour un malade, un excellent médicament est celui qui guérit ses maux une fois pour toutes, mais pour un investisseur, un excellent médicament est celui que le patient achète continuellement. Tagamet appartient à cette dernière catégorie. Il soulage les ulcères mais les bénéficiaires directs ne doivent pas s'arrêter de le prendre, faisant ainsi des bénéficiaires indirects des actionnaires de SmithKline Beckman, le fabricant de Tagamet. Largement grâce à Tagamet l'action SmithKline passa de 7 1/2 dollars en 1977 à 72 dollars en 1987.

Les consommateurs et les docteurs jouèrent un grand rôle dans cette prouesse. Certains oxymorons devaient eux aussi souffrir d'ulcère - c'est un métier stressant - mais Smithkline ne faisait pas partie de leur liste, car c'était un an avant que le titre n'entame son ascension. Pendant la période d'essai du médicament, 1974-76, le cours grimpa de 4 à 7 dollars, et après son approbation par le gouvernement en 1977, il atteignit 11 dollars. De là il monta en flèche à 72 dollars.**

Si vous aviez manqué Tagamet, Glaxo vous offrait une seconde chance avec Zantac, son propre remède contre les ulcères. Testé dans le début des années quatre-vingt, il fut approuvé par le gouvernement en 1983. Aussi bien accueilli que Tagamet, il fut tout aussi profitable à Glaxo qui vit son cours passer de 7,50 dollars mi-83 à 30 dollars en 1987.

Les médecins qui avaient prescrit Tagamet et Zantac ont-ils acheté des actions SmithKline et Glaxo ? J'en doute fort. Il est plus probable qu'ils aient largement investi dans les pétrolières. Peut-être ont-ils entendu dire que Union Oil of California était opéable. Et pendant ce temps les directeurs de Union Oil achetaient probablement des valeurs pharmaceutiques, comme la très demandée American Surgery Centers qui chuta de 18,50 dollars en 1982 à 5 cents.

Si vous faites un sondage auprès des médecins, je parie que peu d'entre eux possèdent des valeurs du secteur médical, la plupart ayant investi dans le secteur pétrolier. Et si vous interrogez les marchands de chaussures, la majorité vous répondra qu'ils privilégient l'industrie aérospatiale, alors que les ingénieurs de l'aéronautique s'intéressent au secteur de la chaussure. Pourquoi ? Les actions, comme les pelouses, sont-elles plus vertes dans le jardin du voisin ? Je n'en suis pas sûr.

Avant tout un investissement gagnant peut sembler si improbable qu'on s'imagine le trouver le plus loin possible, dans l'Au Delà, tout comme on s'imagine que la perfection n'existe pas sur terre mais seulement au paradis. Par conséquent, le médecin qui connaît parfaitement l'éthique du secteur pharmaceutique, préfère investir dans Schlumberger, une société de services dans le secteur du pétrole à laquelle il ne connaît rien. En revanche, les directeurs de Schlumberger préfèreront Johnson & Johnson ou American Home Products.

C'est vrai. Il n'est pas nécessaire de connaître une société pour que ses actions montent. Mais l'important est de savoir (1) que les experts en pétrole

** Toute la journée, je me réfère constamment aux graphiques des actions. J'ai un recueil de graphiques long terme juste à côté de mon bureau, et un autre chez moi, pour me souvenir des moments importants, et de ceux qui me rappellent à la modestie.

Ce que la plupart des gens trouvent dans les albums de famille, je le trouve dans ces merveilleuses publications. Si ma vie devait se cristalliser en deux ou trois images, je verrais le graphique de Flying Tiger, mon premier 10-bagger, celui d'Apple Computer, une action que ma famille m'a fait découvrir et Polaroïd qui me rappelle le nouvel appareil de photos que ma femme et moi avions emporté en voyage de noces. C'était il y a longtemps, quand il fallait compter soixante secondes avant que la photo ne se développe. Comme aucun de nous deux ne portait une montre, Carolyn les comptait sur son pouls.

sont généralement mieux placés que les médecins pour décider quand acheter ou vendre Schlumberger; et (2) que les médecins savent plutôt mieux que les experts en pétrole, quand investir dans un médicament à succès. La personne qui possède un atout sera en mesure de surpasser celle qui n'en a pas - qui, elle, sera la dernière à être informé des changements importants dans un secteur.

L'homme du pétrole, devenu actionnaire de SmithKline sur les conseils de son courtier, ne réalisera pas que les malades ont abandonné Tagamet pour un médicament concurrent avant que le titre ait perdu 40 %, et que la mauvaise nouvelle n'ait déjà "corrigé" son cours. Une "correction" est un euphémisme de Wall Street pour prétendre que l'on a anticipé des événements qui ont surpris tout le monde.

En revanche, l'homme du pétrole sera aux premières loges pour observer les signes de reprise dans un champ de pétrole, reprise qui inspirera peut-être à Schlumberger un éventuel retour.

Bien que les gens qui achètent des actions dont ils ignorent tout puissent avoir de la chance et être récompensés, il me semble qu'ils partent avec des handicaps inutiles, tout comme le coureur de marathon qui décide de mettre sa réputation en jeu dans une course de bobsleigh.

LE DOUBLE ATOUT

Nous avons placé dans la même catégorie le directeur d'une compagnie pétrolière et ses compétences, et le client qui fait la queue à la caisse de Pep Boys et ses déductions. Il est bien évidemment absurde de les considérer sur un pied d'égalité. Le premier est un professionnel qui comprend les mécanismes d'un secteur; le second est un consommateur conscient de la popularité d'un produit. Les deux sont utiles dans le choix d'une action, chacun à sa façon.

L'atout du professionnel lui sert à trouver le moment opportun pour acheter une action déjà connue, surtout si c'est une valeur dite cyclique.

Si vous travaillez dans l'industrie chimique, vous serez parmi les premiers à remarquer la forte demande pour le chloride polyvinyl, suivie d'une hausse des prix et d'une baisse de l'excédent des stocks. Vous serez bien placé pour savoir qu'aucun concurrent n'a percé le marché, qu'aucune usine n'est en cours de construction et qu'il faut deux à trois ans pour en construire une. Autant d'éléments qui présagent une progression des bénéfices par les sociétés existantes qui fabriquent ce produit.

Si vous possédez une boutique de pneus Goodyear, et remarquez qu'après trois années de ventes médiocres, vous n'arrivez plus à satisfaire la demande, c'est le signal infaillible que Goodyear reprend son souffle. Vous savez déjà que leur dernier pneu haute performance est le meilleur. Il vous reste à appeler votre courtier pour obtenir les dernières informations sur le groupe au lieu d'attendre qu'il vous appelle pour vous parler de Wang Laboratories.

A moins de travailler dans un secteur lié aux ordinateurs, quel peut bien être pour vous l'intérêt d'un tuyau sur Wang ? Si la réponse est "non", vous n'avez aucun atout dans Wang. Mais si vous vendez, fabriquez ou distribuez des pneus, vous possédez un atout dans Goodyear. Tout au long de la chaîne des industries de transformation, ceux qui fabriquent et vendent rencontrent de nombreuses opportunités de stock picking. Cela peut arriver dans une société de service, une compagnie d'assurance multi-risques, ou une maison d'édition.

Les vendeurs et acheteurs de n'importe quel produit peuvent remarquer s'il y a rupture des stocks ou saturation du marché, si les prix changent, ou si la demande se modifie. De telles informations n'ont guère de valeur dans l'industrie automobile car les ventes de voitures sont publiées tous les dix jours. Wall Street est obsédé par les voitures. Mais dans les autres domaines, un observateur attentif peut enregistrer un changement de tendance six à douze mois avant les analystes financiers. Cela lui donnera une avance incroyable pour prévoir une augmentation des bénéfices - or vous le verrez ce sont les bénéfices qui font flamber les cours.

Une reprise des ventes n'est pas la seule chose à pouvoir attirer votre attention. Vous pouvez découvrir que telle société possède d'incroyables actifs cachés qui n'apparaissent pas sur le bilan. Si vous êtes dans l'immobilier, vous auriez pu entendre qu'une chaîne de grands magasins se trouve à la tête de plusieurs immeubles dans le centre ville d'Atlanta, et que leur valeur comptable est encore la même qu'avant la Guerre Civile. C'est bien un actif caché, et on trouve de telles opportunités dans l'or, le pétrole, les forêts, et les chaînes de télévision.

Il vous faut chercher une occasion où la valeur des actifs par action dépasse le cours de l'action. Avec de tels exemples inouïs, vous pouvez acheter beaucoup pour rien. Cela m'est arrivé plusieurs fois.

Les milliers d'employés de Storer Communications et de ses filiales, sans compter tous ceux qui travaillent dans la télévision par câble ou n'importe quel réseau de télévision, auraient pu deviner que les actifs de Storer valaient 100 dollars par action, alors que cette dernière était cotée 30 dollars. La direction le savait, les programmateurs, cameramen, et les ouvriers qui installent le câble chez vous auraient pu le savoir.

La seule chose qu'ils avaient à faire était d'acheter le titre à 30, 35, 40 ou même 50 dollars et d'attendre que les experts de Wall Street s'en aperçoivent. Storer fut rachetée*** fin 1985 au cours de 93,50 dollars - il apparut en 1988 que c'était encore un prix intéressant pour les acheteurs.

Je pourrais disserter jusqu'à la fin de ce livre sur les atouts qu'un stock picker moyen peut trouver dans sa profession. Et sur ceux qui aident le consommateur à choisir des gagnants parmi les nouvelles sociétés à forte croissance, surtout dans le commerce de détail. Que ce soit l'un ou l'autre, l'excitant est de développer son propre système de détection hors des sentiers de Wall Street, où vous recevez toujours les nouvelles trop tard.

MON ATOUT EXTRAORDINAIRE

Qui pouvait bien avoir un meilleur atout que votre serviteur, assis dans son bureau de Fidelity pendant le grand boom des services financiers et des fonds d'investissement ? J'aurais pu rattraper mon omission de Pebble Beach. On peut me pardonner d'avoir laissé passer ces actifs extraordinaires. Le golf et la voile ne sont que des occupations estivales, mais l'investissement est mon travail quotidien.

Je viens ici depuis presque vingt ans. Je connais la moitié des dirigeants des principales sociétés de services financiers, je suis chaque jour les mouvements du marché, et j'ai remarqué certaines tendances avant les analystes. Stratégiquement, il était impossible d'être mieux placé pour trouver ce filon du début des années quatre-vingt.

Ceux qui impriment les prospectus n'ont pu l'ignorer - ils avaient du mal à fournir tous les nouveaux actionnaires des fonds. Les commerciaux ont dû, eux aussi, en prendre note quand ils quadrillaient le pays et levaient plusieurs milliards de dollars de nouvelles souscriptions. Les services de maintenance ont dû remarquer l'expansion des bureaux chez Federated, Franklin, Dreyfus et Fidelity. Les sociétés qui vendaient des fonds communs de placement avaient atteint l'apogée de leur prospérité. C'était la folle ruée.

Fidelity n'est pas cotée, vous ne pouviez donc pas profiter de cet engouement avec elle. Mais Dreyfus ? Avez-vous déjà vu un graphique qui ne s'arrête jamais de monter ? De 40 cents en 1977, l'action s'est envolée jusqu'à presque 40 dollars en 1986 - un 100-bagger en neuf ans -, et tout cela dans un marché plutôt médiocre. Franklin fut un 138-bagger, et

*** Elle devint une société privée et sortit de la cote.

Federated vit son cours multiplié par 50 avant d'être racheté par Aetna. Je les touchais toutes du doigt. Je connaissais par coeur l'histoire de chacune d'entre elle. Tout était parfait, les profits grimpaient, leur essor était évident.

Combien ai-je gagné dans tout cela ? Zéro. Je n'ai pas acheté la moindre action de Dreyfus, Federated ou Franklin. J'ai tout raté et je ne l'ai vu qu'à la dernière minute. Je devais être trop occupé à penser à Union Oil of California, comme les médecins.

Chaque fois que je tombe sur le graphique de Dreyfus, je me souviens de ce conseil que j'essaie de vous développer : investissez dans les choses que vous connaissez. Aucun de nous ne doit laisser passer une seconde occasion de ce genre, et je ne l'ai pas fait. Le rallye de 1987 m'a donné une deuxième chance avec Dreyfus (voir chapitre 17).

CHAPITRE SEPT

JE L'AI, JE L'AI ! QU'EST-CE QUE C'EST ?

Quelle que soit la façon dont l'action se soit distinguée à vos yeux - au bureau, dans un centre commercial, que ce soit quelque chose que vous ayiez mangée ou achetée, un conseil de votre courtier ou de votre belle-mère - cette découverte n'est pas un signal d'achat. Il ne suffit pas que Dunkin' Donuts ne désemplisse pas ou que Reynolds Metals croule sous les commandes d'aluminium pour que vous deveniez actionnaire. Vous avez seulement la première trame d'une histoire qu'il faut développer.

Il vous faut même traiter cette première information (le détail qui vous a fait remarquer la société) comme un tuyau anonyme et intrigant, mystérieusement glissé dans votre boîte à lettres. Cela vous évitera d'acheter un titre uniquement parce que vous avez aimé quelque chose ou, pire, sur la réputation de celui qui vous a donné le tuyau. "Oncle Harry l'achète. Il est riche, il doit savoir de quoi il parle". Ou bien "Oncle Harry l'achète. Moi aussi, parce que le dernier titre qu'il recommandait a doublé".

Développer l'histoire n'est pas difficile; cela vous prendra deux heures au plus. Dans les chapitres suivants, je vous montrerai comment je fais, et où trouver les meilleures sources d'information.

Il me semble que cette phase de travail à la maison est aussi décisive pour votre réussite, que le voeu que vous avez fait antérieurement d'ignorer les hauts et les bas du marché. Peut-être y a-t-il des personnes qui gagneront de l'argent sans faire la moindre recherche, mais pourquoi prendre des risques inutiles ?

Investir sans recherche revient à jouer au poker sans regarder les cartes.

Pour une raison mystérieuse, on a rendu l'analyse financière si ésotérique et technique que des consommateurs normalement prudents investissent leurs économies sur un caprice. Le même ménage qui aura passé un week-end entier à chercher les billets d'avion les moins chers pour Londres, achètera 500 actions KLM sans passer cinq minutes à regarder la société.

Revenons aux Dupont. Ils se targuent d'être des consommateurs astucieux qui n'hésitent pas à regarder les étiquettes des taies d'oreiller. Ils comparent le poids et les prix des boîtes de lessive pour acheter la plus intéressante. Ils calculent quelles ampoules électriques utilisent le moins d'énergie, mais toutes leurs économies sont grignotées par les fiascos boursiers de Monsieur Dupont.

N'est-ce pas lui, dans son fauteuil à bascule en train de lire un article de Consumer Reports* sur l'épaisseur et le pouvoir d'absorption des cinq principaux papiers hygiéniques. Il se demande s'il va changer pour la marque Charmin. Passera-t-il autant de temps à lire le rapport annuel de Procter and Gamble la société qui fabrique Charmin, avant d'y investir 5 000 dollars. Sûrement pas. Il achètera d'abord les actions, ensuite seulement, jettera le rapport annuel à la poubelle.

Le syndrome Charmin est un mal universel, mais il se soigne facilement. Il vous suffit de vous donner autant de peine pour choisir vos actions que pour faire votre marché. Même si vous êtes déjà actionnaire, il est utile de regarder l'exercice, car il est possible que certaines de vos actions ne puissent remplir vos attentes. Il existe plusieurs sortes de valeurs, et chacune a des limites qu'elle ne peut dépasser. En développant l'histoire, vous devrez faire des distinctions dès le départ.

LA DERNIÈRE LIGNE DU BILAN

Procter and Gamble illustre bien ce dont je parle. Rappelez-vous, je vous ai parlé des collants L'eggs comme étant l'un des deux produits les plus rentables des années soixante-dix. L'autre était les couches Pampers. Ami ou proche d'un bébé, vous avez mesuré le succès de Pampers, et sur la boîte il est écrit que "Pampers" est fabriqué par Procter and Gamble.

Mais cela suffisait-il à vous précipiter pour acheter des actions du groupe ? La réponse est non, si vous aviez commencé à développer l'histoire. Car en cinq minutes vous auriez compris que Procter and Gamble est un mastodonte et que les ventes de Pampers ne contribuent que très partiellement à ses bénéfices. Pampers a eu un impact sur le groupe, mais très relatif comparé à la bonne influence de L'eggs sur une plus petite société comme Hanes.

* L'équivalent de 50 millions de consommateurs

Si vous regardez une action en mesurant l'effet d'un produit précis sur la société, la première question sera : "Quel sera l'impact de ce produit sur les bénéfices de la société ? Je me rappelle qu'en février 1988, les investisseurs s'emballèrent pour Retin-A, une crème fabriquée par Johnson & Johnson. Depuis 1971, elle était vendue comme un produit contre l'acné, mais une récente étude suggéra qu'elle était également efficace pour faire disparaître les tâches pigmentaires dues au soleil. Les journaux sautèrent sur l'histoire, et Retin-A fit les gros titres comme étant la crème anti-vieillissement, "le remède anti-rides". On pouvait penser que Johnson & Johnson avait découvert la fontaine de la jeunesse !

Que s'est-il passé ? Le titre Johnson & Johnson grimpa de 8 dollars en deux jours (les 21 et 22 janvier 1988) et la capitalisation boursière du groupe se trouva augmentée de 1,4 milliard de dollars. Dans toute cette histoire, on avait oublié de noter que les ventes de Retin-A pour l'année précédente ne représentaient que 30 millions de dollars, sans compter que la Food and Drug Administration (organisme autorisant la vente de tout produit alimentaire ou pharmaceutique) reprendrait la vérification de Retin-A à la lumière de ses nouvelles qualités.

Les investisseurs ont fait preuve de plus de lucidité dans un autre cas intervenu aux environs de la même époque. Un rapport médical concluait qu'un cachet d'aspirine pris tous les deux jours réduisait le risque de crise cardiaque chez les hommes. Les tests avaient été faits avec la marque Bufferin fabriquée par Bristol-Myers, mais le titre Bristol-Myers frémit seulement de 50 cents pour atteindre 42 7/8 dollars. Beaucoup avaient pris conscience que les ventes de Bufferin pour l'année précédente n'atteignaient que 75 millions de dollars, moins de 1,5 % des 5,3 milliards de dollars de chiffre d'affaires total du groupe.

Mieux valait jouer Sterling Drug, le fabriquant de l'aspirine Bayer, avant que ce ne soit racheté par Eastman Kodak. Les ventes d'aspirine de Sterling représentaient 6,5 % du chiffre d'affaires total mais frisaient les 15 % des bénéfices du groupe - l'aspirine était le produit le plus rentable de Sterling.

GROSSES SOCIÉTÉS, PETITS ÉCARTS

La taille de la société est largement proportionnelle à ce que vous pouvez obtenir de ses actions. Quelle est la taille de l'entreprise dans laquelle vous avez investi ? A l'exception de quelques produits très spécifiques, les actions des grosses sociétés ne font pas de gros écarts. Elles se tiennent bien dans certains marchés mais vous trouverez votre plus grand écart dans des sociétés de petite taille. N'espérez pas voir le titre d'un géant comme Coca-Cola quadrupler en deux ans. Si vous achetez Coca-Cola au juste cours, vous pourrez tripler votre investissement en six ans, mais pas gagner le gros lot en deux.

Procter and Gamble et Coca-Cola n'ont rien de répréhensible, et se sont d'ailleurs récemment très bien comportés. Mais gardez à l'esprit que ce sont des mastodontes, et vous éviterez les faux espoirs et les attentes déçues.

Il arrive qu'une série de malheurs plonge une importante société dans la détresse financière, et que, durant sa convalescence, elle fasse le grand écart. Ce fut le cas de Chrysler, de Ford ou Bethleem Steel. Quand Burlington Northern fut déprimé, son titre vacilla de 12 à 6 dollars pour rebondir à 70 dollars. Mais cela reste des situations exceptionnelles qui tombent dans la catégorie des redressements de sociétés. Dans le cours normal des affaires, des groupes multimilliardaires comme Chrysler, Burlington Northern, DuPont, Dow Chemical, Procter and Gamble ou Coca-Cola ne peuvent tout simplement pas se transformer en 10-baggers.

Que General Electric double ou triple dans le proche avenir est mathématiquement impossible. GE est déjà tellement énorme qu'il représente presqu'un pour cent du PNB des Etats-Unis. Chaque fois que vous dépensez un dollar, GE récupère un penny. Pensez-y. Dans les centaines de milliards dépensés annuellement par les consommateurs américains, un penny de chaque dollar l'est dans un produit ou un service (ampoules électriques, appareils ménagers, assurance, la chaîne de télévision NBC, etc...) fourni par GE.

Voici une compagnie parfaite - elle a fait des acquisitions sensées, réduit ses coûts, développé avec succès de nouveaux produits, elle s'est débarrassée de ses filiales boiteuses, a évité de peu de se faire piéger dans l'informatique - et pourtant le titre n'avance qu'à tout petits pas. Ce n'est pas la faute de GE. L'action ne peut faire autrement, elle est attachée à un mastodonte.

GE a 900 millions d'actions en circulation, et une capitalisation boursière de 39 milliards de dollars. Ses bénéfices annuels de plus de 3 milliards de dollars sont largement suffisants pour le faire figurer tout seul sur la liste des 500 du magazine Fortune. Il n'a aucun moyen d'accélérer sa croissance sans prendre possession du monde. Et puisque c'est la croissance qui propulse les cours, il n'est pas surprenant que GE avance lentement alors que La Quinta monte en flèche.

Tous les autres éléments étant égaux, vous aurez de meilleurs résultats avec une plus petite société. Ces dix dernières années, Pic'N' Save vous aurait rapporté plus d'argent que Sears, toutes deux étant des chaînes de commerce de détail. Maintenant que Waste Management est devenu un conglomérat multimilliardaire, il va probablement prendre du retard sur les derniers arrivés dans le secteur de l'enlèvement de déchets. Alors que la sidérurgie reprenait récemment un second souffle, les actionnaires de la petite Nucor ont obtenu de bien meilleurs résultats que U.S Steel (maintenant USX). Même chose pour l'industrie pharmaceutique, quelques années plus tôt, où SmithKline Beckman, de taille plus modeste que American Home Products, surpassa ce dernier.

LES SIX CATÉGORIES

Une fois établie la taille de la société comparativement aux autres du même secteur, je la place dans l'une de ces six catégories : les valeurs à croissance lente, les valeurs sûres, celles à croissance rapide, les cycliques, les jeux d'actifs, et les sociétés en voie de redressement. Il y a autant de manières de classer les actions que de courtiers, mais j'ai remarqué que ces six catégories couvraient toutes les distinctions utiles à faire.

Les pays ont un taux de croissance (le PNB), les secteurs ont le leur, et chaque société a le sien. Quelle que soit son activité (voitures, boîtes de conserves ou hamburgers,...), la croissance signifie qu'elle en fait plus cette année que l'année dernière. Comme a dit un jour le président Eisenhower : "Les choses sont davantage comme elles sont maintenant que comme elles ont jamais été auparavant". Ce n'est pas une mauvaise définition de la croissance économique.

Surveiller les taux de croissance de l'industrie est une industrie en soi. Il existe pour cela des graphiques sans fin, des tables, et des comparaisons à faire. Pour les sociétés, c'est un peu plus compliqué, car la croissance peut se mesurer de diverses façons : croissance des ventes, croissance des bénéfices, etc... Mais quand on vous parle d'une "société de croissance", vous pouvez être sûr qu'elle grandit. Il y a plus de ventes, plus de production, et plus de bénéfices chaque année.

La croissance d'une société se mesure en fonction de la croissance de l'économie en général. Les sociétés à croissance lente, vous l'aurez deviné, se développent lentement, plus ou moins dans la ligne du PNB national. Les sociétés à croissance rapide se développent rapidement, quelquefois au rythme annuel de 20 à 30 % ou plus. C'est là où vous trouverez les actions les plus explosives.

Trois de mes six catégories comprennent des valeurs de croissance. Je sépare les lentes (les limaces), les moyennes (les piliers) et les rapides - les supervaleurs qui méritent le plus d'attention.

Les valeurs à croissance lente

Généralement, on attend de ces grandes sociétés d'âge mûr une croissance légèrement plus rapide que le PNB. Elles n'ont pas toujours été comme cela. Elles ont commencé comme des valeurs à forte croissance, mais ont dû abandonner la course parce qu'elles avaient atteint leur limite, ou parce qu'elles étaient trop essoufflées pour réussir. Lorsqu'un secteur ralentit (comme cela se passe souvent), la plupart des sociétés de ce secteur perdent aussi de la vitesse.

Les compagnies d'électricité sont actuellement les valeurs à faible croissance les plus populaires, mais dans les années cinquante puis soixante, tous les services publics avaient une croissance rapide, à un taux deux fois plus élevé que le PNB. Elles étaient des sociétés prospères et de belles valeurs. Alors que les gens installaient des systèmes d'air conditionné, achetaient des gros frigidaires et congélateurs, et faisaient grimper leurs notes d'électricité, la consommation électrique devint un secteur à forte croissance, et les principaux services publics surtout dans les grandes agglomérations, enregistrèrent des taux de croissance à deux chiffres. Mais, dans les années soixante-dix, la forte hausse des prix de l'énergie incita les consommateurs à faire attention, et leur élan fut interrompu.

Un jour ou l'autre, chaque secteur à croissance rapide subit un ralentissement et les nombreux analystes et pronostiqueurs se font berner. On a toujours tendance à croire que les choses ne changeront pas, mais elles changent inévitablement. Alcoa eut autrefois la même réputation de fonceur qu'Apple Computer aujourd'hui, car l'aluminium était un secteur à forte croissance. Dans les années vingt, ce fut le cas des chemins de fer, et lorsque Walter Chrysler les abandonna pour diriger une usine automobile, il dut accepter une baisse de son salaire. "Ici, ce ne sont pas les chemins de fer, Monsieur Chrysler" lui dit-on. Ce fut ensuite au tour des automobiles de devenir un secteur à forte croissance, puis de l'acier, de la chimie, des compagnies d'électricité et des ordinateurs. Aujourd'hui même les ordinateurs ralentissent, du moins en ce qui concerne les gros modèles et les ordinateurs personnels. IBM et Digital seront peut-être les valeurs à faible croissance de demain.

C'est assez facile d'identifier une valeur à faible croissance dans un livre de graphiques que votre courtier pourra vous prêter, ou que vous trouverez dans une bibliothèque. Le graphique d'une telle valeur, prenons Houston Industries, ressemble à la carte topographique du Delaware qui, vous devez le savoir, n'a pas de collines. Comparez le au graphique de Wal Mart qui fait penser au lancement d'une fusée, et vous constaterez que Wal Mart n'est définitivement pas une valeur à croissance lente.

Une valeur à faible croissance se reconnaît aussi au dividende régulier et généreux qu'elle verse à ses actionnaires. Comme je l'expliquerai au chapitre 13, les sociétés ne lésinent pas sur les dividendes quand elles ne peuvent imaginer d'autres moyens d'utiliser leur argent pour développer leurs affaires. Les directeurs de sociétés aimeraient bien mieux développer leurs affaires, effort qui rejaillit toujours sur leur prestige, que de verser un dividende, effort purement mécanique n'exigeant aucune imagination.

Cela ne veut pas dire que les directeurs agissent mal en payant un dividende. Dans la plupart des cas, c'est peut-être la meilleure utilisation que la société puisse faire de ses profits (voir chapitre 13).

Vous ne trouverez pas dans mon portefeuille beaucoup de valeurs dont la croissance atteint 2, 3 ou 4 %, car si les sociétés n'avancent pas vite, leur cours ne risque pas de grimper vite. Si une entreprise s'enrichit grâce à la progression de ses bénéfices, pourquoi perdre du temps sur des limaces ?

LES PILIERS

Ce sont Coca-Cola, Bristol Myers, Procter and Gamble, les soeurs Bell (téléphone), Hershey's, Ralston Purina et Colgate Palmolive. Ces mastodontes multi-milliardaires ne sont pas vraiment agiles à l'escalade, mais ils sont plus rapides que des valeurs à faible croissance. Le graphique de Procter and Gamble n'est pas aussi plat que la carte du Delaware, mais ce n'est pas non plus l'Everest. Quand vous circulez parmi ces piliers, vous êtes dans les contreforts : une croissance annuelle de 10 à 12 % des bénéfices.

Cela dépendra du moment où vous les achetez et à quel prix, mais vous pouvez en tirer quelque profit. Le graphique de Procter and Gamble le montre, celui-ci s'est bien comporté pendant les années quatre-vingt. Pourtant, si vous êtes actionnaire depuis 1963, vous n'avez fait que quadrupler votre investissement. Conserver un titre pendant 25 ans pour un tel rendement n'est pas à proprement parler excitant - car vous n'avez pas fait mieux qu'avec une obligation ou un fonds monétaire.

D'ailleurs, quand quelqu'un se vante de doubler ou tripler son argent sur un pilier (ou n'importe quelle autre valeur), n'oubliez pas de lui demander : "Combien de temps l'avez-vous gardée?" Dans beaucoup de cas, le risque d'être actionnaire n'a guère été payant : des risques pour rien.

Depuis 1980, les piliers ont enregistré de belles performances mais ce ne sont pas les meilleures. La plupart sont des géants, et il est rare de voir Bristol-Myers ou Coca-Cola devenir un 10-bagger. Alors si vous possédez une valeur sûre comme Bristol Myers dont le cours a pris 50 % en un an ou deux, vous devriez songer que c'est peut-être fini et qu'il est temps de vendre. Combien pouvez-vous espérer tirer de Colgate Palmolive ? Vous ne deviendrez pas millionnaire comme avec Subaru, à moins qu'il n'y ait une nouveauté étonnante dont vous auriez déjà entendu parler.

50 % en deux ans, représente ce que vous seriez ravi de tirer de Colgate Palmolive en temps normal. Avec les piliers, mieux vaut réaliser son bénéfice plus rapidement qu'avec un Shoney's ou un Service Corporation International. On les achète en vue d'un gain de 30 à 50 %, puis on les vend et on recommence avec des valeurs similaires qui n'ont pas encore été reconnues.

J'en garde toujours dans mon portefeuille car elles offrent une bonne protection pendant les récessions et les périodes difficiles. Regardez et vous verrez qu'en 1981-1982 alors que le pays semblait se décomposer et que le marché était en chute libre, Bristol Myers offrait sur son graphique une ligne horizontale. Elle ne s'est pas aussi bien comportée pendant le fiasco de 1973-74, nous l'avons vu, mais personne n'en sortit indemne, et son cours était alors tout à fait surévalué. En général, Bristol Myers et Kellogg, Coca-Cola et MMM, Ralston Purina et Procter and Gamble restent des amis fidèles dans une crise. Vous savez qu'ils ne feront pas faillite, qu'ils remonteront vite en estime et retrouveront leur valeur.

Bristol Myers n'a connu qu'un seul mauvais trimestre en vingt ans, et Kellogg n'en a pas eu depuis trente ans. Ce n'est pas un hasard si Kellogg survit à toutes les récessions. Que les événements tournent au dramatique n'empêche pas les gens de manger des corn flakes. Il voyagent moins, retardent l'achat d'une nouvelle voiture, font moins de dépenses vestimentaires, ou de mobilier, commandent moins de homard au restaurant, mais ils mangent tout autant de céréales. Peut-être même en mangent-ils plus pour compenser les homards.

Pendant les récessions, les gens n'achètent pas moins de nourriture pour leur chien; voilà aussi pourquoi Ralston Purina n'est pas une mauvaise action à mettre dans son portefeuille. D'ailleurs pendant que j'écris ces lignes, mes collègues se précipitent tous sur les Kellogg et les Ralston Purina car ils ont peur d'une récession.

LES VALEURS À CROISSANCE RAPIDE

Elles font partie de celles que je préfère : petites, agressives, de toutes jeunes entreprises qui caracolent au rythme de 20 à 25 % chaque année. Si votre choix est judicieux, c'est le royaume des 10 ou des 40-baggers, et pourquoi pas des 200-baggers. Dans un petit portefeuille, une ou deux comme celles-là peuvent faire une grande carrière.

Une valeur à forte croissance ne doit pas forcément appartenir à un secteur à forte croissance. D'ailleurs, je préfère que cela ne soit pas le cas, vous le verrez au chapitre 8. Elle a seulement besoin de place pour se développer dans un secteur à faible croissance. C'est le cas de la bière où Anheuser-Busch a grossi rapidement en récupérant des parts de marché après avoir incité les consommateurs à changer de marque à son profit. Le secteur de l'hôtellerie a une croissance annuelle de 2 % seulement, mais Marriott en se taillant une grosse part du gâteau ces dix dernières années, a vu sa part de marché atteindre 20 %.

Même chose pour Taco Bell dans le fast-food, Wal-Mart dans la distribution, et The Gap dans l'habillement. Ces météorites ont appris à réussir dans un endroit avant de dupliquer à l'infini la recette de leur succès, centre commercial après centre commercial, ville après ville. L'expansion vers de nouveaux marchés se mue en une extraordinaire accélération des bénéfices qui propulse les cours vers des hauteurs vertigineuses.

Il y a beaucoup de risques dans ces valeurs, spécialement parmi les plus jeunes sociétés qui ont tendance à être trop zélées et insuffisamment financées. Si une société insuffisamment financée a des migraines, cela se termine au Chapitre II *. Sans compter que Wall Street n'aime guère ces valeurs à croissance rapide qui, si elles manquent d'élan, reviennent vite au statut de valeurs à faible croissance, et si c'est le cas, sont bradées en conséquence.

J'ai déjà mentionné ces compagnies d'électricité qui, parties sur les chapeaux de roue, perdirent du terrain. Dans les années soixante, le plastique avait le vent en poupe. Les gens y pensaient tellement que lorsque dans le film "Le Lauréat", Dustin Hoffman chuchote le mot "plastique", il en fait une réplique célèbre. Dow Chemical mit un pied dans le plastique, bénéficia d'un vigoureux sursaut de croissance, et resta, pendant plusieurs années, une valeur bien aimée. Mais une fois sa croissance ralentie, Dow redevient une simple valeur chimique, une sorte de "bûcheuse" un peu cyclique.

L'aluminium fut un secteur à forte croissance, même dans les années soixante, les tapis aussi, mais une fois ces secteurs arrivés à maturité, les sociétés qui en faisaient partie devinrent des valeurs genre PNB, qui retombèrent en léthargie.

Ainsi, lorsque les plus petites valeurs à forte croissance sont menacées d'extinction, les plus grosses risquent une chute rapide quand elles trébuchent. Si une valeur à forte croissance devient trop grosse, elle rencontre le même dilemne que Gulliver chez les lilliputiens. Elle n'a plus de place pour grossir.

Mais tant qu'elles ne sont pas en reste, les valeurs à croissance rapide

* Loi américaine sur les faillites qui met la société à l'abri des créanciers

sont les grandes gagnantes du marché. Je recherche celles qui offrent de jolis bilans et des bénéfices conséquents. L'astuce, c'est de deviner quand elles vont s'arrêter de grossir, et combien payer pour cette croissance.

Les cycliques

Une valeur cyclique est une société dont les ventes et les bénéfices montent et baissent de façon régulière et selon une mode plus ou moins prévisible. Dans un secteur de croissance, les affaires n'arrêtent pas de se développer, mais dans un secteur cyclique elles se développent puis se ralentissent, puis se développent à nouveau pour se ralentir encore. Les automobiles et les compagnies aériennes, les fabricants de pneus, les aciéries, et les chimiques : toutes des valeurs cycliques. Même les valeurs de défense se conduisent comme des cycliques, car leurs bénéfices évoluent en fonction des politiques des administrations successives.

AMR Corporation, affiliée à American Airlines, est cyclique. Même chose pour Ford Motor, il vous suffit de regarder le graphique. Le graphique d'une valeur cyclique ressemble à celui d'un détecteur de mensonges ou à la carte des Alpes; c'est le contraire de la carte du Delaware que l'on obtient pour les valeurs à faible croissance.

Au sortir d'une récession et dans une économie vigoureuse, les valeurs cycliques s'épanouissent, et leurs cours grimpent beaucoup plus vite que ceux des très faibles piliers. C'est compréhensible car, durant une économie vigoureuse, les gens achètent de nouvelles voitures, se remettent à voyager, et il y a une forte demande pour l'acier, les produits chimiques, etc... Mais si le mouvement s'inverse, les valeurs cycliques souffrent tout comme le livre de comptes des actionnaires.

Vous pouvez perdre 60 % de votre investissement en un rien de temps, si vous achetez une valeur cyclique au mauvais moment du cycle, et il peut se passer des années avant que ne survienne un redressement.

Les valeurs cycliques sont les plus mal comprises de toutes les catégories, et c'est avec de telles valeurs qu'un investisseur imprudent peut perdre le plus d'argent, car dans son esprit elles sont sûres. En effet, parce que ce sont pour la plupart des grandes entreprises très connues, on les met naturellement dans la catégorie des piliers.

Puisque Ford est une blue chip, on s'imagine qu'elle se comportera comme Bristol-Myers, une autre blue chip. Mais ceci est faux. Le cours de Ford a d'amples variations suivant que la société perd des milliards de dollars pendant les récessions, ou en gagne des milliards en période de prospérité. Si un pilier comme Bristol-Myers peut perdre la moitié de sa valeur dans un piteux marché et/ou dans une crise économique nationale, une valeur cyclique comme Ford peut, elle, perdre jusqu'à 80 %. C'est exactement ce qui lui est arrivé au début des années quatre-vingt. Vous devez savoir qu'être actionnaire de Ford est différent d'être actionnaire de Bristol-Myers.

Avec les valeurs cycliques, tout est dans la synchronisation et vous devez être capable de détecter les prémices d'une chute ou d'une reprise. Si votre profession est liée à l'acier, l'aluminium, les compagnies aériennes, les automobiles, etc... alors vous avez un avantage, et nulle part, il ne sera aussi important que dans ce genre d'investissement.

LES REDRESSEMENTS

Les candidates au redressement ont été battues, déprimées et parviennent à peine à se traîner jusqu'au chapitre II. Ce ne sont pas des valeurs à faible croissance : elles n'ont pas de croissance du tout. Ce ne sont pas des valeurs cycliques dans une période faste; ce sont des mortes en puissance comme Chrysler. Chrysler fut dans le passé une valeur cyclique mais elle descendit si bas qu'on crut qu'elle ne remonterait jamais. Une valeur cyclique mal gérée est toujours un candidat potentiel pour le genre d'ennuis que rencontra Chrysler et, à un moindre degré, Ford.

La banqueroute de Penn Central fut l'un des épisodes les plus traumatisants que connut Wall Street. Que cette blue chip, cette grande et vieille société, cette solide entreprise puisse s'écrouler, était aussi étonnant et inattendu que l'effondrement du pont George Washington. Une génération entière d'investisseurs a senti sa foi vaciller - et pourtant une fois de plus, il y avait une occasion dans cette crise. Penn Central fut un superbe redressement à jouer.

Les valeurs redressées regagnent du terrain très rapidement ; beaucoup l'ont prouvé : Chrysler, Ford, Penn Central, General Public Utilities et d'autres. Il est intéressant d'investir dans ces valeurs car de toutes les catégories d'actions, ce sont celles qui sont le moins liées au marché en général.

Mes actionnaires ont gagné beaucoup d'argent avec Chrysler. J'ai commencé à en acheter à 6 dollars (cours non ajusté avec les fractionnements d'actions ultérieurs) début 1982 et j'ai vu ce cours multiplié par cinq en deux ans puis par quinze en cinq ans. A une époque, 5 % de mon fonds était investi en actions Chrysler. Certaines des valeurs que je possédais ont fait mieux, mais aucune n'eut jamais l'impact de Chrysler car aucune n'a représenté un tel pourcentage du fonds au moment même où son cours montait. Et je n'ai même pas acheté Chrysler à son cours le plus bas !

D'autres fans de Chrysler, plus courageux, l'ont acheté à 1,50 dollars;

pour eux ce fut un 32-bagger. Dans les deux cas Chrysler fut un heureux événement. Ainsi que Lockheed, qui cotait 1 dollar en 1973. Vous pouviez encore l'acheter à 4 dollars en 1977, après une intervention du gouvernement, et le vendre à 60 dollars en 1986. J'ai raté Lockheed.

En dollars absolus, mes plus gros gains eurent pour origine la résurrection de valeurs comme Chrysler ou Penn Central, des grandes sociétés dans lesquelles je peux acheter suffisamment de titres pour qu'ils aient un impact significatif sur mon fonds.

Il n'est pas facile de faire la liste des redressements qui ont échoué, sauf de mémoire, car l'existence de ces sociétés, aura été effacée des archives du Standard and Poor, des recueils de graphiques ou des dossiers des courtiers, et on n'en a jamais plus entendu parler. Je pourrais essayer de reconstituer la liste plutôt longue de ces redressements ratés que j'aurais tant voulu ne jamais acheter, mais cette seule idée me donne une migraine.

En dépit de tout cela, un grand succès occasionnel rend cette catégorie de valeurs très excitante et de surcroît très rémunératrice.

Il y a différentes sortes de sociétés en redressement : je les ai toutes essayées à un moment ou à un autre. Il y a les subventionnées comme Chrysler ou Lockheed, où l'issue dépend entièrement d'un prêt garanti par le gouvernement. Il y a les "qui aurait cru", comme Con Edison. Qui aurait cru qu'on pouvait perdre tant d'argent dans un service public, pensa-t-on lors de la chute du cours de 10 à 3 dollars en 1974; et, qui aurait cru qu'on pouvait en gagner autant, dit-on, lorsque le titre rebondit de 3 à 52 dollars en 1987 ?

Il y a aussi celles avec "un petit problème qui n'a pas été anticipé", comme Three Mile Island. Ce fut une tragédie mineure qui fut perçue comme plus catastrophique qu'elle ne l'était, et comme dans chaque tragédie mineure, il y a toujours une grande opportunité. J'ai gagné beaucoup d'argent avec General Public Utilities, le propriétaire de Three Mile Island. N'importe qui aurait pu en faire autant. Il suffisait d'être patient, de suivre les dernières nouvelles et de les lire avec calme. A la suite de la fusion du réacteur nucléaire en 1979, la situation se stabilisa. En 1985, GPU annonça que le second réacteur serait remis en marche alors qu'il avait été éteint pendant plusieurs années à la suite de l'accident mais n'avait pas été affecté par ce dernier. Que le réacteur jumeau soit réexploité, et mieux, que d'autres services publics acceptent de partager les frais de nettoyage de la centrale, furent des signaux positifs pour l'action. Vous aviez sept ans pour acheter le titre, après que l'opinion se soit calmée et que ces bonnes nouvelles soient diffusées. Le plus bas de 3 3/8 dollars fut atteint en 1980, mais vous auriez encore pu l'acheter à 15 dollars fin 1985 car le cours atteignit 38 dollars en octobre 1988.

J'essaie de rester à l'écart des tragédies où l'issue est impalpable, comme celle de Bhopal en Inde pour l'usine d'Union Carbide. Une terrible fuite de gaz fut à l'origine de centaines de morts, et la question du montant des indemnisations n'était pas résolue. J'avais investi dans le redressement de Johns-Manville mais je vendis avec une petite perte, car il était impossible de prévoir l'étendue de ses dettes.

Il y a encore "la société parfaite à l'intérieur de la société en faillite", comme Toys "R" Us. Après que cette dernière eut coupé le cordon ombilical avec sa moins talentueuse maison mère, Interstate Department Stores, elle devint un 57-bagger.

Il y a enfin la "restructuration pour favoriser l'actionnaire", comme Penn Central. Wall Street aime bien les restructurations et chaque directeur ou président qui en suggère une est chaudement approuvé par les actionnaires. La restructuration est un moyen pour la société de se débarrasser des filiales peu rentables qu'elles n'auraient de toute façon jamais dû acquérir. L'acquisition préalable de ces filiales au sort funeste, qui avait aussi été chaudement approuvée à l'époque, s'appelle la diversification. J'appelle cela une "dipiresification".

J'en reparlerai plus tard - et ce ne sera pas forcément un avantage : ce sont de futures candidates au redressement. Good Year est en train de se redresser. Il s'est retiré du secteur pétrolier, a vendu quelques filiales paresseuses, et se consacre à nouveau à ce qu'il fait le mieux : les pneus. Merck, après s'être éloigné de Calgon et de quelques autres distractions mineures, se recentre sur ses médicaments. Il en a quatre nouveaux à l'essai et deux viennent d'être approuvés par la Federal Drugs Administration (autorité de tutelle de l'industrie pharmaceutique). Ses bénéfices remontent.

LES JEUX D'ACTIFS

"Un jeu d'actifs" est une société assise sur un trésor dont vous connaissez l'existence mais que la foule de Wall Street n'a pas vu. Avec autant d'analystes et de raiders à l'affût, il semble impossible qu'il puisse exister des actifs que Wall Street n'ait pas remarqués, mais croyez-moi, il y en a. Un atout local vous sera d'une grande aide pour découvrir un jeu d'actifs.

L'actif peut tout simplement prendre la forme d'importantes liquidités. C'est quelquefois de l'immobilier. Comme Pebble Beach, dont je vous ai déjà parlé. Voici comment : fin 1976, l'action valait 14 1/2 dollars ce qui, avec 1,7 million d'actions en circulation, représente une valeur de 25 millions de dollars. A peine trois ans plus tard (en mai 1979) Twentieth Century-Fox racheta Pebble Beach pour 72 millions de dollars, soit 42 1/2 dollars par action. Mieux, le lendemain, Twentieth Century vendit l'un des nombreux actifs de Pebble Beach, une carrière de gravier pour 30 millions de dollars. En d'autres termes, la carrière de gravier à elle seule valait plus que ce que les actionnaires avaient payé en 1976 pour toute la société. Ces investisseurs avaient eu le terrain adjacent, 2 700 acres dans la forêt de Bel Monte, et la péninsule de Monterey, des arbres de 300 ans d'âge, l'hôtel et deux parcours de golf ... pour rien.

Si Pebble Beach était au hors-cote, en revanche Newhall Land and Farming était à la bourse de New York, et bien en vue pendant que son cours se trouvait multiplié par 20. La société avait deux propriétés considérables : le Cowell Ranch dans la baie de San Francisco et, encore plus grand et précieux, le Newhall Ranch à 45 kilomètres au nord du centre ville de Los Angeles. Newhall Ranch possède une communauté entière avec un parc d'attractions, un large complexe de bureaux, et a entrepris de développer un grand centre commercial. Des centaines de milliers de Californiens passent chaque jour devant pour aller à leur bureau. Des experts en assurance, des banquiers, et des agents immobiliers qui ont été en rapport d'affaires avec Newhall Ranch, devaient forcément connaître l'étendue des propriétés de Newhall et être conscients de la hausse des prix immobiliers en Californie. Combien de propriétaires des environs ont remarqué l'escalade du prix des terrains des années avant les analystes de Wall Street ? Combien d'entre eux ont songé à entreprendre des recherches sur cette action qui fut un 20-bagger depuis le début des années soixante-dix, et un 4-bagger depuis 1980 ? Si je vivais en Californie, je ne l'aurais pas manqué. Du moins, je l'espère.

J'ai visité un jour une banale petite société d'élevage en Floride du nom d'Alico, juste à côté de La Belle, modeste ville au bord des Everglades. Je n'ai vu que quelques pins et palmiers, quelques vaches en train de brouter et une vingtaine d'employés qui se donnaient beaucoup de mal pour avoir l'air occupé. Rien de très excitant jusqu'à ce que vous vous aperceviez que vous auriez pu acheter une action pour 20 dollars, et que dix ans plus tard, les terrains, à eux seuls, valaient 200 dollars par action. Un certain Ben Hill Griffin Jr continua à acheter des titres jusqu'à ce que Wall Street remarque Alico. Depuis, il a dû faire fortune.

Bon nombre de compagnies de chemins de fer cotées comme Burlington Northern, Union Pacific, et Santa Fe Southern Pacific possèdent beaucoup de terrains. Cela remonte au 19ème siècle quand le gouvernement concéda la moitié du pays aux "tycoons" du rail. Ces sociétés possèdent les droits sur le pétrole et le gaz, sur les minéraux et le bois.

On trouve des jeux d'actifs dans les métaux, dans le pétrole, dans les journaux et les chaînes de télévisions, mais aussi dans des médicaments brevetés ou même dans les pertes d'une société. C'est ce qui s'est passé avec Penn Central. Après sa faillite, il bénéficia d'un énorme crédit d'impôt, ce qui signifiait qu'avec le retour des bénéfices, il n'aurait pas d'impôt à payer. A cette époque, les sociétés étaient taxées à 50 %, aussi Penn Central revient-il à la vie avec un avantage de 50 %.

En fait, Penn Central était "le jeu d'actifs'" par excellence. Le groupe avait tout pour plaire : un crédit d'impôt, des liquidités, des propriétés immenses en Floride, d'autres ailleurs, du charbon en West Virginia et des droits aériens à Manhattan. Quiconque avait des liens avec Penn Central aurait compris que c'était une affaire. Son cours fut multiplié par huit.

En ce moment, je m'accroche à Liberty Corp, une compagnie d'assurance dont les actifs dans la télévision valent plus que le prix de l'action. Si vous avez repéré que ces actifs peuvent être estimés à 30 dollars par action et que l'action vaut justement 30 dollars, vous pouviez sortir votre calculatrice et soustraire 30 de 30. Le résultat est le coût de votre investissement dans une belle affaire d'assurance - c'est-à-dire zéro.

J'aurais dû acheter davantage d'actions de Telecommunications, Inc., une société de télévision par câble qui valait 12 cents l'action en 1977 et 31 dollars dix ans plus tard - un 250-bagger. C'était la plus importante société de télévision par câble des Etats-Unis, mais ma participation était restée très modeste car je n'avais pas su apprécier la valeur de ses actifs. Ses bénéfices étaient faibles, son endettement inquiétant, et selon les critères traditionnels, la télévision par câble n'était pas un secteur attirant. Mais les actifs (sous la forme des abonnés au câble) surpassaient ces points négatifs. Tous ceux qui avaient un atout dans le secteur du câble auraient pu savoir tout cela; moi aussi.

A mon grand regret, je n'ai toujours pris que des positions mineures dans le secteur du câble, et cela malgré les très vifs conseils de Morris Smith, un collègue de Fidelity, qui venait régulièrement taper sur ma table pour me convaincre d'investir davantage. Il avait tout à fait raison, et voilà pourquoi.

Il y a 15 ans, chaque abonné au câble valait 200 dollars pour le propriétaire d'une franchise. Dix ans plus tard, il en valait 400, puis 1000 cinq ans plus tard; aujourd'hui il frôle les 2 200 dollars. Les gens du secteur suivent de près ces chiffres; ce n'est pas une information confidentielle. Les millions d'abonnés de Telecommunications Inc. formaient un actif considérable.

Je crois que j'ai raté tout cela car le câble n'est arrivé dans ma ville qu'en 1986 et dans ma maison en 1987. Je n'ai pas eu de première appréciation de la valeur du secteur. On peut vous en parler, comme on vous parlerait d'un rendez-vous galant avec une inconnue; si on ne l'a pas personnellement expérimenté, cela n'a aucune influence sur vous.

Si j'avais vu combien ma dernière fille, Beth, aimait Disney Channel, combien Annie attendait Nickelodeon avec impatience, combien l'aînée Mary appréciait MTV, combien Carolyn regardait de vieux films de Bette Davies, et moi de nouvelles et de sports sur CNN, alors j'aurais compris que le câble était une installation au même titre que l'eau ou l'électricité - un service public vidéo. On ne soulignera jamais assez la valeur de l'expérience personnelle dans l'analyse des sociétés et des courants.

On trouve des actifs partout. Bien sûr, cela demande une recherche de la société qui possède ces actifs, mais une fois que vous l'avez trouvée, il vous suffit d'être patient.

DES CERFS-VOLANTS AUX RASE-MOTTES

Les sociétés ne restent pas indéfiniment dans la même catégorie. Durant mes années passées à plancher sur les actions, j'en ai vu des centaines débuter dans l'une et finir dans l'autre. Les sociétés de forte croissance peuvent mener une vie excitante puis s'éteindre, comme les hommes. Elles ne peuvent afficher une croissance à deux chiffres de façon continue, et un jour ou l'autre s'essoufflent pour s'installer confortablement dans une croissance à un chiffre aux côtés des limaces et des piliers. Je l'ai observé dans le secteur des moquettes et des matières plastiques, dans les calculatrices et les lecteurs de disquettes, dans la maintenance médicale et les ordinateurs. De Dow Chemical à Tampa Electric, les fusées d'une décade deviennent les marmottes de la suivante. Stop & Shop vit croître sa faible croissance mais ce mouvement inverse reste plutôt rare.

Advanced Micro Devices et Texas Instruments furent des champions de la croissance mais sont maintenant considérées comme des cycliques. Des cycliques en mauvaise posture financière s'effondrent et réapparaissent comme des sociétés en redressement. Chrysler était une cyclique traditionnelle qui faillit disparaître, devint une société en redressement, fut redressée, et redevint une cyclique. C'est aujourd'hui une société en redressement.

Les sociétés de croissance qui ne supportent pas la prospérité se "dipiresifient" bêtement, perdent l'estime générale, et se transforment en sociétés en redressement. Une valeur de croissance comme Holyday Inn ralentit inévitablement, et l'action est déprimée jusqu'à ce que quelques investisseurs plus malins prennent conscience que le groupe possède beaucoup d'immobilier, c'est-à-dire un joli jeu d'actifs.

Regardez ce qui est arrivé à des détaillants comme Federated et Allied

Stores. Ils furent convoités et rachetés pour leurs centres commerciaux et leurs grands magasins situés dans des endroits de premier choix. McDonald's est une valeur de croissance des plus classiques, mais les centaines de points de vente dont il est propriétaire ou qu'il rachète à ses franchisés pourraient le faire basculer un jour dans la catégorie des jeux d'actifs.

Une société comme Penn Central peut tomber dans deux catégories à la fois, et Disney, durant son existence, les a toutes expérimentées. Il y a longtemps, il avait l'élan d'une valeur de forte croissance, ce qui lui concéda la taille et l'assise financière d'un pilier. Il s'ensuivit une époque où ses actifs immobiliers, ses vieux films et ses dessins animés prirent une certaine signification. Et enfin, dans le milieu des années quatre-vingt, la dégringolade de Disney le transforma en valeur à redresser.

International Nickel (qui devint Inco en 1970) fut à l'origine une valeur de croissance, puis une cyclique et un redressement; ce fut l'un de mes premiers succès comme jeune analyste chez Fidelity. En décembre 1970, j'avais recommandé la vente d'Inco à 47 7/8 dollars. Les fondamentaux me semblaient mornes. Mes arguments (baisse de la consommation de nickel, augmentation du rendement chez les concurrents, et coût élevé de la main d'oeuvre chez Inco) avaient convaincu Fidelity de se débarrasser de son importante participation dans le groupe. Nous avions même accepté un cours légèrement inférieur pour trouver un acheteur pour tout notre bloc.

Le titre stagna jusqu'en avril, il était alors coté 44,5 dollars. Je commençais à douter de mon analyse, et autour de moi les gestionnaires partageaient mon inquiétude. Finalement la réalité frappa le marché et le cours chuta à 25 dollars en 1971, à 14 en 1978, et atteignit le plancher de 8 dollars en 1982. Dix-sept ans après que le jeune analyste ait conseillé la vente d'Inco, le gérant de fonds plus âgé qu'il était devenu, prit une large position dessus pour le compte de Fidelity Magellan. Inco était devenu une valeur en redressement.

DISTINGUER LES DIGITAL DES WAL-MART

Si vous ne savez pas dans quelle catégorie placer vos actions, demandez à votre courtier. Surtout si c'est lui qui vous les a conseillées car autrement, comment pourrez-vous savoir ce que vous cherchez ? Cherchez-vous une faible croissance, une forte croissance, une protection contre une récession, une société en redressement, la période haute d'un cycle, ou des actifs ?

Il est stupide de fonder votre stratégie sur des maximes telles que "Vendez quand vous aurez doublé votre investissement", "vendez au bout de deux ans", ou encore "réduisez vos pertes en vendant lorsque le titre a perdu 10 %. C'est tout simplement impossible de trouver une formule générale qui puisse raisonnablement s'appliquer aux diverses catégories d'actions.

Il vous faut séparer les Procter and Gamble des Bethleem Steel, et les Digital Equipment des Alico. A moins qu'il ne soit en redressement, mieux vaut ne pas être actionnaire d'un service public en s'attendant à ce qu'il soit aussi performant que Philip Morris. Rien ne sert de traiter une jeune société pleine d'avenir telle Wal-Mart comme une valeur sûre, en la vendant après un gain de 50 %, alors qu'elle a de bonnes chance de vous offrir un gain de 1 000 %. A l'inverse, si Ralston Purina a doublé et que ses fondamentaux ne vous paraissent guère excitants, vous seriez fou de vous y accrocher avec pareil espoir.

Si vous achetez Bristol Myers à bon prix, vous pourrez raisonnablement dormir dessus pendant vingt ans, mais n'essayez pas de faire la même chose avec Texas Air. Des sociétés chancelantes dans des secteurs cycliques ne sont pas de celles qu'il faut laisser sommeiller pendant les récessions.

Ranger les actions en catégories sera la première étape de l'histoire. Maintenant, vous savez au moins de quelle genre d'histoire il s'agit. Le second stade consistera à la remplir des détails qui vous aideront à deviner comment elle tournera.

CHAPITRE HUIT

L'ACTION PARFAITE

Trouver l'histoire d'une action est beaucoup plus facile si vous comprenez son activité de base. C'est pourquoi je préfère investir dans les collants que dans les satellites de communication, ou dans les chaînes de motels que dans les fibres optiques. Plus c'est simple, plus j'aime. Si on me dit : "N'importe quel idiot pourrait diriger cette boîte", cela me semble très positif, car il est probable qu'un jour ou l'autre, ce sera le cas. Si j'ai le choix entre l'action d'une belle affaire avec un excellent management dans un secteur complexe et hautement compétitif, et celle d'une banale société avec un management médiocre dans un secteur simple et sans concurrence, je choisirai la seconde. Facile à comprendre. Des années passées à manger des beignets et à acheter des pneus ont développé chez moi un sentiment pour certains produits que je n'aurai jamais avec des rayons lasers ou des microprocesseurs. "N'importe quel idiot peut diriger cette affaire" est une des caractéristiques de la société parfaite, le genre de titres dont je rêve. Vous ne trouverez jamais la société parfaite mais si vous pouvez l'imaginer, il faut que vous sachiez reconnaître ses qualités. Voici les treize plus importantes:

1. ELLE A UN NOM SANS INTÉRÊT, OU MIEUX, RIDICULE.

L'action parfaite devra être liée à une société parfaite, elle-même engagée dans une activité parfaitement simple qui devra avoir un nom parfaitement ennuyeux. Plus c'est ennuyeux, mieux c'est. Automatic Data Processing est un bon début.

Mais ce n'est pas tout à fait aussi ennuyeux que Bob Evans Farm. Qu'est-ce qui pourrait être aussi terne qu'une action du nom de Bob Evans Farm ? Cela vous endort rien que d'y penser, voila pourquoi ce fut une excellente perspective. Mais même Bob Evans Farms n'aurait pas eu le premier prix du nom le plus ennuyeux, ni Shoney's ou Crown, Cork and Seal. Ils n'avaient aucune chance contre Pep Boys-Manny, Moe & Jack.

Pep Boys-Manny, Moe and Jack est le nom le plus prometteur que j'ai jamais entendu. Mieux qu'ennuyeux, il est ridicule. Qui voudrait investir dans une société dont le nom ressemble à celui des Trois Petits Cochons ? Quel est l'analyste de Wall Street ou le gérant censé qui oserait recommander une action qui s'appelle Pep Boys - Manny, Moe and Jack - sauf bien sûr si tout le monde a déjà réalisé quelle bonne affaire c'était, mais son cours aurait déjà été multiplié par dix.

Insinuer dans un cocktail que vous êtes actionnaire de Pep Boys - Manny, Moe and Jack, n'attirera pas une foule autour de vous, mais murmurez "GeneSplice International" et tout le monde vous écoutera. Pendant ce temps, GeneSplice bouge à peine si ce n'est pour baisser, alors que Pep Boys - Manny, Moe and Jack monte sans arrêt.

Si vous découvrez une opportunité assez tôt, vous gagnerez quelques dollars supplémentaires juste grâce à son nom ennuyeux ou bizarre; voilà pourquoi je suis continuellement à la recherche des Pep Boys et des Bob Evans, ou d'un éventuel Consolidated Rock. C'est tellement dommage que ce merveilleux groupe ait changé son nom pour Conrock puis pour celui, plus dernier cri encore, de Calmat. Tant qu'il s'appelait Consolidated Rock, personne n'y faisait attention.

2. SON ACTIVITÉ EST ENNUYEUSE.

Je suis d'autant plus excité si la société au nom banal a également une activité banale. Crown, Cork and Seal fabrique des boîtes de conserve et des capsules de bouteilles. Qu'est-ce qui pourrait bien être plus ennuyeux ? Vous ne tomberez jamais sur un interview du Président de Crown, Cork and Seal dans le Time, à côté d'un interview de Lee Iacocca; tant mieux. L'évolution des actions de Crown, Cork and Seal, elle, n'a rien de banal.

J'ai déjà évoqué Seven Oaks International, la société qui traite les coupons de réduction que vous donnez à votre épicier. Voila une autre histoire assommante - cela n'a pas empêché le titre de grimper de 4 à 33 dollars. Seven Oaks et Crown font ressembler IBM à un spectacle de Las Vegas. Et Agency Rent A Car, parlons en. Ce sont eux qui fournissent la voiture que votre compagnie d'assurance vous laisse conduire, pendant que la vôtre est en réparation. Agency Rent-A-Car a été introduit au cours unitaire de 4 dollars, mais Wall Street l'a à peine remarqué.

Quel tycoon qui se respecte, pourrait s'intéresser à ce que conduisent les gens quand leur voiture est au garage. Le prospectus d'Agency Rent-A-Car aurait pu être le mode d'emploi d'un sédatif, mais la dernière fois que j'ai regardé son cours, il était à 16 dollars.

Une société qui a une activité ennuyeuse est aussi intéressante qu'une société qui a un nom ennuyeux, mais les deux à la fois, c'est merveilleux. Les deux à la fois éloigneront les "oxymorons" jusqu'à ce que les bonnes nouvelles les incitent à acheter le titre, ce qui poussera davantage son cours à la hausse. Si une société avec de gros bénéfices et un solide bilan a aussi une activité banale, vous aurez beaucoup de temps pour acheter le titre avant qu'il ne monte. Puis quand il sera très demandé et surestimé, vous le vendrez aux moutons de Panurge.

3. SON ACTIVITÉ EST DÉSAGRÉABLE.

Mieux que seulement ennuyeuse, il y a l'action ennuyeuse et dégoûtante à la fois. L'idéal est quelque chose qui fait hausser les épaules, donne des hauts de coeur, ou pousse à se détourner de dégoût. Prenez Safety-Kleen. Le nom est déjà prometteur - toutes les sociétés qui utilisent un k là où il devrait y avoir un c, méritent une investigation. Le fait que Safety-Kleen ait été autrefois liée à Chicago Rawhide (voir plus loin, les émancipées) est aussi un bon signe.

Safety-Kleen fournit aux stations service une machine qui dégraisse les moteurs des voitures. Cela dispense les mécaniciens de le faire à la main, aussi les stations service paient-elles avec joie pour ce service. Régulièrement, les employés de Safety Kleen viennent nettoyer la machine et récupérer la graisse qui est recyclée dans une raffinerie. Vous ne verrez jamais un feuilleton télévisé sur le sujet.

Safety-Kleen ne s'est pas reposée sur les seules stations service. Il s'est diversifié vers les restaurants et autres genres de saletés à nettoyer. Quel analyste pourrait bien écrire là-dessus et quel gérant pourrait bien vouloir voir figurer ce titre sur sa liste de recommandations ? Peu, et c'est bien ce qui est sympathique dans Safety-Kleen. Comme Automatic Data Processing, cette société affiche une hausse ininterrompue de ses bénéfices. Ils ont grimpé chaque trimestre, le titre aussi.

Et Envirodyne ? Il me fut indiqué il y a quelques années par Thomas Sweeney qui était alors à Fidelity l'analyste des produits forestiers. Il est devenu depuis le gérant de Fidelity Capital Appreciation Fund. Envirodyne a le nom étranger adéquat : il fait penser à quelque chose que vous auriez envie de jeter hors de la couche d'ozone, alors qu'il a un rapport avec le déjeuner. L'une de ses filiales, Clear Shield, fabrique des fourchettes en plastique et des pailles, le genre d'affaires que n'importe quel idiot pourrait diriger, mais avec, en réalité, un management de premier ordre qui détient une importante participation dans le capital.

Envirodyne est le numéro deux des couverts en plastique, et numéro trois de la paille, et étant un des moins chers, il a une grande supériorité dans son secteur.

En 1985, Envirodyne entama des négociations en vue du rachat de Viskase, un des tout premiers fabricants de produits parallèles au secteur alimentaire, comme les emballages pour hot-dogs et saucisses. Union Carbide le leur vendit pour un prix très intéressant. Puis en 1986, ils acquérirent Filmco, le numéro un du film transparent utilisé pour recouvrir les petits restes dans le réfrigérateur. Fourchettes en plastique, boîte de hot-dogs, film alimentaire - ils auront bientôt le monopole du pique-nique dominical.

Largement grâce à ces acquisitions, les bénéfices gonflèrent de 34 cents par action à 2 dollars en 1987 - ils culmineront à 2,50 dollars par action en 1988. La société a utilisé sa trésorerie substantielle pour réduire son endettement après ces achats. J'achetai le titre à 3 dollars en septembre 1985, et le vendis à son plus haut de 36 7/8 dollars en 1988.

4. C'EST UNE FILIALE ÉMANCIPÉE.

Le fruit de la séparation d'une division ou d'une partie d'une société qui prend son indépendance - comme Safety-Kleen sortie du giron de Chicago Rawhide ou Toys "R" Us issue de Interstate Department Stores - donne souvent des investissements extraordinairement lucratifs. Dart & Kraft qui avaient fusionné il y a des années, se séparèrent à nouveau et Kraft redevint une société exclusivement alimentaire. Dart (qui possède Tupperware) fut coupée de Premark International; ce fut un bon investissement. Kraft aussi, avant d'être racheté par Philip Morris en 1988.

Les sociétés-mères ne veulent pas laisser partir leurs filiales et les voir s'attirer des ennuis, car cela risquerait de faire rejaillir sur elles une publicité embarrassante. C'est pourquoi les filiales émancipées ont généralement de solides bilans et sont bien préparées pour affronter avec succès leur nouvelle indépendance. Une fois celle-ci bien confirmée, le nouveau management a les mains libres pour faire les choses à sa façon, réduire les coûts, et prendre des mesures créatives pour améliorer les bénéfices à court et à plus long terme.

La littérature que l'on envoie aux actionnaires pour leur expliquer l'émancipation d'une filiale est le plus souvent bâclée et peu explicite; c'est encore mieux que les rapports annuels. Ces sociétés émancipées sont souvent mal comprises et Wall Street leur prête peu d'attention. Il arrive fréquemment que les investisseurs reçoivent des actions de ces toutes jeunes sociétés comme bonus ou dividendes s'ils sont actionnaires de la maison-mère. Et les institutionnels ont tendance à les utiliser comme de la petite monnaie ou de l'argent de poche. Autant de bonnes augures.

C'est un terrain fertile pour l'investisseur amateur, surtout dans la récente frénésie des fusions-acquisitions. Les sociétés qui ont été les cibles d'OPA hostiles se défendent souvent des raiders en vendant ou en émancipant des divisions qui deviennent alors elles-mêmes cotées. Quand un groupe est racheté, il arrive souvent que des filiales soient revendues pour obtenir des liquidités, et là aussi, elles deviennent des investissements potentiels. Si vous entendez parler d'une société émancipée, ou si on vous envoie quelques actions d'une nouvelle société, commencez immédiatement une enquête pour en acheter davantage. Après un mois ou deux d'existence, vérifiez qu'il n'y a pas au sein de la direction une ou deux personnes qui achètent à tour de bras. Cela vous confirmera qu'eux aussi ont confiance en l'avenir de la société.

Les plus belles émancipations ont certainement été les "Bébés Bell" issues du démantèlement d'ATT : Ameritech, Bell Atlantic, Bell South, Nynex, Pacific Telesis, Southwestern Bell, et US West. Alors que la maison-mère n'a pas fait des prouesses, les sept jeunes compagnies enregistrèrent en moyenne une hausse de 114 % entre novembre 1983 et octobre 1988. Si on ajoute les dividendes, le rendement total dépasse 170 %, deux fois mieux que le marché, et mieux que la majorité des grands fonds, y compris celui de votre humble serviteur.

Une fois libérées, les sept compagnies régionales ont su augmenter leurs chiffres d'affaires, réduire leurs coûts et gonfler leurs bénéfices. Elles héritèrent de toute l'activité de téléphone, local et régional, des pages jaunes, et de 50 cents sur chaque dollar dépensé en téléphone longue distance généré par ATT. C'était une superbe niche. Les grosses dépenses de modernisation d'équipement ayant déjà été faites, elles n'eurent pas besoin de diluer le capital de leurs actionnaires en émettant de nouvelles actions. Et la nature humaine étant ce qu'elle est, les sept Bébés Bell établirent une saine compétition entre elles et également face à leur fière parente, Ma Bell. Ma, pendant ce temps, perdait son pouvoir absolu sur le domaine très rentable de location d'équipement, devait affronter de nouveaux concurrents comme Sprint et MCI, et subir quelques lourdes pertes dans ses opérations informatiques.

Les anciens actionnaires d'ATT avaient 18 mois pour prendre une décision. Ils pouvaient vendre leurs titres ATT et en finir avec cette histoire compliquée, ils pouvaient aussi les garder en plus des actions ou fractions d'actions des Bébés Bell qu'ils recevraient; ils pouvaient aussi se débarrasser des titres ATT et garder ceux des Bébés Bell. S'ils avaient bien fait leur travail, c'est ce qu'ils auraient dû faire, en renforçant leur participation dans la mesure du possible.

Des tonnes de papiers furent envoyés aux 2 960 000 actionnaires d'ATT pour leur expliquer les plans des Bébés Bell. Les jeunes sociétés exposèrent très exactement ce qu'elles allaient faire. Le million d'employés d'ATT et les innombrables fournisseurs auraient pu voir ce qui se passait. Chaque personne en possession d'un téléphone pouvait prendre connaissance de toutes ces opportunités. J'ai profité du rallye, mais seulement de façon modeste - je n'aurais jamais imaginé que des sociétés aussi traditionnelles pouvaient faire aussi bien et aussi vite.

5. LES INSTITUTIONNELS N'EN ONT PAS ET LES ANALYSTES NE LA SUIVENT PAS.

Si vous trouvez une valeur qui ne figure pas, ou si peu, dans le portefeuille des "zinzins", vous avez découvert une gagnante potentielle. Trouvez une société à qui aucun analyste n'a rendu visite, ou dont il admet ne rien connaître et vous avez déniché un double gagnant. Si dans une entreprise on m'explique qu'aucun analyste n'est venu depuis trois ans, j'ai du mal à réfréner mon enthousiasme. Cela arrive souvent dans les banques, les caisses d'épargne et les compagnies d'assurances, car il en existe des centaines et Wall Street n'en suit qu'entre 50 et 100.

J'aime tout autant les valeurs, autrefois très en vogue, mais que les professionnels laissent tomber, comme Chrysler et Exxon, toutes deux abandonnées quand elles atteignirent leur plancher, juste avant leur reprise.

On peut découvrir les participations des institutionnels aux sources suivantes : "Vicker's Institutional Holdings Guide", "Nelson's Directory of Investment Research", et "Spectrum Surveys", une publication du CDA Investment Technologies. Elles ne sont pas toujours faciles à trouver, mais vous obtiendrez des informations similaires dans "The Value Line Investment Survey" et dans les feuilles du Standard & Poor". Toutes deux sont régulièrement distribuées par les grands courtiers. (En France, les études de la DAFSA donnent les lignes de titre des Sicav).

6. LES RUMEURS ABONDENT : ATTENTION AUX DÉCHETS TOXIQUES ET/OU À LA MAFIA.

Je ne pense pas qu'il existe un secteur plus parfait que celui des déchets. Hormis les déchets animaux, la graisse et le cambouis, rien ne dérange plus les gens que la vidange et les décharges de produits toxiques.

Aussi étais-je tout excité le jour où des directeurs de sociétés de traitements de déchets solides firent irruption dans mon bureau. Ils étaient tous venus pour un congrès avec tous les amusements habituels - vous imaginez comme ce devait être drôle. En tout cas, au lieu des chemises bleu ciel, cravates habituelles, ils portaient des polos avec "Déchets solides" imprimés dessus. On aurait dit qu'ils allaient jouer au bowling. Voilà le genre de directeurs dont on rêve.

Si vous avez la chance d'avoir des actions Waste Management Inc., vous devez déjà savoir qu'elles ont vu leur cours multiplié par 100.

Waste Management est une meilleure perspective encore que Safety-Kleen, car elle possède ces deux atouts impensables : le déchet toxique mais aussi la Mafia. Ceux qui fantasment en pensant que la Mafia tient tous les restaurants italiens, les kiosques à journaux, les blanchisseries, les chantiers, et la presse des olives pensaient aussi qu'elle contrôle le secteur des poubelles. Cette insinuation favorisa nettement les premiers actionnaires de Waste Management qui, à l'époque, était naturellement sous évalué par rapport à son prix actuel.

Peut-être ces rumeurs autour de la Mafia ont-elles tenu à l'écart ces mêmes investisseurs qui s'inquiètent, eux, de sa présence dans la gestion des hôtels et des casinos. Rappelez-vous ces casinos tant redoutés qui figurent aujourd'hui sur toutes les listes de recommandations. Les investisseurs respectables n'étaient pas supposés y toucher car, prétendait-on, ils appartenaient tous à la Mafia. Puis leurs chiffres d'affaires explosèrent, leurs bénéfices aussi, et la Mafia se fondit dans l'ombre. Quand Holyday Inn et Hilton mirent un pied dans les casinos, il devint tout à fait convenable d'y investir.

7. ELLE A QUELQUE CHOSE DE DÉPRIMANT.

Ma préférée dans cette catégorie est sans aucun doute Service Corporation International (SCI) qui a aussi le mérite d'avoir un nom ennuyeux. Elle m'avait été conseillée par George Vanderheiden, ancien analyste des valeurs électroniques chez Fidelity devenu le gérant de notre Destiny Fund où il fit un joli travail.

Si il y a bien une chose sur laquelle Wall Street ferme les yeux en dehors des déchets toxiques, c'est la mortalité. Et SCI s'occupe des enterrements.

Pendant des années, cette société de Houston s'est évertuée à racheter des petites entreprises familiales de pompes funèbres dans tout le pays, exactement comme Gannett avec les journaux. SCI est devenu une sorte de

"McBurial"*. Il a choisi les entreprises les plus actives qui organisaient au moins une douzaine d'enterrements par semaine, ignorant les plus petites.

Au dernier recensement, SCI possédait 461 parloirs funéraires**, 121 cimetières, 76 fleuristes, 21 usines de fabrication de produits funéraires et trois centres de distribution de cercueils; on peut parler d'intégration verticale. Leur grand moment fut l'enterrement d'Howard Hughes. Ils furent aussi les pionniers de l'assurance-enterrement qui emporta un grand succès. Elle vous permet de payer progressivement votre cercueil ainsi que la cérémonie tant que vous en avez les moyens, et vos proches n'auront rien à régler le moment venu. Même si les prix ont triplé entre temps, on vous garantit les anciens prix. C'est une bonne affaire pour la famille de la personne décédée, et une meilleure affaire encore pour la société.

SCI encaisse tout de suite l'argent de sa future vente qui lui rapporte des intérêts. S'ils vendent chaque année pour 50 millions de dollars de ces assurances, cela fera des milliards quand ils finiront par enterrer les gens. Ils viennent récemment de vendre ces assurances à d'autres entreprises de pompes funèbres, et le chiffre d'affaires de cette activité à grimpé de 40 % ces cinq dernières années.

De temps en temps, il arrive qu'une histoire positive soit stimulée par un coup de pouce extraordinaire, une superbe carte inattendue que l'on retourne. C'est arrivé à SCI sous la forme d'un marché fort lucratif signé avec American General qui voulait racheter le terrain d'un des magasins de SCI à Houston. En échange, American General qui détenait 20 % du capital de SCI lui proposait de lui recéder cette participation sans frais, tout en lui permettant de continuer à exploiter ce magasin pendant deux ans, le temps de trouver un nouvel endroit.

L'intérêt de SCI, c'est que la plupart des professionnels l'évitèrent pendant des années. Malgré d'incroyables performances, la direction de SCI dut faire des pieds et des mains pour qu'on écoute son histoire. Les amateurs bien informés pouvaient, eux, acheter les titres d'un gagnant confirmé, avec une croissance record de bénéfices et à un cours bien inférieur à celui d'une action en vue dans un secteur à la mode. C'était l'opportunité parfaite. Tout marchait comme il fallait, vous le sentiez venir, les bénéfices ne s'arrêtaient pas de grimper, la croissance était rapide, l'endettement quasi nul, mais Wall Street détournait les yeux.

---

* Jeu de mots signifiant un McDonald's des pompes funèbres.

** Aux Etats-Unis, la personne décédée est emmenée dans un "parloir funéraire" où les proches et amis viennent lui rendre un dernier hommage avant que ne soit organisé l'enterrement proprement dit.

Il fallut attendre 1986 pour voir les institutionnels s'y intéresser vraiment (ils possèdent maintenant 50 % du capital) et les analystes commencent à couvrir la valeur. Le titre devint comme prévu un 20-bagger avant que Wall Street ne lui accorde toute son attention, mais il a, depuis, fait moins bien que le marché en général. Alourdi par une forte participation institutionnelle et par les nombreuses analyses financières dont il fait maintenant l'objet, SCI a, en outre, été gêné par deux acquisitions dans le secteur des cercueils, qui érodèrent ses bénéfices. Vinrent s'ajouter une forte hausse des prix des parloirs funéraires et des cimetières, ainsi qu'une croissance moins forte que prévue dans le secteur des assurances-enterrements.

8. C'EST UN SECTEUR SANS CROISSANCE.

Les gens préfèrent investir dans un secteur en forte croissance, là où il y a du bruit et du mouvement. Pas moi. Si je ne trouve pas de secteur à croissance zéro comme celui des pompes funèbres, je me rabats sur un secteur à faible croissance comme les couverts en plastique. On n'aura aucune sensation forte dans un secteur à forte croissance et à forte sensation, sauf à voir baisser les actions. Les moquettes dans les années cinquante, les électroniques dans les années soixante, puis les ordinateurs dans les années quatre-vingt furent tous des secteurs à forte croissance dans lesquels bon nombre de petites et grandes sociétés ne purent réussir à prospérer très longtemps. Tout simplement parce que pour chaque produit qui est dans un secteur à la mode, il y a une centaine de diplômés du MIT (Massashussets Institute of Technology) qui cherchent à produire le même à moindre coût à Taiwan. Aussitôt qu'une société informatique conçoit le meilleur traitement de texte au monde, dix concurrents dépensent 100 millions de dollars pour en fabriquer un plus performant qui sera sur le marché huit mois plus tard. Cela n'arrive jamais avec les capsules de bouteilles, les services de bons de réduction, le dégraissage, ou les chaînes de motel.

SCI fut largement aidé par le fait que la croissance est infime dans le secteur des pompes funèbres. Elles se traîne aux alentours de 1 % par an, trop peu pour les pourchasseurs d'actions qui se sont tournés vers les ordinateurs. C'est pourtant une activité régulière avec la clientèle la plus fiable que vous rencontrerez jamais.

Dans un secteur sans croissance, surtout s'il est sans intérêt et dérangeant, vous n'avez pas de problème de concurrence. Pas besoin de se protéger de tous côtés de rivaux potentiels car personne ne s'y intéresse. Vous avez le champ libre pour continuer à vous développer et à gagner des parts de marché comme l'a fait SCI. SCI possède déjà 5 % des maisons funéraires des Etats-Unis, et rien ne l'empêche d'en avoir 10 ou 15 %. La prochaine promotion du collège de Wharton n'ira pas défier SCI, et vous n'irez jamais raconter à vos amis qui travaillent dans les banques d'affaires que vous allez vous spécialiser dans le dégraissage des stations services.

9. IL Y A UNE NICHE.

Je préfèrerais de beaucoup posséder une carrière de cailloux que la Twentieth Century Fox, car une compagnie cinématographique rivalise avec ses consoeurs alors que la carrière de cailloux se situe dans un créneau. Twentieth Century Fox l'a bien compris; il a racheté Pebble Beach et la carrière en même temps.

Posséder une carrière est certainement plus sûr que de posséder une bijouterie. Si vous êtes joaillier, vous rivaliserez avec les autres joailliers de la ville, de l'état, et même de l'étranger, car les vacanciers peuvent toujours acheter des bijoux à l'étranger et les rapporter chez eux. Mais si vous avez la seule carrière de Brooklyn, vous avez un quasi monopole, sans compter que l'impopularité des carrières vous protège.

Les gens du métier appellent cela le secteur de "l'agrégat" mais malgré ce nom sophistiqué, les cailloux, le sable et le gravier ne valent pas grand chose. C'est bien là le paradoxe : mélangés, cela ne se vend guère plus que trois dollars la tonne. Pour le prix d'un jus d'orange, vous pouvez acheter 50 quintaux de cet agrégat et si vous avez un camion, le rapporter chez vous et le déverser sur votre pelouse.

Ce qui donne toute sa valeur à une carrière, c'est l'absence de concurrence. Le rival le plus proche, deux villes plus loin, ne va pas traîner sa marchandise sur votre territoire car le prix du transport grignoterait tout son bénéfice. Peu importe que les cailloux de Chicago soient les meilleurs, aucun propriétaire d'une carrière à Chicago ne viendra vous envahir à Brooklyn ou à Détroit. A cause du poids des cailloux, les carrières sont des concessions exclusives. Pas besoin d'une douzaine d'avocats pour les protéger.

On ne surestimera jamais assez la valeur d'une concession exclusive. Inco est aujourd'hui le premier producteur de nickel au monde, il le sera toujours dans cinquante ans. Penché sur la mine de cuivre de Bingham Pit dans l'Utah, l'oeil rivé sur cette gigantesque caverne, il ne m'est pas venu une seconde à l'esprit que le Japon ou la Corée pourrait réinventer une telle mine.

Une fois que vous avez obtenu une exclusivité quelque part, vous pouvez augmenter vos prix. Dans le cas d'une carrière, vous pouvez les augmenter juste au-dessous du niveau où la carrière d'à côté commencera à songer à vous faire concurrence. Il fixe ses prix selon la même méthode.

Par dessus le marché, vous obtenez des déductions fiscales pour l'amortissement de vos bulldozers et concasseurs, et vous recevez une indemnité pour épuisement de ressources minérales, la même qu'Exxon et Atlantic Richfield obtiennent pour leurs gisements de pétrole et de gaz.

Je n'imagine pas qu'on puisse faire faillite avec une carrière. Alors si vous n'en avez pas, la meilleure chose à faire est d'acheter des actions de sociétés comme Vulcan Materials, Calmat, Boston Sand & Gravel, Dravo et Florida Rock. Quand des grands groupes comme Martin-Marietta, General Dynamics, ou Ashland se séparent d'une partie de leurs activités, ils gardent toujours leurs carrières.

Je suis toujours à la recherche de niches. La société parfaite doit en avoir une. Warren Buffet a commencé en rachetant une usine textile à New Bedford, dans le Massachussets, et réalisa vite que là il n'y en avait pas... Ses performances furent médiocres dans le textile mais il récolta des milliards pour ses actionnaires en investissant dans des niches. Il fut l'un des premiers à reconnaître la valeur des journaux et des chaînes de télévision qui dominaient d'importants marchés, à commencer par le Washington Post. Moi-même, j'ai acheté autant d'actions que je pouvais dans Affiliated Publications qui se trouve à la tête du Boston Globe. Comme le Globe encaisse 90 % du chiffre d'affaires des annonces publicitaires de Boston, comment pourrait-il être perdant ?

Le Globe a un créneau, et le Times Mirror Company en a plusieurs dont le Los Angeles Times, Newsday, le Hartford Courant, et le Baltimore Sun. Gannett possède 90 quotidiens dont la plupart sont les plus importants de leur ville. Les investisseurs qui ont découvert au début des années soixante-dix les avantages de l'exclusivité des journaux et des câbles ont été récompensés avec un grand nombre de 10-baggers dès que ces valeurs sont devenues à la mode à Wall Street.

Reporter, publicitaire, rédacteur en chef au Washington Post, tous auraient pu prendre conscience des bénéfices et comprendre la valeur de ce créneau. Un groupe de presse est une belle affaire pour mille autres raisons.

Les sociétés pharmaceutiques et chimiques ont aussi des créneaux - des produits que personne d'autre n'a le droit de fabriquer. Il fallut à SmithKline des années pour obtenir le brevet de Tagamet. Une fois un brevet approuvé, les sociétés concurrentes, avec leurs milliards de dollars consacrés à la recherche, ne peuvent envahir le territoire. Il leur faut inventer un médicament différent, prouver qu'il est différent, puis patienter trois années de tests cliniques avant que le gouvernement ne les autorise à la commercialiser. Il faut aussi prouver qu'il ne tue pas les rats, or il semble que la plupart des médicaments tuent les rats.

Peut-être les rats ne sont-ils pas aussi bien portants qu'autrefois. A ce propos, j'ai gagné de l'argent avec une valeur "de rat" - Charles River Breeding Labs. Voilà une activité devant laquelle les gens se détournent.

Les sociétés chimiques ont des créneaux dans les pesticides et les herbicides. Il n'est pas plus aisé d'obtenir le feu vert pour un poison que pour un médicament. Si vous avez le brevet et l'accord fédéral pour un pesticide ou un herbicide, vous avez une machine à sous entre les mains. Monsanto en a plusieurs.

Des grandes marques comme Robitussin ou Tylenol, Coca Cola ou Marlboro sont presqu'aussi bien que des niches. Développer la confiance du public dans une boisson gazeuse ou un sirop contre la toux coûte une fortune. Et prend des années.

10. LES GENS DOIVENT CONTINUER À L'ACHETER.

Je préfère investir dans une société qui fabrique des médicaments, des boissons gazeuses, des lames de rasoir ou des cigarettes que dans un fabricant de jouets. Dans l'industrie du jouet, on peut sortir une poupée extraordinaire que tous les enfants doivent avoir, mais chaque enfant n'en aura qu'une. Huit mois plus tard, on enlève le produit des rayons pour faire de la place pour une nouvelle poupée que tous les enfants achèteront - mais elle sera fabriquée par quelqu'un d'autre.

Pourquoi prendre un risque dans des achats volages alors qu'il y a tant de sources plus régulières ?

11. ELLE UTILISE LA TECHNOLOGIE.

Plutôt que d'investir dans des fabricants d'ordinateurs qui luttent pour survivre à une interminable guerre des prix, pourquoi ne pas choisir une société qui bénéficie de cette guerre des prix, comme Automatic Data Processing ? Les prix des ordinateurs baissent, et Automatic Data Processing peut faire son travail à moindre coût et donc augmenter ses bénéfices. Plutôt que d'investir dans un fabricant de scanners, pourquoi ne pas jeter son dévolu sur les supermarchés qui utilisent ces scanners ? Si un scanner permet à une chaîne de supermarchés de réduire ses coûts de 3 %, peut-être doublera-t-elle ses bénéfices.

12. CADRES ET DIRIGEANTS ACHÈTENT.

Le meilleur signe avant-coureur de succès d'une action est de voir le personnel investir lui-même dans sa société. En général, pour leur portefeuille de titres, les cadres et les dirigeants d'entreprises sont des vendeurs nets, et cèdent normalement deux à trois actions pour chaque action qu'ils achètent. Après la chute de l'indice de 1 000 points entre août et octobre 1987, on a pu s'apercevoir avec soulagement qu'ils achetaient 4 titres pour chaque titre vendu. Au moins, ils n'avaient pas perdu la foi.

Si les cadres achètent à tour de bras, vous pouvez être certain que la société ne fera pas faillite dans les six mois. Je suis prêt à parier qu'il n'existe pas trois cas dans toute l'Histoire.

A long terme, il y a un autre avantage. Si la direction possède une partie du capital, sa priorité sera la rémunération des actionnaires Si elle ne fait que toucher un chèque en fin de mois, sa priorité sera l'augmentation des salaires. Les grosses compagnies ayant tendance à très bien payer leurs cadres, les dirigeants sont généralement plus portés à développer les affaires à n'importe quel prix et souvent au détriment des actionnaires. Cela est plus rare lorsque le management a une large participation dans la société.

Bien que ce soit un geste attentionné de la part du PDG ou du directeur général au salaire annuel d'un million de dollars d'acheter quelques milliers d'actions de la société, il est beaucoup plus significatif de voir des employés des échelons inférieurs renforcer leur participation. Si un salarié qui touche 45 000 dollars achète 10 000 dollars d'actions, c'est l'équivalent d'un vote de confiance. Voila pourquoi je préfère voir sept vice présidents acheter 1 000 actions chacun plutôt qu'un président en acheter 5 000.

Si le cours baisse après ces achats "internes", et vous donne une chance d'acheter moins cher qu'eux, c'est pour vous une aubaine. Il est très simple de connaître ces transactions car chaque fois qu'un employé ou un cadre achète ou vend des actions, il ou elle doit faire une déclaration sur le formulaire n° 4 et l'envoyer à la Securities and Exchange Commission pour les avertir. Plusieurs lettres, telles Vicker's Weekly Insider Report et The Insiders, publient ces informations. De même que Barron's, le Wall Street Journal et Investor's Daily. Quelques journaux locaux recensent aussi ces prises de participation des employés si elles concernent des entreprises de la région. Je sais que le Boston Business Journal a une colonne sur le sujet. Votre courtier peut également être une source d'informations, ainsi que votre bibliothèque de quartier. Value Line publie aussi une liste des achats et des ventes réalisés par les cadres.

Les ventes ne sont pas significatives, et il serait stupide d'y réagir. Si un titre grimpe de 3 à 12 dollars et que neuf employés vendent, n'y prêtez pas attention surtout s'ils vendent une grande partie de leurs titres. Même en temps normal, ces ventes ne sont pas automatiquement le signe d'un problème au sein du groupe. Elles peuvent s'expliquer de maintes façons. Le cadre qui vend, a peut-être besoin d'argent pour payer les frais de collège de ses enfants pour acheter une nouvelle maison ou rembourser une dette.

A moins qu'il n'ait tout simplement décidé de se diversifier dans d'autres actions. Mais il n'existe qu'une seule raison qui les pousse à acheter : ils pensent que le cours est sous-estimé et qu'il va monter.

13. LA SOCIÉTÉ RACHÈTE SES PROPRES ACTIONS.

Racheter ses actions pour une société est le meilleur moyen, et le plus simple, de récompenser ses actionnaires. Si elle a confiance en son propre avenir, pourquoi n'investirait-elle pas en elle-même, comme n'importe quel actionnaire. L'annonce de rachats massifs de leurs propres actions par de nombreuses entreprises, au lendemain du 20 octobre 1987, interrompit la chute de leurs cours, et stabilisa le marché à l'apogée de la panique. A long terme, ces rachats ne peuvent être qu'à l'avantage de l'actionnaire. Quand une action est rachetée par la société, elle est sortie du circuit, ce qui réduit le nombre d'actions en circulation, et a donc un effet magique sur son cours. Si une société rachète la moitié de ses actions, et que son bénéfice consolidé reste le même, le bénéfice par action double. Peu d'entreprises auront le même résultat en réduisant leurs coûts ou en vendant quelques gadgets supplémentaires.

Exxon a racheté ses actions car cela revient moins cher que de creuser pour chercher du pétrole. Cette dernière solution lui coûterait environ 6 dollars par baril, or chaque action représentant l'équivalent de 3 dollars en actifs pétroliers, racheter une action équivaut donc à trouver 3 dollars sur le parquet de la Bourse de New York.

Il n'y a pas très longtemps que cette pratique sensée a fait des adeptes. Dans les années soixante, International Dairy Queen fut l'un des pionniers, mais peu, à l'époque, suivirent son exemple. Chez l'idyllique Crown, Cork and Seal, ils ont racheté des actions chaque année depuis vingt ans. Ils ne paient jamais de dividendes, et ne font jamais d'acquisitions malheureuses, mais en réduisant le nombre des actions, ils ont obtenu un impact maximum sur leurs bénéfices. Si cela continue, un jour il ne subsistera plus que 1 000 actions - chacune valant 10 millions de dollars.

Le président de Teledyne, Henry E. Singleton, propose régulièrement de racheter les actions du groupe à un cours supérieur à celui du marché. Quand le titre se traitait à 5 dollars, il en offrait 7, et quand il atteignait 10 dollars, il en proposait 14. Il a toujours donné une chance à ses actionnaires de sortir avec une jolie prime. Cette démonstration pratique de la foi de Teledyne en son avenir est plus convaincante que tous les adjectifs qui figurent dans le rapport annuel.

Les alternatives traditionnelles au rachat d'actions sont (1) une augmentation du dividende, (2) le développement de nouveaux produits, (3) le démarrage de nouvelles exploitations et (4) des acquisitions. Gillette a essayé les quatre, et surtout les trois dernières. Le rasoir est une activité hautement profitable mais sa taille s'est progressivement réduite au fur et à mesure des nouvelles acquisitions beaucoup moins rentables. Si le groupe avait régulièrement racheté ses actions et augmenté le dividende plutôt que d'éparpiller son capital dans les cosmétiques, les articles de toilette, les stylos, les briquets, les bigoudis, les mixers, les articles de bureau, les brosses à dents, les produits capillaires, les montres digitales, et autres diversifications, le titre vaudrait aujourd'hui 100 dollars au lieu de 35. Ces cinq dernières années, Gillette a repris le droit chemin en éliminant les activités déficitaires et en remettant l'accent sur le rasage, où il domine le marché.

L'inverse du rachat d'actions est l'augmentation du nombre d'actions, c'est-à-dire une dilution du capital. International Harvester, devenu Navistar, mit sur le marché des millions de nouvelles actions pour tenter de survivre à une crise financière consécutive à l'effondrement de l'activité du matériel agricole. Chrysler, rappelez-vous, a fait exactement le contraire - rachetant ses actions et ses titres au porteur alors que ses affaires florissaient. Navistar est à nouveau une société rentable, mais à cause de l'importante dilution de son capital, les bénéfices ont un très faible impact, et les actionnaires n'ont pas encore profité du redressement.

LA PLUS EXTRAORDINAIRE DE TOUTES

Si je pouvais imaginer une seule merveilleuse entreprise qui hériterait des pires éléments de Waste Management, Pep boys, Safety-Kleen, des carrières de cailloux, et des capsules de bouteilles, ce serait Cajun Cleansers.

Cajun Cleansers a une activité des plus ennuyeuses; elle enlève les taches de moisissure des meubles, des livres rares, et des rideaux, victimes de l'humidité tropicale. C'est une ancienne filiale, récemment émancipée du groupe Louisiana BayouFeedback.

Son siège se trouve dans les bayous de Louisiane, et pour y accéder il faut changer deux fois d'avion, puis louer une camionnette. Pas un analyste de New York ou de Boston n'a jamais visité Cajun Cleansers, pas une institution n'a acheté la moindre action.

Mentionnez le nom de Cajun Cleansers dans un cocktail et vous vous trouverez vite face à vous-même. Cela paraîtra ridicule à tous ceux qui sont à portée de voix.

Simultanément à un développement rapide dans les bayous et les Ozarks, les ventes de Cajun Cleansers s'envolent. Elle s'accélèrent encore car la société vient de recevoir un brevet pour un nouveau gel qui enlève toutes sortes de taches sur les vêtements, les meubles, les tapis, les carrelages de salles de bain, et même les revêtements en aluminium. Ce brevet donne à Cajun le créneau qu'il cherchait.

Il projette maintenant d'offrir à des millions d'Américains une assurance pré-tache; les assurés paieront à l'avance le nettoyage garanti de toutes les taches accidentelles à venir. Une manne de revenus en perspective.

Aucun journal, sauf ceux qui croient qu'Elvis Presley est encore vivant, n'a mentionné Cajun et son nouveau brevet. Le titre fut proposé à 8 dollars il y a sept ans, et grimpa rapidement à 10. A ce prix, les directeurs achetèrent autant de titres que leurs moyens leur permettaient.

J'en avais entendu parler par un cousin lointain qui jurait que c'était le seul moyen d'enlever les taches de moisi sur les vestes en cuir oubliées trop longtemps dans un placard humide. Après quelques recherches, je me suis aperçu que Cajun avait, quatre années durant, affiché une croissance de 20 % de ses bénéfices, sans connaître le moindre trimestre défaillant, qu'il ne portait aucune trace d'endettement sur son bilan, et avait traversé sans encombre la dernière récession. J'ai visité la société, et découvert que n'importe quel crustacé bien dressé pouvait superviser la fabrication du gel.

La veille du jour où j'avais décidé d'acheter des actions Cajun Cleansers, l'économiste bien connu Henry Kaufman avait prédit une hausse des taux d'intérêt, et l'un des chefs de la Federal Reserve avait glissé sur une allée de bowling et s'était fait mal au dos. Ces deux éléments conjugués firent perdre 15 % au marché, et à Cajun Cleansers dans la foulée. J'ai pu l'acheter à 7,50 dollars, soit 2,50 dollars de moins que les directeurs.

Voilà la situation de Cajun Cleansers. Ne me pincez pas, je rêve.

CHAPITRE NEUF

LES ACTIONS QUE J'ÉVITE

S'il existe une action à éviter, ce sera la plus grande favorite du secteur le plus en vogue, celle qui jouit de la meilleure publicité, celle dont tous les investisseurs entendent parler en allant au bureau, en train ou en voiture - et qu'ils finissent par acheter sous la pression générale.

Ces valeurs à la mode peuvent grimper vite, généralement sans les critères habituels, mais comme rien ne les soutient hormis l'espoir et le vent, elles retombent aussi vite qu'elles sont montées. Si vous n'êtes pas assez intelligent pour vendre ces valeurs à temps - et le fait même que vous les ayiez achetées le prouve -, vous verrez vos bénéfices se transformer en pertes en un temps record, car lorsque les cours s'effondrent, ils ne le font pas à petite vitesse, et ils ne s'arrêtent pas non plus au niveau où vous avez acheté.

Prenez Home Shopping Network, un titre récemment très recherché dans le secteur très prisé de la télévente. En l'espace de seize mois, son cours a grimpé de 3 à 47 dollars avant de retomber à 3 1/2 dollars (cours ajusté). Formidable pour ceux qui ont quitté le bateau à 47 dollars, mais que dire des gens qui sont montés à bord à 47 dollars quand le titre battait son plein ? Où étaient les revenus, les bénéfices, les perspectives? Cet investissement était aussi sûr que la roulette.

Le bilan se détériorait rapidement (la société s'endettait pour racheter des chaînes de télévision), il y avait des problèmes de téléphone, et les concurrents commençaient à pointer leur nez. Combien de colliers en zircon peut on bien porter ?

J'ai déjà évoqué ces différents secteurs en vogue qui tournent court. Les maisons mobiles*, les montres digitales, la maintenance hospitalière furent

* sortes de maisons préfabriquées que l'on peut facilement changer d'endroits. Beaucoup d'Américains modestes vivent dans ces mobile-homes.

des secteurs très recherchées où de trop ferventes attentes embrumèrent les chiffres. Au moment précis où les analystes prévoient une croissance à deux chiffres, le secteur ralentit.

Si vous aviez dû vivre de vos revenus boursiers, et investir dans ce genre de secteur, l'un après l'autre, vous seriez en train de subsister grâce au R.M.I.

Il n'y avait pas plus à la mode que les moquettes. Pendant mon enfance, toutes les Américaines sans exception en voulaient une. Quelqu'un inventa un nouveau procédé qui réduisait de beaucoup le nombre de fibres, et quelqu'un d'autre automatisa les métiers à tisser, ce qui fit chuter les prix de 24 dollars le mètre à 3 dollars. Ces nouvelles moquettes envahirent les écoles, les bureaux, les aéroports, et toutes les pièces des maisons dans les faubourgs de tout le pays.

Il fut un temps où les parquets étaient moins chers que les moquettes, mais lorsque celles-ci devinrent meilleur marché, la bourgeoisie les abandonna pour les parquets tandis que la grande majorité faisait l'inverse. La vente de moquette fit un bond incroyable. Les cinq ou six plus gros fabricants gagnèrent tant d'argent qu'ils ne savaient qu'en faire, et ils se développèrent à une vitesse fulgurante. Ce fut l'instant choisi par les analystes pour dire aux courtiers que le boom de la moquette durerait à jamais, un avis aussitôt répété à leurs clients qui achetèrent les valeurs concernées. Au même moment, les cinq ou six fabricants furent rejoints par deux cent nouveaux concurrents, tous luttèrent en faisant baisser leurs prix, et aucun ne fit plus un franc de bénéfices dans les moquettes.

Forte croissance et industries à la mode attirent toujours une foule de cerveaux désireux de mettre un pied dans cette activité. Entrepreneurs et capitalistes aventureux restent éveillés des nuits entières pour tenter de trouver comment agir le plus vite possible. Si vous avez une idée infaillible, mais aucun moyen de la protéger avec un brevet ou une niche, il vous faudra écarter les imitateurs aux premiers signes de succès. Dans les affaires, l'imitation est l'arme la plus redoutable.

Rappelez-vous ce qui s'est passé avec les lecteurs de disquettes des ordinateurs. Les experts avaient prévu dans ce secteur excitant une croissance annuelle de 52 % - et ils avaient raison, c'était vrai. Mais avec 30 à 35 sociétés concurrentes aux prises les unes avec les autres, il n'y eut aucun bénéfice.

Rappelez-vous les services pétroliers. Il suffisait d'écrire "pétrole" sur un prospectus pour que les gens achètent l'action, même si le seul service qui leur était familier dans ce secteur était d'ouvrir leur capot pour faire vérifier l'huile.

En 1981, j'assistai dans le Colorado à un dîner-conférence sur l'énergie, dont l'orateur était Tom Brown. Il était le principal propriétaire et président de Tom Brown, Inc, une société de services bien connue dans l'industrie du pétrole, et dont le titre valait alors 50 dollars. Il mentionna qu'un de ses amis se vantait d'avoir vendu ses titres à découvert (en pariant que le cours descendrait), et que lui-même fit l'observation suivante : "Tu dois haïr l'argent pour vendre à découvert les actions de ma société. Tu vas perdre ta voiture et ta maison, et tu iras tout nu au prochain réveillon de Noël. "Mr Brown fit rire l'assistance avec son anecdote mais dans les quatre années qui suivirent, le titre tomba bel et bien de 50 à 1 dollar. Son ami, lui, devait être ravi d'avoir ramassé une fortune, et ce sont probablement les autres actionnaires qui sont allés tout nu au réveillon. Ils n'auraient pas connu un tel sort en ignorant ce secteur en vogue, et en ayant fait quelques recherches préalables. Tom Brown Inc. ne possédait rien d'autre qu'une poignée de plate-formes de forages inutilisées, quelques acres de pétrole douteux et de gaz, un endettement impressionnant, et un mauvais bilan.

Rien n'a jamais égalé l'engouement pour Xerox dans les années soixante. La photocopie était une fabuleuse activité, et Xerox contrôlait entièrement le procédé. "Faire un Xerox" devint une expression, ce qui était un bon début. Beaucoup d'analystes en pensaient autant. Alors que son cours atteignait 170 dollars en 1972, ils assuraient que Xerox continuerait à se développer à l'infini. Mais les japonais débarquèrent, suivis de IBM et d'Eastman Kodak. Il y eut bientôt une vingtaine de sociétés capables de faire des copies "sèches", par rapport à celles du début qui étaient "mouillées". Xerox prit peur et acheta des affaires dans des domaines où il n'y connaissait rien : le titre perdit 84% de sa valeur. Plusieurs concurrents ne firent guère mieux.

La photocopie fut un secteur respectable pendant vingt ans, il ne connut aucun ralentissement de la demande, et pourtant, les fabricants de photocopieuses ont du mal à bien vivre.

Comparez la piètre performance de Xerox à celle de Philip Morris, dans le secteur des cigarettes, secteur qui, aux Etats-Unis, connaît une décroissance. Xerox a vu son titre chuter de 160 à 60 dollars ces quinze dernières années, alors que Philip Morris a vu le sien grimper de 14 à 90 dollars. Chaque année Philip Morris arrondit ses bénéfices en grignotant de nouvelles parts de marché à l'étranger, en augmentant ses prix et en réduisant ses coûts. Grâce à ses grandes marques - Marlboro, Virginia Slims, Benson & Hedges, Merit, etc. - il a trouvé sa niche. Les secteurs en recul n'ont jamais attiré une flopée de concurrents.

ATTENTION A LA PROCHAINE QUELQUE CHOSE

Une autre valeur que j'éviterais est celle d'une société qu'on a présentée comme le prochain IBM, le McDonald's de demain, l'autre Intel ou le futur Disney, etc... A la lumière de mon expérience, le futur quelque chose ne le devient jamais - ni à Broadway, ni sur une liste de best-sellers, ni dans la National Basketball Association, ni même à la bourse. Combien de fois avez-vous entendu dire d'un joueur de basketball que ce sera le prochain Willie Mays, ou d'un roman que ce sera le prochain Moby Dick, pour découvrir que le premier a été rayé de l'équipe et que le second finit tranquillement ses jours dans l'oubli. C'est pareil pour les actions.

Quand on commence à parler d'une valeur comme de la prochaine quelque chose, c'est souvent le signe de la fin de sa prospérité, et aussi de celle de son modèle original. Quand des sociétés informatiques furent qualifiées de "futures IBM", vous pouviez deviner qu'IBM allait traverser des temps moins heureux, et c'est le cas. Aujourd'hui les fabricants d'ordinateurs font tout pour ne pas devenir les IBM de demain, ce qui présage peut-être des temps meilleurs pour cette firme harassée.

Après le succès de Circuit City Stores (anciennement Wards), un détaillant en électronique, on vit apparaître une série de "prochains", comme First Family, Good Guys, Highland Superstores, Crazy Eddie, ou Fretters. Le cours de Circuit City quadrupla au New York Stock Exchange, évitant les écueils du type IBM, mais tous les "prochains" perdirent entre 59 et 96 % de leur cours d'origine.

Le prochain Toys "R" Us, Child World, trébucha aussi. Quant au prochain Price Club, the Warehouse Club, il ne fit guère mieux.

EVITEZ LES "DIPIRESIFICATIONS"

Au lieu de racheter leurs actions ou d'augmenter les dividendes, les sociétés rentables préfèrent souvent dépenser leur argent dans des acquisitions stupides. Le "dipiresificateur" dévoué cherche une marchandise (1) trop chère, et (2) qui dépasse ses compétences. Tout pour assurer des pertes maximales.

Tous les 15-20 ans, les entreprises semblent alterner une "dipiresification" rampante (on dépense des milliards sur d'excitantes acquisitions) avec une restructuration rampante (on vend à perte ces acquisitions qui n'ont plus rien d'excitant). Il arrive la même chose aux gens qui possèdent des voiliers.

On devrait applaudir ces épisodes fréquents d'acquisitions et de regrets suivis de désinvestissements, d'acquisitions puis à nouveau de regrets. Ne couvrent-ils pas le transfert de l'argent des actionnaires de larges et riches sociétés vers les actionnaires de petites compagnies qui sont achetées et grassement surpayées par les grosses. Je n'ai jamais compris le pourquoi de tout cela, sauf peut-être que les dirigeants de sociétés trouvent plus amusant de racheter des plus petites sociétés, quel que soit leur prix, que de racheter leurs actions ou augmenter leurs dividendes, ce qui n'exige aucune imagination.

Peut-être devrait-on demander une analyse aux psychiatres. Certaines sociétés, comme certains individus, ne supportent pas la prospérité.

Du point de vue d'un investisseur, les deux seuls avantages de la "dipiresification" sont de posséder des actions de la société rachetée ou de trouver des opportunités de redressements parmi les victimes qui auraient ensuite décidé de se restructurer.

Il y a tant d'exemples de "dipiresifications" que je sais à peine où commencer. Mobil Oil en a fait une en rachetant Marcor Inc. L'une de ses filiales était un revendeur inconnu qui copia Mobil pendant des années. L'autre était Container Corporation que Mobil revendit très mal un peu plus tard. Mobil gâcha encore quelques millions en rachetant Superior Oil à un prix beaucoup trop élevé.

Depuis l'apogée des prix du pétrole en 1980, le cours de Mobil n'a pris que 10 % alors que celui d'Exxon a doublé. Hormis deux acquisitions malheureuses mais de petite taille, comme Reliance Electric et une petite filiale de capital risque au destin tragique, Exxon a évité la "dipiresification". Son excès de trésorerie servit à racheter ses propres actions. Les actionnaires d'Exxon ont été plus gâtés que ceux de Mobil bien que le nouveau management de ce dernier fasse bouger les choses. Il vendit Montgomery Ward en 1988.

Je vous ai déjà décrit les folies de Gillette. Le groupe ne s'est pas contenté d'acheter une véritable armoire à pharmacie, il s'est "dipiresifié" dans les montres digitales puis annonça qu'il passait ce véritable fiasco par profits et pertes. C'est bien la seule fois à ma connaissance qu'une importante compagnie a expliqué comment elle s'était débarrassée d'une activité déficitaire avant que quiconque ait réalisé qu'elle y avait mis un pied. Gillette, aussi, a fait des réformes décisives et a fini par s'amender.

General Mills possédait des restaurants chinois, italiens, des steak house, les jouets Parker Brothers, les chemises Izod (Lacoste), des pièces de monnaie, des timbres, des agences de voyage, les magasins de vêtements Eddie Bauer, et les produits Footjoy; la plupart de ces acquisitions datent des années soixante.

Ce fut la plus grande décade de "dipiresification" depuis celle de l'empire

Romain sur l'Europe et l'Afrique du Nord. Il est difficile de recenser une société respectable qui n'y ait pas cédé à cette période, quand les meilleures et les plus brillantes croyaient qu'elles pouvaient gérer une affaire comme une autre.

Allied Chemical a tout acheté sauf un évier de cuisine, et encore est-il fort possible que dans le lot, elle ait repris un fabricant d'éviers. Times Mirror s'est "dipiresifié" , Merck aussi, mais tous deux se sont ravisés et ont sagement repris le chemin de l'édition pour l'un, des médicaments pour l'autre.

U.S. Industries peut se vanter de 300 acquisitions en une seule année. Presque "une chaque jour". Béatrice Foods est passé du comestible au non comestible; après, tout était possible.

Cette fièvre d'acquisitions prit fin avec l'effondrement du marché en 1973-74, quand Wall Street réalisa enfin que les meilleures et les plus brillantes n'étaient pas si malignes, et que même les présidents les plus doués ont du mal à transformer les crapauds en princes charmants.

Cela ne veut pas dire qu'il est toujours stupide de se lancer dans des acquisitions. Cela peut même devenir une excellente stratégie quand l'activité de base est mauvaise. Jamais nous n'aurions entendu parler de Warren Buffet et de son Berkshire Hathaway si Buffet s'était limité au textile. On peut en dire autant des Tisch, qui commencèrent avec des cinémas (Loew's) dont les gains leur permirent d'acheter une société de tabac (Lorillard) qui à son tour les aida à acquérir une compagnie d'assurances (CNA) qui les conduisit à prendre une importante participation dans CBS. L'astuce consiste à savoir faire les bonnes acquisitions et à les gérer avec succès.

Comparons l'histoire de Melville et celle de Genesco, deux fabricants de chaussures - l'un s'est diversifié avec succès, l'autre s'est "dipiresifié". Il y a trente ans, Melville fabriquait des chaussures pour hommes presque exclusivement pour ses propres magasins, Thom Mc An. Les ventes augmentèrent quand la société se mit à louer des emplacements dans des grands magasins, surtout ceux de la chaîne K Mart. Quand K Mart entama sa grande expansion en 1962, les bénéfices de Melville explosèrent. Au bout de plusieurs années d'expérience dans la vente discount** de chaussures, la société se lança dans une vague d'acquisitions, mais toujours en confirmant le succès de l'une avant d'entreprendre la suivante. En 1969, elle reprit CVS, un groupe de pharmacies discount; en 1976, elle acquit Marshall's, une chaîne de magasins de vêtements discount, puis enfin, Kay-Bee Toys en 1981. Durant cette même période, Melville réduisit le nombre de ses usines de fabrication de chaussures de 22 en 1965 à seulement une en 1982. Doucement, mais avec efficacité, un

** Très répandus aux Etats-Unis, les magasins discount offrent dans différents commerces, des prix bas avec des marges réduites.

fabricant de chaussures s'était transformé en détaillant diversifié.

A l'inverse de Melville, Genesco démarra avec frénésie en 1956. Il s'empara de Bonwit Teller, Henri Bendel, Tiffany et Kress (des bazars bon marché), puis se lança dans le conseil en sécurité, les bijoux pour hommes et femmes, les fournitures pour tricots, les textiles, les jeans, et toutes sortes de commerce de détail ou de gros - tout en continuant à fabriquer des chaussures. Entre 1956 et 1973, c'est-à-dire en dix-sept ans, Genesco fit 150 acquisitions.

Celles-ci ont largement contribué à l'augmentation des ventes, aussi Genesco parut-il plus gros sur le papier, mais ses fondamentaux se détérioraient.

La différence entre ces deux stratégies finit par apparaître dans les bénéfices et les performances des actions des deux sociétés. Les deux titres souffrirent pendant le marché baissier de 1973-74, mais les profits de Melville augmentaient avec régularité et son cours rebondit; il devint un 30-bagger en 1987. Quant à Genesco, sa position financière continua à se détériorer après 1974, et le titre ne s'en remit jamais.

Pourquoi Melville a-t-il réussi là où Genesco a échoué ? La réponse s'appelle la synergie. "La synergie" est le joli nom d'une théorie de deux plus deux égal cinq qui fait qu'en mettant ensemble des activités qui ont une relation, on fait marcher l'ensemble.

La théorie de la synergie suggère, par exemple, que puisque Marriott opère dans les hôtels et les restaurants, il paraît censé qu'il rachète la chaîne des restaurants Big Boy, ainsi qu'une filiale qui s'occupe de restauration dans les prisons et les collèges (les étudiants vous diront qu'il y a beaucoup de synergie entre la nourriture des prisons et celle des collèges). Mais qu'est-ce que Marriott peut-il bien connaître des pièces détachées de voitures ou des jeux vidéos ?

En pratique, il arrive que des acquisitions soient synergiques, mais pas toujours. On peut parler de synergie quand Gillette, le leader des lames de rasoirs, rachète Foamy, une ligne de produits de rasage. Mais cela ne s'extrapole pas au shampooing, à la crème, et à tous les autres articles de toilette que Gillette a regroupés dans son giron. Berkshire Hathaway de Warren Buffet a tout racheté, des magasins de bonbons aux magasins de meubles en passant par les journaux, et tout cela avec des résultats spectaculaires. Mais une fois encore, la société de Buffet était destinée à faire des acquisitions.

Si une société doit en racheter une autre, je préfère que ce soit dans un domaine qui lui soit proche, mais en général, les acquisitions m'inquiètent. Les sociétés avec des trésors de guerre et un sentiment de puissance ont une forte tendance à surpayer leurs acquisitions, à en attendre trop, et à mal les gérer. Je préfère de beaucoup un vigoureux rachat d'actions, c'est la plus pure des synergies.

ATTENTION AUX RUMEURS

Je reçois sans cesse des coups de fil de personnes pour me recommander de solides sociétés pour Magellan puis, baissant la voix, ils me susurrent généralement un conseil plus personnel : “Il faut que je vous parle d'un titre extraordinaire. Il est trop petit pour votre fonds, mais vous devriez regarder pour votre propre portefeuille. C'est une idée fascinante, et je crois que ce sera un grand gagnant”.

Ce sont des paris hasardeux, on les appelle aussi des actions-rumeurs ou des histoires à sensation. Elles atteignent généralement votre entourage en même temps que le mien. C'est telle société qui vend un dérivé de jus de papaye qui soigne les vertèbres déplacées (Smith Labs); les médicaments miracles en général; le high tech; les anticorps extraits des vaches (Bioresponse); des additifs variés aux qualités extraordinaires; et les découvertes énergétiques sensationnelles qui défient les lois de la physique. Ces rumeurs sont souvent sur le point de résoudre notre dernier problème national : manque de pétrole, drogue, sida. La solution est (1) très imaginative ou (2) compliquée à l'excès.

KM Industries est ma préférée. Ses rapports annuels de 1980 à 1982 expliquent qu'elle est engagée dans “les photovoltaïques à silicone amorphe”; celui de 1984 met l'accent sur “le multiplex vide” et les “épingles optiques”. En 1985, elle s'installe dans les implosions sphériques conduites chimiquement, et 1986 la voit sérieusement travailler sur la “compression d'un choc consécutif au laser”.

Durant toute cette période, le titre chuta de 40 dollars à 2 dollars 1/2. Seule une réduction de capital (une nouvelle action pour huit anciennes) l'empêcha de tomber à quelques centimes. Smith Labs, lui, chuta de 25 à un dollar. J'ai visité le siège de Bioresponse à San Francisco, après que ceux-ci soient venu me voir à Boston. Au dernier étage d'un immeuble de bureaux dans un quartier assez miteux (ça, c'est plutôt bon signe) j'ai trouvé les cadres dans une partie d'une grande pièce, et les vaches dans l'autre. Pendant que je parlais au président et au comptable, des techniciens en blouse blanche s'affairaient à prélever du lymphe sur les animaux. C'est moins cher que de la prélever sur des souris, ce qui est plus fréquent; deux vaches peuvent produire assez d'insuline pour le pays entier, et un gramme de lymphe de vache peut supporter un million de tests.

Bioresponse était attentivement suivi par plusieurs firmes de courtage et recommandée par Dean Witter, Montgomery Securities, Furman Selz et J.C. Bradford. J'achetai le titre à 9 dollars 1/2 lors d'une seconde émission en février 1983. Il atteignit le record de 16 dollars avant de devenir moribond. Heureusement, je n'ai fait qu'une petite perte.

Ces actions-rumeurs ont un effet d'hypnose, et jouent sur nos émotions. Le grésillement est tellement délectable qu'on en oublie qu'il n'y a pas de steak. Si vous ou moi avions régulièrement investi dans de telles valeurs, nous aurions dû faire des heures supplémentaires pour rattraper nos pertes. Elles peuvent monter avant de chuter, mais à long terme, j'ai toujours perdu de l'argent sur chacune de celles que j'ai acheté. Voici quelques exemples :
- Worlds of Wonder; Pizza Time Theater (Chuck E. Cheese fit faillite); One Potato, Two; National Health Care (14 dollars à 50 cents); Sun World Airways (8 dollars à 50 cents); Alhambra Mines (dommage qu'ils n'aient jamais trouvé une mine décente); MGF Oil (un cours de quelques centimes); American Surgery Centers (leurs cliniques ont bien besoin de malades!); American Solar King (vous le trouverez sur les pages roses des actions oubliées); Televidéo (il est tombé du bus); Priam (je n'aurais jamais dû toucher aux lecteurs de disquettes); Vector Graphies Microcomputers (je n'aurais pas non plus dû toucher aux micro-ordinateurs); GD Ritzys (fast food mais pas McDonald's); Integrated Circuits; Comdial Corp; et Bowmar.

Hormis l'argent qu'elles vous ont fait perdre, leur second point commun était une histoire dénuée de substance. C'est l'essence même des actions-rumeurs. Le stockpicker n'a même pas besoin de vérifier les bénéfices, car le plus souvent, il n'y en a pas. Comprendre le ratio cours-bénéfice ne pose pas de problème, il n'y en a pas non plus.

J'essaie toujours de me rappeler (et pas toujours avec succès) que si les perspectives sont à ce point extraordinaires, l'investissement sera toujours valable l'année prochaine, puis l'année suivante. Pourquoi ne pas acheter le titre un peu plus tard, quand la société aura fait des prouesses ? Attendez les bénéfices. Vous aurez des 10-baggers avec des sociétés qui ont déjà fait leurs preuves. Si vous avez des doutes, attendez pour vous brancher.

Vous reconnaîtrez une action risquée si la pression générale vous pousse à acheter dès la première émission... arguant qu'après ce sera trop tard. Ce n'est pas vrai, ou rarement, bien que dans certains cas vous puissiez faire de jolis gains dès le premier jour. Le 4 octobre 1987, Genentech fut introduit au cours unitaire de 35 dollars, et atteignit 89 dollars dans l'après midi avant de retomber à 71 1/4 dollars. Magellan avait obtenu quelques titres (quand l'émission remporte beaucoup de succès, on limite le nombre d'actions que vous pouvez acheter). J'ai fait mieux avec Apple Computer, que j'ai revendu dès le premier jour avec un gain de 20 %. J'en avais obtenu le nombre que je désirais car, la veille, le Commonwealth des Massachussets avait déclaré que seuls certains professionnels pouvaient investir dans Apple car le titre était trop spéculatif pour le public. Je n'ai jamais racheté d'actions Apple jusqu'à ce qu'il soit en redressement après son effondrement.

Les émissions d'actions de toutes jeunes sociétés sont très risquées car il y a peu de matière sur laquelle se baser. Certaines dans lesquelles j'ai investi se sont bien comportées (ma première, Federal Express, a vu son cours multiplié par 25), mais trois sur quatre se sont révélées des déceptions à long terme.

J'ai eu plus de chance avec les émissions d'actions de filiales émancipées, ou dans des cas où les sociétés avaient un passé. C'est le cas de Toys "R" Us, d'Agency Rent-A-Car ou Safety Kleen. Leurs activités étaient bien établies et vous aviez les pièces nécessaires à votre recherche, comme pour Ford ou Coca-Cola.

ATTENTION A L'INTERMÉDIAIRE

Une société qui vend entre 25 et 50 % de ses marchandises à un seul client se trouve dans une situation précaire. SCI Systems (à ne pas confondre avec les pompes funèbres) est une entreprise bien gérée dont la principale activité consiste à fabriquer des pièces détachées pour les ordinateurs d'IBM, mais vous ne saurez jamais quand IBM décidera de produire ses propres pièces, ou n'en aura plus besoin, et annulera son contrat avec SCI. Si la perte d'un client peut être fatale à un fabricant, je me méfie. Des fabricants de lecteurs de disquettes comme Tandon ont toujours été au bord du désastre, car trop dépendants de quelques clients.

Même sans annuler son contrat, le gros client a l'immense pouvoir d'arracher des réductions de prix et autres concessions qui réduiront les bénéfices du fabricant. Il est rare qu'un grand investissement puisse résulter d'un tel arrangement.

ATTENTION À L'ACTION AU NOM EXCITANT

Quel dommage que Xerox ne se soit pas appelé David's Dry Copies par exemple ! Beaucoup de gens seraient restés sceptiques. Si le nom ennuyeux d'une bonne société éloigne les investisseurs, il est aussi fréquent que le nom tape à l'oeil d'une société médiocre les attire et leur donne une fausse impression de sécurité. Si son nom inclut "advanced" "leading" "micro", un mot avec un "x", ou si c'est un sigle mystérieux, les gens en seront fous. VAL a changé son nom pour Allegis en espérant plaire aux penseurs modernes. Heureusement Crown, Cork and Seal n'a pas touché au sien. S'ils avaient écouté les consultants en image, ils l'auraient changé en CroCorSea, ce qui aurait inévitablement entraîné une forte participation institutionnelle, dès le départ.

Chapitre Dix

DES BÉNÉFICES, TOUJOURS DES BÉNÉFICES, ENCORE DES BÉNÉFICES

Imaginons que vous ayiez remarqué Sensormatic, la société qui a inventé l'intelligente étiquette qui sonne et dissuade les voleurs dans les magasins. Son cours est passé de 2 à 42 dollars entre 1979 et 1983, au fur et à mesure de son expansion. Votre courtier vous explique que c'est une petite société en rapide croissance. Ou alors peut-être avez-vous révisé votre portefeuille en y découvrant deux piliers et trois cycliques. Comment être sûr que le cours de Sensormatic, ou celui de vos autres actions va grimper ? Et si vous achetez, quel prix faut-il mettre ?

Ce que vous demandez là n'est autre que ce que vaut la société, et pourquoi elle vaudra davantage demain qu'aujourd'hui. Il existe de nombreuses théories, mais selon moi, tout se ramène toujours aux bénéfices et aux actifs. Particulièrement aux bénéfices. Quelquefois, il faut des années pour que le cours d'une action rattrape la valeur de la société, et les périodes de dépression durent si longtemps que les investisseurs commencent à douter que cela arrive un jour. Mais la valeur finit toujours par triompher - ou du moins dans suffisamment de cas pour que cela vaille le coup d'y croire.

Analyser un cours sur la base des bénéfices et des actifs n'est rien d'autre que d'analyser une laverie automatique, une pharmacie, ou un appartement que vous voudriez acheter. **Bien qu'on l'oublie souvent, une action n'est pas un billet de loterie. C'est le titre de propriété d'une parcelle de société.**

Voilà une autre manière de penser aux bénéfices et aux actifs. Si vous étiez une action, vos bénéfices et vos actifs détermineraient la somme qu'un investisseur serait prêt à payer pour une partie de vous-même. Faire votre propre évaluation comme vous feriez celle de General Motors est un exercice instructif, et cela vous aidera à bien maîtriser cette phase de vos recherches. Les actifs comprendront tous vos biens immobiliers, vos voitures, meubles, vêtements, tapis, bateaux, outils, bijoux, clubs de golf, et tout ce que vous pourriez vendre si vous décidiez de vous liquider et de vous retirer des affaires. Bien sûr, il faudra soustraire à cela l'emprunt de votre voiture, et autres emprunts bancaires, vos dettes envers famille et voisins, vos factures impayées, vos dettes de jeux, etc... Le résultat sera votre actif net, votre valeur comptable, ou valeur économique. (Si le résultat est négatif, vous êtes un candidat au chapitre 11). Tant que vous n'êtes pas liquidé et cédé aux créanciers, vous représentez également une autre sorte de valeur : une capacité de revenu. Durant votre vie de labeur, vous rapporterez à la maison, des milliers, des centaines de milliers ou des millions de dollars; cela dépendra de votre salaire et de vos heures de travail. Là encore, il y a au bout du compte des différences considérables.

Peut-être voudrez-vous maintenant vous placer dans l'une des six catégories d'actions que nous avons vues précédemment. C'est un jeu à peine décent:

Ceux qui ont une situation sûre avec des salaires modestes et des augmentations tout aussi modestes ont une croissance lente; ils sont les équivalents humains des services publics comme American Electric Power. Les bibliothécaires, les professeurs, et les policiers ont une croissance lente.

Les gens comme les cadres moyens qui bénéficient de bons salaires et d'augmentations prévisibles sont des piliers : les Coca Cola et les Ralston Purina de la masse laborieuse.

Les fermiers, les employés des hôtels et des stations touristiques, les joueurs de pelote basque, les directeurs de colonies de vacances, et les vendeurs d'arbres de Noël qui font la quasi-totalité de leurs chiffre d'affaires sur une période très courte et doivent le budgéter sur toute l'année sont des cycliques. Les écrivains et les acteurs peuvent l'être aussi, mais une soudaine et importante rentrée peut les transformer en personne à forte croissance. Les fils à papa, ceux qui sont à la tête d'un legs testamentaire, les châtelains, les bons vivants, et tous ceux qui vivent sur la fortune familiale, sont des jeux d'actifs et correspondent à nos mines d'or et à nos compagnies de chemins de fer. Le problème avec eux, est de savoir ce qui restera une fois déduites les dettes et les factures d'alcool et d'agences de voyages.

Les gamins des ruisseaux, les clochards, ceux qui ont fait faillite, ceux qui ont perdu leur situation, les chômeurs sont tous des "redressements" potentiels, tant que subsistent en eux quelque énergie et esprit d'entreprise. Les acteurs, les inventeurs, les promoteurs immobiliers, les hommes d'affaires, les athlètes, les musiciens, et les criminels abritent tous une possibilité de croissance rapide. Dans ce groupe, il y a un plus fort pourcentage d'échecs que parmi les piliers, mais quand l'un d'entre eux réussit, il peut multiplier ses revenus par dix, vingt, ou même cent en une seule nuit. Il sera alors l'équivalent humain de Taco Bell ou de Stop & Shop.

Si vous achetez l'action d'une société en croissance rapide, vous pariez sur ses chances de gagner plus d'argent dans l'avenir. Etudions votre décision d'investir dans un jeune Dunkin' Donuts comme Harrisson Ford, plutôt que dans un juriste d'entreprise genre Coca Cola. Miser sur le type Coca Cola paraît beaucoup plus sensé tant qu'Harrisson Ford reste un menuisier itinérant de Los Angeles, mais regardez ce qui arrive aux revenus de Monsieur Ford lorsqu'il joue dans un film qui remporte autant de succès que La Guerre des Etoiles.

Notre avocat ne se transformera pas en 10-bagger en l'espace d'une nuit à moins de gagner un extraordinaire cas de divorce, mais le type qui gratte les coquillages sur les coques des bateaux et écrit des nouvelles peut être le prochain Hemingway. (Lisez ses livres avant d'investir). C'est ce qui explique que les investisseurs cherchent des croissances prometteuses et font monter les cours, même lorsque les sociétés n'affichent pas encore de bénéfices - ou qu'ils sont dérisoires par rapport au cours de l'action.

Vous verrez l'importance des bénéfices dans n'importe quel graphique où figure une courbe des bénéfices parallèle à une courbe du cours. Les livres de graphiques se trouvent chez la plupart des courtiers, et il est instructif de les feuilleter. Graphique après graphique, les deux courbes évoluent en tandem, et si la courbe des bénéfices s'éloigne de celle du cours, un jour ou l'autre, elles finissent par se rejoindre.

On peut toujours se demander ce que font les Japonais et les Coréens, mais en dernier ressort, ce sont toujours les bénéfices qui décident du sort de l'action. On peut toujours parier sur les variations continues du marché, mais ce sont les bénéfices qui, à long terme, provoquent ces variations. De temps en temps, vous trouverez une exception, mais en examinant les graphiques de vos actions, vous comprendrez la relation dont je parle.

Ces dix dernières années, nous avons traversé des récessions, une période d'inflation, une hausse du prix du pétrole, une baisse du prix du pétrole, et pendant tout ce temps, ces actions ont suivi leurs bénéfices. Regardez Dow Chemical. Quand les bénéfices montent, son cours monte. C'est ce qui est arrivé entre 1971 et 1975 puis à nouveau entre 1985 et 1988. Dans l'intervalle, entre 1975 et 1985, les bénéfices furent erratiques, le cours aussi.

Regardez Avon, une action qui entre 1958 et 1972, a grimpé de 3 à 140 dollars pendant que les bénéfices progressaient. Un excès d'optimisme, et le cours dépasse les bénéfices. Mais en 1973, le conte de fées s'achève. Le cours s'effondre parce que les bénéfices s'effondrent, et vous auriez pu le voir venir. Forbes Magazine nous avait tous prévenus dans un article dix mois avant la chute du cours.

Et Masco Corporation qui profita de trente années de hausses de bénéfices à travers guerre et paix, inflation et récession, dont les bénéfices furent multipliés par 800 et le cours par 1300 entre 1958 et 1987 ? C'est probablement la plus grande action de toute l'histoire du capitalisme. Que pouvait-on espérer d'une société qui a débuté avec le nom merveilleusement ridicule de Masco Screw Products ? Tant que les bénéfices continuaient à progresser, rien ne pouvait l'arrêter.

Prenons le cas de Shoney's, une chaîne de restaurants qui pendant 116 trimestres consécutifs (29 ans) a affiché des bénéfices en progression - peu de sociétés peuvent en dire autant. Bien sûr, le cours a monté en conséquence. Et les rares moments où il a anticipé les bénéfices, il est vite revenu à la réalité.

Même chose pour Marriott, une autre jolie valeur de croissance. The Limited aussi. Ses profits trébuchèrent vers la fin des années soixante-dix, son cours aussi. Ils se redressèrent ensuite toujours suivis par le cours. Mais quand celui-ci prit de l'avance en 1983 puis en 1987, ce fut aussitôt un désastre. Ce fut aussi le cas pour une kyrielle d'actions lors de la forte chute d'octobre 1987.

Un moyen rapide de dire si une action est surévaluée est de comparer la courbe de son cours à celle de son bénéfice. Si vous avez acheté quelques valeurs de croissance comme Shoney's, The Limited ou Marriott alors que leur cours était tombé à un niveau inférieur à celui des bénéfices, et si vous les avez vendues lorsque le cours les excédait de beaucoup, il y a des chances pour que vous ayiez fait une superbe affaire. Cela aurait marché à coup sûr avec Avon ! Je ne prône pas pour autant cette stratégie, mais j'en connais des pires.

LE FAMEUX PER

Toute sérieuse discussion sur les bénéfices introduit le ratio cours / bénéfices, également connu comme le P/E, le PER, le multiple cours-bénéfice, le multiple de capitalisation, ou tout simplement le multiple. Ce ratio est le raccourci numérique de la relation entre le cours de l'action et les profits de la société. On trouve ce PER dans les pages de cotation de la plupart des grands journaux.

Comme la courbe des bénéfices, le PER sert souvent à mesurer si une action est surévaluée, à son juste prix, ou sous-évaluée par rapport au potentiel financier de sa société. Dans certains cas, le PER publié dans les journaux paraît anormalement élevé : la société a amorti des pertes à long terme au détriment des bénéfices actuels, en "punissant" donc ces bénéfices. Si le PER vous paraît exagéré, demandez une explication à votre courtier.

Dans le Wall Street Journal d'aujourd'hui, par exemple, je remarque que K Mart a un PER de 10. Il a été calculé en divisant le cours actuel de l'action (35 dollars) par les bénéfices des 12 derniers mois ou de la dernière année fiscale (en l'occurrence 3,50 dollars par action). 35 dollars divisés par 3,50 dollars donnent ce PE de 10.

Ce ratio peut aussi servir à calculer le nombre d'années nécessaires pour récupérer le montant initial de votre investissement - en estimant bien sûr que les bénéfices de la société restent constants. Disons que vous avez acheté 100 actions K Mart pour 3 500 dollars. Le bénéfice actuel étant de 3,50 dollars, vos 100 actions rapporteront en un an 350 dollars, et il faudra donc 10 ans pour récupérer vos 3 500 dollars. Mais ce calcul était inutile, car le P/E de 10 vous indiquait qu'il s'agissait de dix ans.

Si vous achetez des actions dont le cours vaut deux fois les bénéfices (un P/E de 2), vous récupérerez votre investissement au bout de deux ans, mais si vous avez choisi une action dont le cours vaut 40 fois les bénéfices, (un P/E de 40) il vous faudra 40 ans. Vous aurez déjà des arrière-petits enfants. Avec autant de PER faibles, pourquoi choisir une valeur au PER élevé ? Parce qu'on est toujours à la recherche d'un Harrisson Ford dans une scierie. Les bénéfices des sociétés ne sont pas plus constants que les revenus des hommes.

La coexistence de PER de 40 et de PER de 3 indique qu'il y a toujours des investisseurs prêts à parier sur une progression des futurs bénéfices de quelques sociétés, et qui restent sceptiques sur l'avenir des autres. Ouvrez votre journal et vous serez surpris des écarts entre les PER.

Vous remarquerez aussi que les valeurs à faible croissance offrent des faibles PER, alors que celles à forte croissance offrent les plus élevés, les cycliques se situant entre les deux. C'est normal, si vous avez suivi la logique du raisonnement précédent. Le PER moyen d'un service public (actuellement entre 7 et 9) sera inférieur à celui des piliers (10 à 14), qui lui même sera inférieur à celui des valeurs à forte croissance (14-20). Les chasseurs de bonnes occasions estiment qu'il faut acheter toutes les actions à faible PER, mais, à mon avis, cela n'a pas de sens. On ne peut pas comparer des pommes et des oranges. Un PER intéressant pour un Dow Chemical n'est pas nécessairement le même que pour un Wal Mart.

ENCORE LE PER

Discuter à fond des PER dans les différents secteurs et pour toutes les sociétés, nécessiterait un livre entier que personne ne voudrait lire. Ce serait idiot de s'enliser dans le sujet, mais vous ne devez pas l'ignorer. Là encore, votre courtier vous sera d'un grand secours dans votre analyse du PER. Commencez par demander si les PER de vos actions sont inférieurs, supérieurs ou moyens par rapport aux normes du secteur. Vous entendrez quelquefois "Le prix de cette action est soldé par rapport au secteur" - entendez que son PER est faible, et que c'est donc une bonne occasion. Votre courtier peut aussi vous fournir le passé historique d'un PER: cette même information se trouve dans les rapports du Standard & Poor qu'il a en sa possession. Avant d'acheter une action, vous voudrez peut-être examiner les PER antécédents pour jauger son niveau actuel. Bien évidemment, les jeunes sociétés n'ont pas un tel passé.

Si vous achetez Coca Cola, vous pourrez regarder si le prix que vous allez payer pour ses bénéfices correspond à ce que les autres investisseurs ont payé les années précédentes. Le PER vous le dira. Le "Value Line Investment Survey", vendu dans toutes les grandes librairies, ou que vous pouvez emprunter chez la plupart des courtiers, est une autre source où vous trouverez l'évolution des PER. Value Line est une bonne source pour toutes les informations pertinentes dont un amateur a besoin. C'est ce qu'il y a de mieux si vous n'avez pas un analyste particulier.

Si vous avez déjà tout oublié, rappelez-vous seulement que mieux vaut éviter les PER trop élevés. Vous économiserez ainsi beaucoup de chagrin et beaucoup d'argent. Hormis de rares exceptions, un PER très élevé est un handicap pour l'action de la même façon qu'un poids supplémentaire sur la selle d'un cheval de course.

Une société avec un fort PER devra faire preuve d'une extraordinaire progression de ses bénéfices pour justifier le cours élevé de ses actions. En 1972, McDonald's était toujours une belle société, mais son cours avait grimpé à 75 dollars, soit un PER de 50. Il n'avait aucun moyen d'atteindre ce qu'on espérait de lui, et le cours retomba de 75 à 25 dollars, ramenant le PER au chiffre plus réaliste de 13. McDonald's n'avait aucun problème. Son cours de 75 dollars en 1972 était seulement surévalué.

McDonald's était peut-être trop cher, mais que dire d'Electronic Data

Systems (EDS) la société de Ross Perot, si recherchée dans les années soixante. Je n'en crus pas mes yeux quand je lus dans une analyse que son PER atteignait 500. Il faudrait cinq siècles pour récupérer son investissement avec des bénéfices constants. Mieux que cela, l'auteur de l'analyse suggérait que le PER était relativement conservateur car EDS devrait avoir un PER de 1 000.

Si vous aviez investi dans une société avec un PER de 1 000 au temps où le roi Arthur errait en Angleterre, vous atteindriez tout juste aujourd'hui votre seuil de rentabilité.

J'aurais dû conserver cette analyse et la faire encadrer; je l'aurais accrochée dans mon bureau à côté d'une analyse où l'on peut lire : "Suite à une faillite récente, nous retirons cette action de notre liste de recommandations".

Dans les années qui suivirent, la société EDS se comporta très bien. Chiffre d'affaires et bénéfices enregistrèrent une forte progression, et chaque nouveau produit remporta un vif succès. En ce qui concerne l'action EDS, c'est une autre histoire. Son cours chuta de 40 à 3 dollars en 1974, non pas parce qu'il y avait un problème au siège, mais tout simplement parce que c'était l'action la plus surévaluée que j'ai jamais rencontrée. On parle souvent de sociétés dont les futures performances sont "escomptées" dans le cours de leurs actions. Si c'est le cas, ceux qui avaient investi dans EDS escomptaient au-delà. Nous reparlerons d'EDS plus tard.

Quand l'action Avon Products se traitait à 140 dollars, son PER atteignait 64, un chiffre très élevé bien qu'incomparable à EDS. Avon est un très grand groupe. C'est un miracle qu'une petite société se développe assez pour justifier un PER de 64, mais pour une société de la taille d'Avon, dont le chiffre d'affaires dépasse déjà un milliard de dollars, cela signifie qu'il lui faudra vendre des milliards supplémentaires de cosmétiques et de crèmes. Quelqu'un a calculé que pour justifier son PER de 64, il lui faudrait gagner plus que tout le secteur de la sidérurgie, celui du pétrole et de l'Etat de Californie ensemble. Et ce, dans le meilleur des cas. Mais combien de crèmes et de bouteilles d'eau de Cologne peut-on vendre ? D'ailleurs les bénéfices d'Avon n'ont plus progressé. Ils ont baissé, et le cours est brusquement retombé à 18 5/8 en 1974.

La même chose est arrivée à Polaroid : voilà une autre société solide, avec 32 années de prospérité derrière elle. Pourtant son cours a chuté de 80 % en 18 mois. De 143 dollars en 1973, il a glissé à 14 1/8 dollars en 1974 avant de rebondir à 60 dollars en 1978, puis de rechuter à nouveau à 19 dollars en 1981.

Le PER atteignit 50 en 1973 alors que son cours était au plus haut. Les investisseurs pensaient que le nouvel appareil SX-70 engendrerait des bénéfices mirobolants, mais l'appareil et sa pellicule étaient trop chers, pas tout à fait au point, et l'intérêt général s'émoussa vite. Les espoirs étaient, une fois de plus, très loin de la réalité; même si le SX-70 avait remporté un grand succès, il eut fallu que Polaroid en vende quatre à chaque famille américaine pour gagner assez d'argent et justifier son PER. Le succès incontesté de l'appareil n'aurait guère influencé la tenue de l'action. Son succès mitigé n'a fait que répandre de mauvaises nouvelles.

LE PER DU MARCHÉ

Les PER des sociétés n'existent pas dans le vide. Le marché possède globalement son propre ratio qui est un bon indicateur pour savoir si le marché est surévalué ou sous-évalué. C'est vrai, je vous ai déjà conseillé d'ignorer le marché, mais si vous découvrez que certaines actions sont trop chères par rapport à leurs bénéfices, il y a de fortes chances pour que ce soit le cas de la plupart des actions. C'est ce qui est arrivé avant la forte chute de 1973-74 puis à nouveau (dans de moindres proportions) à la veille d'octobre 1987. Pendant cinq années de marché haussier de 1982 à 1987, vous avez vu grimper progressivement le PER global du marché, de 8 à 16. Cela signifie qu'en 1987, les investisseurs étaient prêts à payer deux fois plus qu'en 1983 pour les bénéfices d'une même société - c'était le signe de surévaluation de la plupart des valeurs.

Les taux d'intérêt ont un impact de taille sur ces PER, car les actionnaires sont prêts à payer plus si les taux sont bas et les obligations moins attrayantes. En dehors des taux, la bouffée d'optimisme qui accompagne les marchés haussiers peut pousser les PER à des niveaux ridicules ; ce fut le cas d'EDS, Avon ou Polaroid. Dans une telle période, les valeurs à forte croissance atteignent des ratios dignes du Pays des Merveilles, celles à faible croissance s'enorgueillissent de PER généralement réservés aux précédentes, et le PER global du marché atteint le sommet sans précédent de 20.

Toute personne qui s'est penchée sur les PER aurait pu s'apercevoir que ce n'était que pure folie. Dommage qu'aucun d'entre eux ne m'ait prévenu. La correction de 1973-74 a été la plus sévère depuis le début des années trente.

LES FUTURS BÉNÉFICES

Les futurs bénéfices - voilà le problème. Comment les prévoir ? Les bénéfices actuels vous indiqueront au mieux si une action est à son juste prix. Avec ce renseignement, vous n'achèterez jamais un Polaroid ou un Avon avec un PER de 40, vous ne paierez jamais plus cher un Bristol-Myers,

Coca Cola ou McDonald's. Mais ce qu'il vous faut vraiment savoir, c'est ce qu'il adviendra des bénéfices le mois prochain, l'année prochaine, ou dans les dix prochaines années. Après tout, les bénéfices sont censés croître, et le cours de chaque action porte en lui cette assertion.

Des bataillons d'analystes et de statisticiens sont assaillis de questions sur la future croissance et les bénéfices de demain, et il suffit de lire le premier magazine financier qui vous tombe sous la main pour constater le taux de bonnes réponses (le mot que l'on trouve le plus souvent à côté de "bénéfices" est "surprise"). Je ne suis pas loin de suggérer que vous pouvez prévoir les bénéfices ou la croissance des bénéfices, par vous-même et sans vous tromper.

Une fois rentré dans le jeu, vous serez ahuri par les exemples de titres qui baissent alors que les bénéfices augmentent, uniquement parce que les analystes et leurs clients institutionnels s'attendaient à les voir augmenter davantage, ou vice versa, de valeurs qui montent avec des bénéfices en baisse, parce que ces mêmes supporters avaient prévu qu'ils seraient encore plus faibles. Ces anomalies ne durent pas, mais n'en sont pas moins frustrantes pour l'actionnaire qui les a remarquées.

Si vous ne pouvez pas prévoir les futurs bénéfices, vous pouvez au moins trouver "comment" une société a l'intention de les embellir. Il ne vous reste ensuite qu'à vérifier régulièrement que leurs plans portent leurs fruits. Il y a cinq moyens pour une société d'accroître ses bénéfices* : réduire les coûts, augmenter les prix, attaquer de nouveaux marchés, vendre davantage de produits sur les marchés traditionnels ou revitaliser, fermer, ou encore se débarrasser d'une branche déficitaire. Voilà les facteurs sur lesquels il faut enquêter pour développer votre histoire. Si vous avez un atout, c'est maintenant qu'il sera utile.

* Certains confondent les dividendes avec les bénéfices que nous avons évoqués dans ce chapitre. Les bénéfices d'une société correspondent à ce qu'elle gagne chaque année une fois déduits les dépenses et les impôts. Le dividende correspond à ce qu'elle paie régulièrement à ses actionnaires comme étant leur part des bénéfices. Une société peut s'enorgueillir de bénéfices extraordinaires et ne distribuer aucun dividende.

CHAPITRE ONZE

UN EXERCICE DE DEUX MINUTES

Vous avez déjà découvert s'il s'agit d'une valeur à faible croissance, d'un pilier, d'une valeur à forte croissance, d'une société en redressement, d'un jeu d'actifs, ou d'une cyclique. Le PER vous a grossièrement indiqué si l'action était sous-évaluée, surévaluée, ou à son juste prix par rapport à ses perspectives immédiates. Le prochain stade consistera à découvrir le maximum d'informations, sur la façon dont la société s'y prendra pour augmenter sa prospérité, pour provoquer le sursaut de croissance ou tout autre heureux événement susceptible de se produire. C'est ce qu'on appelle "l'histoire".

A l'exception du jeu d'actifs, où vous pouvez, calé dans votre fauteuil, attendre que la valeur des biens immobiliers, des réserves pétrolières ou des stations de télévision soit reconnue par les autres, quelque chose de dynamique doit intervenir pour que les bénéfices continuent à croître. Plus vous serez certain de ce quelque chose, mieux vous arriverez à suivre le scénario.

Les rapports des analyses sur la société que vous trouverez chez votre courtier, et les petits articles de Value Line vous donneront la version professionnelle de l'histoire, mais si vous avez un atout dans la société ou dans le secteur, vous pourrez dans les détails développer votre propre scénario.

Avant d'acheter une action, j'aime pouvoir me lancer dans un monologue de deux minutes pour revoir mes motifs d'intérêt, réviser ce qui doit assurer le succès de la société et les pièges qui se dresseront sur son chemin. Ce monologue peut être marmonné dans sa barbe, ou énoncé tout haut devant quelques collègues à portée de voix. Si vous êtes capable de raconter l'histoire d'une action à votre famille, à vos amis ou à votre chien, et de façon à vous faire comprendre d'un enfant, alors vous avez une bonne maîtrise de la situation.

Voici quelques points à évoquer dans ce monologue : si vous songez à une valeur à faible croissance, c'est probablement pour son dividende (sinon quel est l'intérêt ?) Par conséquent, les éléments importants seront : "Cette société a augmenté ses bénéfices ces dix dernières années, elle offre un bon rendement, elle n'a jamais ni réduit ni supprimé ses dividendes, elle les a même augmentés durant les bonnes, et les moins bonnes années, y compris les trois dernières récessions. C'est un service public de téléphone, et leurs nouvelles activités dans le téléphone cellulaire devraient accélérer la croissance".

Si vous pensez plutôt à une valeur cyclique, votre scénario tournera plutôt autour des conditions du secteur, des inventaires et des prix. "Depuis trois ans, l'industrie automobile est dans le creux de la vague, mais cette année, le vent tourne. Je le sais car les ventes sont remontées pour la première fois depuis bien longtemps. J'ai remarqué que les derniers modèles General Motors se vendaient bien, et en un an et demi le groupe a fermé cinq usines inefficaces, réduit de 20 % les coûts de main-d'oeuvre, et ses bénéfices sont sur le point de fortement progresser".

S'il s'agit d'un jeu d'actifs, où sont ces actifs, que valent-ils ? "L'action vaut 8 dollars, mais la division des vidéo cassettes à elle seule, vaut 4 dollars par action et l'immobilier 7 dollars. C'est une bonne affaire et j'obtiens le reste de la société pour moins 3 dollars. Les cadres achètent, les bénéfices sont réguliers, et il n'y a quasiment pas d'endettement".

C'est une société en redressement ? Comment va-t-elle s'y prendre pour améliorer son sort ? jusqu'à maintenant le plan a-t-il porté ses fruits ? "General Mills a fait de grands progrès en soignant sa "dipiresification". De onze activités différentes, il s'est recentré sur deux. Après avoir revendu - et très bien revendu - Eddie Bauer, Talbot's, Kenner et Parker Brothers, General Mills est revenu dans le domaine où il réussissait le mieux : les restaurants et l'alimentation préconditionnée. La société a racheté des millions de ses propres actions. Le département poissons et fruits de mer, Gortons, qui représentait 7 % du secteur a atteint les 25 %. Le groupe est en train de sortir de nouveaux produits : yaourts maigres, Bisquick sans cholestérol, et brownies à cuire au micro-ondes. Le bénéfice augmente très nettement".

Si vous pensez à un pilier, vos principales questions seront sur le PER et le cours (a-t-il subi récemment une forte hausse ?). Un événement peut-il accélérer la croissance et si oui quel est-il ? Vous pourrez vous dire : "Coca Cola a l'un des PER les plus faibles de son secteur. Le titre n'a pas bougé depuis deux ans. Le groupe s'est amélioré : il a cédé au public la moitié de sa participation dans Columbia Pictures, les boissons sans calories ont fait faire un bond extraordinaire au bénéfice. L'an dernier, les Japonais ont bu 36 % de plus de cocas que l'année précédente et les espagnols 26 %. C'est une progression phénoménale. Les ventes à l'étranger sont excellentes partout. Grâce à l'émission d'actions d'une nouvelle société, Coca Cola Enterprises, le groupe a racheté un bon nombre de ses distributeurs régionaux indépendants. Maintenant, la société maîtrise mieux la distribution et les ventes nationales. Grâce à tout cela, Coca Cola peut faire mieux qu'on ne pense".

Et enfin si vous songez à une valeur à forte croissance, jusqu'où et comment peut-elle continuer à croître à cette vitesse ? "La Quinta est une chaîne de motels née au Texas, où elle était très rentable. Cette formule à succès fut copiée dans l'Arkansas et en Louisiane. L'an dernier, le nombre de motels augmentait de 20 %. Le bénéfice a progressé chaque trimestre. La société projette une rapide expansion. L'endettement n'est pas excessif. Les motels appartiennent à un secteur de faible croissance, très compétitif mais La Quinta s'est trouvé une sorte de créneau.

Il lui reste encore un long chemin à parcourir avant de saturer le marché."

Voici quelques thèmes de base pour l'histoire, vous pourrez les remplir d'autant de détails qu'il vous plaira. Plus vous en savez, mieux c'est. Il m'arrive de consacrer plusieurs heures au développement d'un scénario, bien que ce ne soit pas toujours nécessaire. Je vous donnerai deux exemples, l'un d'une situation où j'ai fait les bonnes vérifications, et l'autre où j'ai oublié de poser une question. Le premier était La Quinta, un 15-bagger, le second, Bildner's, l'inverse d'un 15-bagger.

VÉRIFIER LA QUINTA

A un certain moment j'avais décidé que les motels étaient mûrs pour un redressement de leur cycle. J'avais déjà investi dans United Inns, le franchiseur le plus important des Holyday Inn, et je restais à l'écoute d'autres opportunités. Au cours d'un entretien téléphonique avec l'un des vice-présidents de United Inns, je lui demandai quel était leur plus gros concurrent.

Poser des questions sur la concurrence est l'une de mes techniques favorites pour trouver des nouvelles actions prometteuses. Dans 95 % des cas, les concurrents sont dénigrés, cela ne veut rien dire. Mais si le directeur d'une société admet être impressionné par une autre société, vous pouvez être sûr qu'elle fait quelque chose de bien. Le meilleur signe annonciateur d'une hausse se trouve dans l'admiration d'un rival admise à contrecoeur.

"La Quinta Motor Inns", jeta, enthousiaste, le vice-président de United Inns, "Ils font du beau travail. Ils sont en train de nous tuer à Houston et Dallas". Il semblait très impressionné, et je l'étais, moi aussi.

C'est la première fois que j'entendais parler de La Quinta, mais j'avais à peine achevé la conversation où j'avais eu vent de cet excitant tuyau, que je ressaisissais l'appareil pour appeler Walter Biegler au siège de la Quinta à San Antonio, et essayer de découvrir l'histoire. Celui-ci me répondit qu'il venait à Boston dans deux jours pour faire une conférence à Harvard, et qu'il serait ravi de me raconter toute l'histoire en personne.

Ce tuyau qui m'arrivait d'un concurrent, et cinq minutes plus tard, cet homme qui m'explique que justement il arrive chez moi; tout cela ressemblait à un coup monté destiné à me faire acheter des millions d'actions. Mais dès les premiers mots de Biegler, je sus que ce n'était pas le cas, et le meilleur moyen d'être berné aurait été de ne pas acheter ces merveilleuses actions.

Le concept était simple. La Quinta offrait des chambres aussi confortables que celles des Holiday Inns, mais moins chères. La chambre avait la même taille que celle des Holiday Inns, le lit était aussi ferme (il y a des consultants spécialisés qui étudient ces choses-là), les salles de bains aussi bien, la piscine également, mais les prix étaient inférieurs de 30 %. Comment était-ce possible ? Je voulais savoir. Biegler me l'expliqua.

La Quinta avait éliminé la salle des mariages, les salles de conférence, le grand hall de réception, les cuisines, et le restaurant - des emplacements superflus qui ne contribuent pas aux bénéfices et augmentent substantiellement les coûts. Leur idée était d'installer un restaurant comme Denny's à côté de chacun de leurs motels. Ils n'avaient même pas besoin d'en être propriétaire. Quelqu'un d'autre se serait inquiété de la cuisine. Holiday Inn n'est pas réputé pour sa gastronomie, donc La Quinta n'abandonnait pas un argument de vente essentiel. Et il évitait ainsi un important investissement, et quelques gros problèmes. Il se trouve que la plupart des hôtels et motels perdent de l'argent sur la restauration, et que celle-ci fait 95 % de mécontents.

J'essaie toujours d'apprendre quelque chose de nouveau de mes conversations. De Monsieur Biegler, j'appris que les clients des hôtels et motels paient chaque nuit 1/1000 de la valeur de leur chambre. Si une chambre du Plaza de New York vaut 400 000 dollars, vous paierez probablement 400 dollars la nuit, tandis que pour une chambre du motel Untel qui a coûté 20 000 dollars, vous ne paierez que 20 dollars la nuit. Puisque la construction d'un motel La Quinta a coûté 30 % de moins qu'un Holyday Inn, je comprends que les prix soient inférieurs de 30 % et qu'ils parviennent à faire le même profit.

Où était le créneau ? Je voulais savoir. On trouve des centaines de motels à chaque carrefour. Mr Biegler m'a rétorqué qu'ils avaient une clientèle très ciblée : les hommes d'affaires qui n'aiment pas les motels bon marché, mais qui, s'ils ont le choix, préfèrent payer moins cher et avoir le luxe équivalent à un Holiday Inn. La Quinta était là pour le leur procurer, à des endroits souvent plus commodes.

Holiday Inn, qui veut être la panacée de tous les voyageurs a construit ses hôtels juste à côté des rampes d'accès des principales autoroutes. La Quinta bâtit les siens près des centres d'affaires, des administrations, des hôpitaux et des zones industrielles, là où ses clients avaient des chances de venir travailler. Et parce qu'ils sont en voyage d'affaires, et non pas en vacances, un plus fort pourcentage fait ses réservations à l'avance, procurant à la Quinta l'avantage d'une clientèle stable et prévisible.

Personne ne s'était approprié cette part de marché, à mi-chemin entre les hôtels Hilton et les motels pour petits budgets. Et il n'y avait aucune chance pour qu'un autre concurrent se glisse aux côtés de La Quinta à l'insu des investisseurs. Voilà une autre raison pour laquelle je préfère des valeurs de l'hôtellerie et la restauration plutôt que des technologiques - à la minute même où vous investissez dans une nouvelle technologie excitante, une autre, plus récente et plus excitante, fait son apparition chez un concurrent. Tandis que les prototypes d'une chaîne d'hôtels ou de restaurants doivent se montrer quelque part - il est impossible d'en construire 100 en une nuit, et si ils sont dans une autre partie du pays, cela ne vous affectera pas.

Et les coûts ? Quand des sociétés petites ou moyennes, entreprennent des projets coûteux comme la construction d'hôtels, le fardeau de leur endettement peut peser sur elles pendant des années. Biegler me rassura aussi sur ce point. Il m'expliqua que La Quinta avait diminué ses coûts en construisant des unités de 120 chambres au lieu de 250, et en bâtissant tout sur le même modèle.

De plus, un hôtel de 120 chambres peut être géré par un couple de retraités, ce qui est plus économique. Encore plus impressionnant, La Quinta a obtenu de grandes compagnies d'assurance des financements très avantageux en leur cédant une petite participation aux bénéfices.

En tant que partenaires de La Quinta, dans le succès comme dans l'échec, il était peu probable qu'en cas de déficit, les compagnies d'assurance demandent des remboursements qui mettent le groupe en faillite. En fait, c'est ce lien avec les assurances qui permit à La Quinta de grandir aussi rapidement dans une industrie de capitaux sans contracter un redoutable emprunt bancaire (voir le chapitre 13). Je fus vite satisfait; Biegler et ses employés avaient pensé à tout. La Quinta était une superbe histoire sans "si", "peut-être" ou "pourrait". Si rien n'est encore fait, n'investissez pas.

La Quinta était déjà opérationnelle depuis quatre ou cinq ans au moment où je reçus la visite de Biegler. Le premier motel avait été dupliqué plusieurs fois et dans plusieurs endroits. La société offrait une croissance annuelle de 50 %, et le titre se vendait 10 fois les bénéfices, ce qui en faisait une superbe occasion. Je savais combien de motels ils s'apprêtaient à construire, aussi pouvais-je à l'avenir mesurer leurs progrès.

Pour couronner toutes ces bonnes nouvelles, je fus enchanté de découvrir que trois firmes de courtage seulement suivaient la valeur en 1978, et que les grands institutionnels ne détenaient pas plus de 20 % du capital. Seul point négatif : ce n'était pas assez ennuyeux.

Après cette conversation, je passai, à l'occasion de visites à d'autres sociétés, trois nuits dans trois motels La Quinta différents. Je sautai sur les lits, trempai mon doigt de pied dans le petit bassin des piscines (je n'ai jamais appris à nager), tirai sur les rideaux, tordis les serviettes de toilette, pour conclure avec satisfaction que La Quinta valait bien Holiday Inn.

J'avais vérifié chaque détail de l'histoire, mais pourtant j'ai failli ne pas acheter d'actions. Que le cours ait doublé l'année précédente n'était pas ennuyeux - son PER était encore très intéressant - compte tenu de la croissance. Ce qui me gênait, c'est que l'un des directeurs détenant une importante participation avait vendu ses actions deux fois moins cher que le cours que j'avais sous les yeux. Je découvris plus tard que ce directeur, membre de la famille fondatrice de la Quinta, voulait seulement diversifier son portefeuille.

Heureusement, je me suis rappelé juste à temps que c'était là une très mauvaise raison de ne pas aimer une action, et j'achetai autant de titres que je pouvais pour le fonds Magellan. Sur 10 ans, mon investissement fut multiplié par onze avant de souffrir d'un repli dû au déclin des fortunes dans les états producteurs d'énergie. Récemment, La Quinta est devenu une excitante combinaison entre un jeu d'actifs et une société en redressement.

BILDNER'S, HÉLAS

L'erreur que je n'ai pas faite avec La Quinta, je l'ai faite avec J. Bildner and Sons. Cet investissement illustre parfaitement ce qui arrive quand, porté par l'euphorie d'une entreprise, on pose toutes les questions sauf la plus importante qui se révèle le défaut fatal.

Bildner's est un épicier-traiteur qui se trouve juste en face de mon bureau sur Devonshire à Boston. Il y avait un autre Bildner's dans le faubourg où j'habite - mais il n'existe plus. Entre autre chose, il vend des sandwichs et des plats chauds; c'est une sorte de compromis entre le magasin de proximité et le restaurant trois étoiles. Je connaissais bien leurs sandwichs, car depuis des années, je les mangeais en guise de déjeuner. C'était mon atout : j'étais parmi les premiers à savoir qu'ils avaient le meilleur pain et les meilleurs sandwichs de Boston.

L'histoire, c'était que Bildner's projetait de s'étendre dans d'autres villes et allait s'introduire en bourse pour lever des capitaux à cet effet. Cela me paraissait une bonne idée. La société s'était taillée une niche parfaite - les millions de cols blancs qui ne toléraient pas les sandwichs sous plastique réchauffés au micro-ondes, mais ne voulaient pas faire la cuisine pour autant.

Les plats à emporter de Bildner's étaient déjà le salut des couples qui travaillent, et qui, trop fatigués pour se servir de leur Magimix, veulent servir quelque chose qui ait l'air d'avoir été préparé par un Magimix. Avant de rentrer chez eux dans la banlieue, ils pouvaient s'arrêter chez Bildner's et acheter le genre de plat qu'ils auraient cuisiné eux-mêmes, s'ils avaient encore l'occasion de le faire : quelque chose avec des haricots verts, de la béarnaise et / ou des amandes.

J'avais déjà entamé ma recherche en arpentant la boutique d'en face. C'était l'une des premières, propre, efficace, et remplie de clients satisfaits, un 7-Eleven* pour Yuppies. Je découvrais aussi que l'argent rentrait dans la caisse. Quand j'appris que Bildner's s'apprêtait à s'introduire en bourse pour ouvrir de nouvelles boutiques, j'étais évidemment très excité.

Dans la brochure d'introduction, j'appris aussi que la société ne comptait pas trop s'endetter. C'était un bon point. Ils voulaient louer des emplacements plutôt que de les acheter. C'était encore un bon point. Sans davantage d'investigation, j'achetai des actions offertes à 13 dollars en septembre 1986.

Peu de temps après cette émission, Bildner's ouvrit deux nouveaux points de vente dans des grands magasins de Boston, mais ce fut un fiasco. Il en ouvrit trois autres dans le centre de Manhattan, mais ceux-ci ne résistèrent pas à la concurrence des délis (petits épiciers traiteurs). Il s'étendit dans des villes plus lointaines comme Atlanta. Les capitaux recueillis lors de l'émission furent rapidement dépensés et Bildner's était en mauvaise posture financière. Une ou deux erreurs à la fois n'auraient pas été fatales, mais plutôt que d'avancer prudemment, il souffrit des échecs nombreux et simultanés. La société a sûrement tiré une leçon de ses erreurs, et Jim Bildner était un homme intelligent, travailleur, et dévoué, mais une fois l'argent épuisé, il n'y eut plus de seconde chance. Dommage car Bildner's aurait pu être le prochain Taco Bell (Ai-je vraiment dit "le prochain Taco Bell" ? Alors, c'était probablement voué à l'échec dès le début). Le titre atteint le plancher d'1/8

* Chaîne de magasins de proximité très populaire aux Etats-Unis, et souvent ouverts 24 heures sur 24.

de dollar, et la direction se retira dans ses magasins d'origine, y compris celui d'en face. Le nouveau but de Bildner's était d'éviter la banqueroute, mais il se plaça récemment sous la protection du Chapitre 11. Je me suis progressivement débarrassé de mes actions avec des pertes oscillant entre 50 et 95 %.

Je continue à manger leurs sandwichs, et chaque fois que j'avale une bouchée, je me rappelle mon erreur. Je n'ai pas attendu de voir si cette idée, bonne localement, aurait les mêmes chances de succès ailleurs. Le clone parfait est celui qui transforme une boutique locale de tacos en Taco Bell ou une boutique locale de vêtements en The Limited, mais il n'y a aucune raison d'acheter le titre avant que la société n'ait apporté la preuve de sa réussite.

Si le prototype est au Texas, soyez assez astucieux pour attendre que la société prouve qu'elle peut faire des bénéfices dans l'Illinois ou le Maine. Voilà ce que j'ai oublié de demander à Bildner's : est-ce que votre idée marche ailleurs ? J'aurais dû me préoccuper de la rareté de bons gérants de magasins, des ressources financières limitées et de leur aptitude à survivre à ces premières erreurs.

Il n'est jamais trop tard pour ne pas investir dans une société qui n'a pas fait ses preuves. Si j'avais attendu pour Bildner's, je ne l'aurais jamais acheté. J'aurais également dû vendre plus tôt. Il était clair qu'après les deux échecs dans les grands magasins et ceux de New York, il y avait un problème, et il était temps de passer la main à ce moment là, car les cartes devenaient de plus en plus mauvaises. Je devais dormir à la table de jeux.

Pourtant, les sandwichs étaient délicieux.

CHAPITRE DOUZE

TROUVER LES FAITS

Il y a de nombreux inconvénients à être le gérant d'un fonds, mais il y a un avantage : les sociétés vous parlent, plusieurs fois par semaine si vous en avez envie. Il est étonnant de constater à quel point vous vous sentez populaire quand les gens veulent vous faire acheter un million de leurs actions. Cela me permet de voyager d'une côte à l'autre, à la recherche des opportunités. Présidents, vice-présidents, directeurs généraux et analystes me tiennent au courant des dépenses d'investissement, des projets d'expansion, des programmes de réduction de coûts, ou de tout ce qui est susceptible d'influencer les futurs résultats. Et si je ne peux pas aller voir une société, elle vient à moi.

Pourtant, je ne vois pas la moindre chose qui me soit utile, et qu'un investisseur amateur ne puisse lui aussi découvrir. Tous les faits pertinents n'attendent qu'une chose, c'est d'être ramassés. Ce n'était pas le cas autrefois mais c'est vrai aujourd'hui. Maintenant, les sociétés sont obligées de tout dire dans leurs brochures et leurs rapports trimestriels et annuels.

Les associations de commerce et d'industrie, elles, donnent la tendance générale de leur secteur dans différentes publications. Les sociétés sont également ravies de vous envoyer leur lettre d'information. Il arrive qu'on trouve quelques informations utiles parmi ces bavardages marquants.

Les rumeurs, il est vrai, sont beaucoup plus excitantes que des informations publiques, et c'est pourquoi une bribe de conversation surprise dans un restaurant - "Goodyear va bouger" - aura plus de poids que la propre littérature de Goodyear.

L'ancienne loi de l'oracle est toujours valable : plus la source est mystérieuse, plus le conseil est persuasif. Les investisseurs se bouchent toujours les oreilles quand les propos écrits disent tout. Peut-être faudrait-il tamponner la mention "confidentiel" sur les rapports annuels ou les envoyer dans de simples enveloppes marrons, pour que les bénéficiaires se décident à les feuilleter.

Ce que vous découvrirez dans les rapports annuels, vous pourrez aussi l'obtenir par votre courtier, en appelant la société, en la visitant, ou en faisant des recherches de base, c'est ce qu'on appelle donner des coups de pied dans les pneus.

OBTENIR LE MAXIMUM DE SON COURTIER

Si vous passez vos ordres par l'intermédiaire d'une maison de courtage plutôt que par un courtier d'escompte, vous paierez sûrement 30 cents de plus de commission par action. Ce n'est pas beaucoup, mais cela doit vous procurer un peu plus qu'une carte de voeux et les dernières idées de la firme. Rappelez-vous, cela ne prend au courtier que quatre secondes pour remplir un ordre d'achat ou de vente, et quinze secondes supplémentaires pour le porter au bureau adéquat. Et ce travail est généralement effectué par un coursier.

Comment se fait-il que des gens qui n'imagineraient jamais payer le prix de l'essence au prix fort sans faire vérifier leur huile et laver leur pare-brise ne demandent rien à un courtier qui leur fait payer tous les services ? Bien sûr, ils l'appellent probablement deux fois par semaine pour demander "Comment se comportent mes actions ? ou bien "Le marché est-il bon ?" mais donner l'évaluation d'un portefeuille n'est pas vraiment de la recherche. Je sais qu'un courtier fait aussi souvent office de parent, de voyant et de tranquillisant humain durant les mauvaises périodes. Mais rien de tout cela ne peut vous aider à choisir les bonnes sociétés.

Au début du XIXème siècle, le poète Shelley trouvait déjà des courtiers (du moins l'un d'entre eux) prêt à tendre une main secourable à ses clients. "N'est-ce pas étrange que la seule personne généreuse, et ayant assez d'argent pour être généreuse que j'ai jamais rencontrée, ait été un courtier ?" Les courtiers d'aujourd'hui sont sûrement moins enclins à gratifier leurs clients de donations spontanées, mais s'il s'agit de leur procurer des renseignements, ils peuvent devenir le meilleur ami du stockpicker. Ils peuvent lui fournir les rapports du Standard & Poor, les lettres d'information boursière, les rapports des sociétés, le Value Line et les analyses de la firme. Laissez-leur vous donner les PER, et les taux de croissance, les montants des participations des institutionnels ou celles des cadres de la société. Ils seront contents de le faire, une fois qu'ils auront réalisé que vous êtes sérieux.

Si vous utilisez votre courtier comme un conseiller, (pratique généralement téméraire, mais qui peut s'avérer valable), alors demandez lui de vous faire ce fameux discours de deux minutes sur les actions qu'il recommande.

Vous devrez probablement le presser de questions, en suivant la liste que j'ai mentionnée précédemment. Et un dialogue du genre :

Le courtier : *Nous recommandons Zayre. C'est une situation spéciale.*

Vous : *Vous pensez sincèrement que c'est bon ?*

Le courtier : *Oui, vraiment.*

Vous : *Parfait, j'achète.*

se transformera en ceci :

Le courtier : *Nous recommandons La Quinta Motor Inns. Elle est sur notre liste d'achats.*

Vous : *Comment classeriez vous cette action ? Cyclique, croissance lente, croissance rapide, ou quoi ?*

Le courtier : *Une valeur à croissance rapide, sans aucun doute.*

Vous : *Très rapide ? Quelle est la croissance actuelle de ses bénéfices ?*

Le courtier : *De mémoire, je ne sais pas. Mais je peux vérifier.*

Vous : *Je vous en serais reconnaissant. Et en même temps, pourriez-vous me donner son PER par rapport à ceux de ces dernières années.*

Le courtier : *Bien sûr.*

Vous : *Pourquoi La Quinta est-il un si bon achat en ce moment ? Où est le marché ? Les hôtels existants sont-ils bénéficiaires ? D'où vient leur expansion ? Quel est leur endettement ? Comment financeront-ils leur croissance sans émettre des nouvelles actions et sans diluer leurs bénéfices ? Les cadres achètent-ils ?*

Le courtier : *Vous trouverez beaucoup de ces renseignements dans le rapport de notre analyste.*

Vous : *Envoyez-moi un exemplaire. Je le lirai et je vous rappellerai. En attendant, j'aimerais aussi un graphique des cours et des bénéfices de ces cinq dernières années. J'aimerais aussi en savoir davantage sur les dividendes; en versent-ils, et l'ont-ils toujours fait ? Trouvez-moi aussi la participation des institutionnels. Et au fait, depuis quand votre firme couvre-t-elle le titre ?*

Le courtier : *C'est tout ?*

Vous : *Je vous donnerai ma réponse quand j'aurai lu le rapport. Peut-être appellerai-je alors la société.*

Le courtier : *N'attendez pas trop longtemps. C'est le bon moment pour acheter.*

Vous : *Là maintenant en octobre ? Rappelez-vous ce que disait Mark Twain : "Octobre est l'un des mois les plus dangereux pour spéculer à la Bourse. Les autres sont juillet, janvier, septembre, avril, novembre, mai, mars, juin, décembre, août et février".*

TÉLÉPHONER A LA SOCIÉTÉ

Les professionnels appellent les sociétés à tout bout de champ, les amateurs, eux, n'y songent jamais. Si vous avez des questions particulières, le service des relations avec les investisseurs est un bon endroit pour obtenir des réponses. Une chose de plus que le courtier pourra faire pour vous : vous obtenir le numéro de téléphone. Beaucoup de sociétés accueilleraient avec joie la chance d'échanger des vues avec le propriétaire de 100 actions. Si c'est une petite société, vous vous retrouverez peut-être en conversation avec le président.

Dans la situation fort improbable d'un accueil glacial, vous pouvez dire que vous êtes à la tête de 20 000 actions et hésitez à doubler votre investissement. Vous mentionnez au passage que ce sont des titres au porteur. Cela devrait réchauffer l'atmosphère. A vrai dire, je ne le recommande pas, mais certaines personnes peuvent songer à mentir, et ont peu de chances de se faire prendre. La société devra vous croire pour les 20 000 actions car les titres au porteur sont en dépôt chez les courtiers.

Avant d'appeler, il est conseillé de préparer ses questions; il n'est pas utile de commencer par : "Pourquoi le cours baisse-t-il ?" Demander d'emblée pourquoi le cours baisse vous classera parmi les néophytes qui ne méritent pas de réponse sérieuse. Dans la plupart des cas, une société n'a pas la moindre idée des raisons qui poussent son action à la baisse.

Les bénéfices peuvent être un bon sujet, mais pour quelque obscure raison, il est malvenu de demander à une société "Combien allez-vous gagner ?", tout aussi malvenu que de demander à un étranger son salaire annuel.

La question sera posée sous une forme plus subtile et plus indirecte: "Quelles sont les estimations de Wall Street pour vos bénéfices de l'an prochain ?"

Comme vous le savez maintenant, il est difficile de prévoir les futurs bénéfices. Même les prédictions des analystes varient très largement, et les sociétés, elles-mêmes, ne sont pas sûres. Les gens de Procter and Gamble en ont une idée assez précise, car avec 82 produits et 100 marques vendus dans 107 pays, les choses ont tendance à s'équilibrer. En revanche, chez Reynolds Metals, on ne pourra rien vous dire, car cela dépend du prix de l'aluminium. Si vous demandez à Phelps Dodge combien ils gagneront l'année prochaine, ils esquiveront la question et vous demanderont si vous connaissez le cours du cuivre.

Ce que vous voulez obtenir, c'est la réaction de la société au script que vous avez essayé de développer. Est-ce qu'il a un sens ? Est-ce qu'il marche ? Demandez si le médicament Tagamet aura un impact significatif sur les profits de SmithKline, cela la société pourra vous le dire. Ils pourront même vous donner les derniers chiffres des ventes de Tagamet.

Y a-t-il vraiment deux mois de retard dans les livraisons de pneus Goodyear, et les prix ont-ils augmenté autant que vous l'avez constaté dans votre quartier ?

Combien de nouveaux Taco Bells ont été construits cette année ? De combien la part de marché de Budweiser (bière américaine) a-t-elle augmenté ? Les usines de Bethleem Steel (aciéries) tournent-elles à pleine capacité ? A combien la société estime-t-elle la valeur de ses chaînes câblées ? Si votre fil conducteur est bien défini, vous saurez quels points vérifier.

Mieux vaut commencer par une question qui montre que vous avez fait vos propres recherches, ainsi : "Je vois dans votre dernier rapport annuel que vous avez réduit votre endettement de 500 millions de dollars. Quels sont vos prochains projets pour le réduire davantage ? Vous obtiendrez une réponse beaucoup plus sérieuse que si vous aviez dit : "Alors, qu'est-ce que vous comptez faire avec votre endettement ?"

Si vous n'avez pas de script, vous pourrez apprendre quelque chose en posant deux questions générales : "Quels sont les éléments positifs cette année" et "quels sont les éléments négatifs ?" Peut-être vous parleront-ils de l'usine de Georgie qui avait perdu 10 millions l'an dernier, mais vient d'être fermée, ou de la division improductive qui a été vendue. Peut-être un nouveau produit va-t-il accélérer le rythme de croissance. En 1987, le bureau de relations avec les investisseurs de Sterling Drug aurait pu vous faire part des récents rapports sur l'aspirine qui avaient poussé les ventes.

Côté négatif, vous apprendrez qu'il y a eu une augmentation des coûts salariaux, que la demande pour l'un des principaux produits est en baisse, qu'un nouveau concurrent est apparu dans le secteur, ou que la baisse (ou la hausse) du dollar érode les bénéfices. Si vous vous adressez à un fabricant de vêtements, peut-être découvrirez-vous que la collection de cette année ne se vend pas et que les stocks augmentent.

A la fin, vous pouvez résumer la conversation : trois points négatifs, quatre points positifs. La plupart du temps, vous entendrez quelque chose qui confirmera ce que vous suspectiez - surtout si vous comprenez le secteur. Mais de temps en temps, il vous arrivera d'apprendre quelque chose d'inattendu - que la situation est meilleure ou pire qu'elle n'en a l'air. L'inattendu peut être très profitable si vous achetez ou vendez des actions.

Au cours de mes recherches, je découvre quelque chose qui sort de l'ordinaire une fois sur dix. Si j'appelle des sociétés déprimées, il apparaît neuf fois sur dix qu'elles ont toutes les raisons de l'être, mais dans le dixième cas, il y aura une nouvelle source d'optimisme qui n'est généralement pas perçue. Le même rapport se retrouve, mais en sens inverse, pour les sociétés soi-disant en grande forme. Sur cent appels, je trouve dix situations surprenantes; sur mille appels, j'en trouve cent.

Ne vous inquiétez pas. Si vous n'êtes pas actionnaire de 1 000 sociétés, vous n'aurez pas 1 000 coups de fil à passer.

LE CROIREZ-VOUS ?

La plupart des sociétés sont honnêtes et sincères dans leurs conversations avec les actionnaires. Toutes réalisent que la vérité finira par triompher, plutôt avant qu'après, dans le prochain rapport trimestriel, aussi rien ne sert de déguiser les faits comme cela se fait quelquefois à Washington.

Durant toutes ces années passées à écouter des milliers de représentants de sociétés me raconter leur version de l'histoire - aussi terrible qu'elle soit - je peux seulement me rappeler quelques rares exemples où je fus délibérément trompé.

Ainsi lorsque vous appelez le service des relations avec les actionnaires, vous pouvez avoir une totale confiance dans les faits qui vous seront livrés. Les adjectifs, néanmoins, pourront varier très largement. Différentes sociétés ont différentes façons de décrire la même scène.

Prenez le secteur textile. Les compagnies textiles existent depuis le dix-neuvième siècle. JP Stevens débuta en 1899, et West Point - Pepperell en 1866 - ce sont parmi les entreprises, l'équivalent des Filles de la Révolution Américaine. Quand vous avez traversé six guerres, dix booms, quinze dépressions et trente récessions, peu de choses arrivent encore à vous enthousiasmer. Vous êtes également assez solide pour admettre facilement l'adversité.

Les chargés des relations avec les actionnaires ont généralement adopté cette attitude d'avant-garde; voilà pourquoi ils vous paraîtront sans enthousiasme quand les affaires marchent très bien, et complètement abattus quand elles sont bonnes. Et si la conjoncture est peu favorable, vous imaginerez, au ton de l'entretien, que les dirigeants sont en train de se pendre à la fenêtre de leur bureau à l'aide de leurs draps de percale.

Imaginons que vous appeliez pour vous enquérir du secteur de la laine peignée. "Médiocre", vous répondra-t-on. Vous posez ensuite des questions sur les chemises polyester-coton, la réponse sera "pas si formidable". "Et la toile de jean ?". "Ah, c'est mieux". Mais lorsqu'ils vous donnent les chiffres, vous réalisez que la société est en pleine forme.

Voilà comment sont les choses dans le textile, en particulier, et dans les industries parvenues à maturité, en général. En observant le même ciel, les gens des secteurs mûrs voient des nuages là où ceux des secteurs plus jeunes voient le soleil.

Prenez le secteur de l'habillement, qui fabrique les produits finis du textile. Ces sociétés ont une vie éphémère et disparaissent à jamais du monde financier. A voir le nombre de faillites, on pourrait penser que c'est un amendement de la Constitution. Eh bien, vous n'entendrez jamais le mot "médiocre" dans la bouche de quelqu'un de ce secteur, même si les ventes sont désastreuses. Le pire que vous entendrez jamais sera un "a priori, pas de problème". Et si les choses sont à priori sans problème, on vous dira que la situation est "fantastique", "incroyable", "fabuleuse" et "extraordinaire".

Dans la technologie et l'informatique, les gens ont ce même enthousiasme. On peut même dire que plus la société est fragile, plus le discours sera optimiste. A entendre ce que racontent les gens de l'informatique, il n'y a jamais eu une seule année en baisse dans toute l'histoire de cette industrie. Bien sûr, pourquoi ne devraient-ils pas être aussi requinqués ? Avec autant de concurrents mieux vaut l'être. Si vous avez l'air de manquer de confiance, un autre beau parleur emportera tous les contrats.

Mais l'investisseur n'a aucune raison de perdre son temps à déchiffrer le vocabulaire des entreprises. Il est plus facile d'ignorer tous les adjectifs.

VISITER LES SIÈGES SOCIAUX

L'un des plus grands plaisirs à être actionnaire est de visiter le siège social de la société que l'on possède. Si elle est dans le voisinage, obtenir un rendez-vous sera facile. Ils sont toujours ravis de proposer un tour au propriétaire de 20 000 actions. Si c'est à l'autre bout du pays, peut-être pourrez vous glisser une visite dans l'emploi du temps de vos vacances. "Fantastique, les enfants, le siège de Pacific Gas and Electric se trouve à 90 kilomètres d'ici. Cela ne vous ennuie pas que je jette un coup d'oeil au bilan pendant que vous faites une petite pause sur la pelouse du parking?" "Très bien, très bien, oubliez ma suggestion".

Lorsque je visite un siège, je recherche surtout une impression de l'endroit. Les faits et les chiffres, eux, peuvent toujours s'obtenir par téléphone. J'ai eu un sentiment positif au siège de Taco Bell; il était niché derrière un bowling. Et quand je vis les dirigeants opérer dans ce sinistre petit bunker, je fus ravi. Visiblement, ils ne gaspillaient pas d'argent pour décorer leurs bureaux.

A propos, ma première question sera : "A quand remonte la dernière visite d'un directeur de fonds ou d'un analyste ?" Si on me répond, "A deux ans, je crois.", je suis en extase. Ce fut le cas de la Meridian Bank - 22 années de bénéfices en progression, un grand record de hausses de dividendes, et ils avaient oublié à quoi ressemblait un analyste.

Cherchez un siège avec l'espoir qu'à défaut d'être caché derrière un bowling, il sera situé dans un quartier miteux où les analystes financiers n'aimeraient pas être vus. Le stagiaire que j'envoyai chez Pep Boys - Manny, Moe & Jack raconta que les chauffeurs de taxis de Philadelphie ne voulurent pas l'y emmener. C'est le détail, parmi tous ceux qu'il me rapporta, qui m'impressionna le plus.

Chez Crown, Cork, and Seal, je remarquai que le bureau du président offrait une vue panoramique sur les chaînes de boîtes de conserve; les sols étaient recouverts d'un linoléum usé, et les meubles encore plus miteux que ceux que j'avais connus dans l'armée. Mais voici une société dont les priorités sont les bonnes, et vous savez ce qui s'est passé avec son titre ? Il a vu son cours multiplié par 280 en trente ans. De jolis bénéfices et un siège social bon marché sont une bonne combinaison.

Alors que dites-vous d'Uniroyal, perché sur une colline du Connecticut comme toutes les écoles huppées ? Je pense que c'était un mauvais signe, et il était inévitable que la société dévale la pente. Les autres signes défavorables consistent en jolis meubles anciens, tissus en trompe-l'oeil, et murs en boiseries. Je l'ai constaté dans plus d'un bureau : s'ils commencent à mettre des arbres en caoutchouc, il est temps de craindre pour les bénéfices.

LE DIRECTEUR DES RELATIONS AVEC LES ACTIONNAIRES

Visiter les sièges sociaux vous donnera aussi l'occasion de rencontrer un ou plusieurs représentants de la société. L'autre façon de les rencontrer est d'assister aux réunions annuelles, pas tant les assemblées formelles que les rencontres informelles. Cela dépend du sérieux avec lequel vous avez entrepris l'affaire mais c'est sûrement votre meilleure chance de développer des contacts utiles.

Cela n'est pas toujours le cas mais il m'arrive de ressentir quelque chose d'intuitif pour une personne de la société qui me donnera un sentiment sur l'avenir du groupe. Quand je suis allé voir Tandon, une entreprise que j'avais écartée d'emblée pour son appartenance au secteur trop chaud des lecteurs de disquettes, j'eus un entretien intéressant avec le directeur des relations avec les investisseurs. Comme tous ses homologues, il était poli, d'aspect irréprochable et parlait bien. Mais quand je jetais un oeil aux statuts de la société, (ceux-ci vous livrent notamment le montant des participations des directeurs, et leurs salaires), je remarquai qu'entre ses actions acquises directement et celles de son plan de participation, mon homme, qui ne faisait pas partie de la société depuis longtemps, valait environ 20 millions de dollars.

Que cette personne soit si prospère grâce à Tandon me semblait trop beau. Le titre avait déjà vu son cours se multiplier par 8 au cours de la période des PER euphoriques. Je réalisai soudain que si le cours de Tandon doublait encore, cet homme vaudrait 40 millions de dollars. Pour que je gagne de l'argent avec ce titre, il faudrait donc qu'il devienne deux fois plus riche, or il était déjà beaucoup plus riche que je ne me l'imaginais. Toute cette histoire n'était pas très réaliste. D'autres raisons me poussèrent à ne pas investir mais cet entretien fut l'élément décisif. Le cours chuta de 35 dollars 1/4 à 1 dollar 1/8 (cours ajusté).

J'eus le même genre de réserves pour le fondateur et principal actionnaire de Televideo que je rencontrai au cours d'un déjeuner à Boston. Il possédait déjà 100 millions de dollars d'une compagnie au PER élevé, et qui officiait dans le secteur très concurrentiel des périphériques*. Je songeai : si je fais des bénéfices avec Televideo, ce type pèsera 200 millions de dollars. Une fois encore ce n'était pas très réaliste. Je refusai d'investir et le titre chuta de 40 1/2 dollars en 1983 à un dollar en 1987.

Je n'ai jamais pu le prouver scientifiquement, mais si vous avez du mal à imaginer comment le représentant d'une société peut encore s'enrichir, il y a de fortes chances pour que vous ayiez raison.

DONNER DES COUPS DE PIED DANS LES PNEUS

Depuis le jour où Carolyn découvrit les collants L'Eggs dans un supermarché, et où je fis connaissance de Taco Bell grâce à un burrito, je continuai à penser que le lèche-vitrines dans les magasins et la dégustation étaient fondamentaux dans toute stratégie d'investissement. Cela n'empêche certainement pas de poser quelques questions clé comme me l'a prouvé l'épisode de Bildner. Mais quand vous développez un scénario, il est rassurant de pouvoir vérifier son issue concrète.

J'avais entendu parler de Toys "R" Us par mon ami Peter de Roeth, mais

* Matériel d'informatique connecté à une unité centrale.

une visite au magasin le plus proche me convaincut vite que cette société savait comment vendre des jouets. Si vous demandiez aux clients s'ils aimaient l'endroit, tous répondaient qu'ils avaient l'intention de revenir.

Avant d'acheter des titres La Quinta, je passai trois nuits dans leurs motels. Avant d'investir dans Pic' N'Save, je m'arrêtai dans un de leurs magasins en Californie et fus impressionné par leurs prix. Leur stratégie consistait à retirer des circuits de distribution traditionnelle des articles qui n'étaient plus fabriqués et à les offrir à des prix soldés.

J'aurais pu obtenir cette information du service des relations avec les investisseurs, mais ce n'est pas la même chose que de voir une bouteille d'eau de Cologne de marque vendue 79 cents, sous les glapissements ravis des clients. Un analyste financier aurait pu me raconter comment Pic' N' Save avait acheté à Campbell's Soup pour des millions de dollars de Lassie Dog Food, un aliment pour chien dont Campbell venait d'arrêter la production, et qu'il avait rapidement revendu avec un énorme bénéfice. Mais la vue de tous ces gens faisant la queue avec des caddies remplis de nourriture pour chiens vous prouve que la stratégie était bonne.

En visitant un nouveau point de vente Pep Boys en Californie, je fus presque sur le point d'acheter un jeu de pneus. Je voulais seulement jeter un coup d'oeil sur l'endroit mais le vendeur était si enthousiaste que je faillis repartir en avion avec mes quatre pneus. C'était peut-être une aberration, mais je songeai qu'avec de tels employés, Pep Boys pouvait vendre n'importe quoi. Aucun doute, c'est ce qu'ils ont fait.

Après les déboires d'Apple Computer et la chute du titre de 60 à 15 dollars, je me demandai si le groupe se remettrait un jour de ses difficultés, et si je devais l'envisager comme une valeur en redressement. Son nouveau modèle "Lisa" et son incursion dans le très lucratif marché professionnel avaient été un échec complet. Mais lorsque ma femme m'expliqua qu'elle et les enfants avaient besoin d'un second Apple à la maison, et lorsque le directeur informatique de Fidelity me précisa que la société achetait soixante nouveaux Macintosh, je compris, A) qu'Apple était toujours populaire dans la micro-informatique familiale et, B) qu'il faisait de nouvelles attaques dans le secteur professionnel. J'achetai un million d'actions et je ne l'ai jamais regretté.

Ma foi en Chrysler sortit considérablement fortifiée de mon entretien avec Lee Iacocca qui me persuada avec une grande conviction d'une reprise de l'industrie automobile, d'une réduction des coûts réussie dans son groupe, et d'une amélioration de sa ligne de voitures. En sortant de son bureau, je remarquai, autre signe d'amélioration, que le parking de la direction était à moitié vide. Mais mon véritable enthousiasme se déchaîna dans la salle d'exposition où je pus m'asseoir dans les nouvelles Lasers, les New Yorkers et les décapotables Le Baron.

Depuis des années, les Chrysler avaient une réputation de voitures de vieux toquard, mais compte tenu des modèles que j'avais devant les yeux, ils avaient sorti le grand jeu, surtout le cabriolet. (Ils avaient enlevé le toit en dur de leur Le Baron traditionnelle).

Je jetai un coup d'oeil sur le "minivan" qui devint rapidement leur plus grand succès de tous les temps, et le L'Eggs des années quatre-vingt. Je sentais que le groupe faisait quelque chose de bien. Plus tard Chrysler agrandit le "minivan" et ajouta quelques chevaux à son moteur. C'était ce que voulaient les consommateurs, et les minivans Chrysler représentent aujourd'hui 3 % des véhicules vendus aux Etats-Unis. J'en achèterai peut-être un dès que mon AMC Concord de 11 ans aura rendu l'âme.

C'est étonnant de constater avec quelle efficacité vous pouvez analyser le secteur automobile dans les parkings des stations de sports d'hiver, des centres commerciaux, des bowlings, ou des églises. Chaque fois que je vois un conducteur assis dans un "minivan" Chrysler ou dans un Ford Taunus (Ford reste l'un de mes plus gros investissements), je lui demande nonchalamment s'il l'aime, depuis quand le possède-t'il, et s' il le recommande. Jusqu'à maintenant, j'ai obtenu 100 % de réponses positives aussi bien pour Ford que pour Chrysler. Pendant ce temps Carolyn arpente les magasins pour analyser The Limited, Pier 1 Imports, et les salades de McDonald's.

Plus le pays devient homogène, plus il y a de chances que ce qui est populaire dans un centre commercial le soit dans les autres. Pensez à toutes les marques et à tous les produits dont vous avez correctement pronostiqué le succès ou l'échec.

Pourquoi alors, n'ai-je pas acheté OshKosh B' Gosh pendant que nos enfants grandissaient dans ces merveilleuses salopettes OshKosh ? Pourquoi me suis-je persuadé de ne pas mettre un sou dans Reebok sous prétexte qu'une amie de ma femme s'était plainte que leurs chaussures lui faisaient mal au pied ? Imaginez ! Rater un 5-bagger parce qu'un voisin fait un mauvais rapport sur un paire de chaussures de tennis. Rien n'est facile dans ce métier.

LIRE LES RAPPORTS

Rien d'étonnant à ce que la majorité des rapports annuels finissent à la poubelle. Le texte sur les pages glacées se lit facilement, mais ne sert généralement à rien, et les chiffres à la fin sont incompréhensibles, or ce sont eux qui sont, soi-disant, importants. Mais il y a un moyen d'en sortir quelque chose en quelques minutes; je n'y passe jamais davantage de temps.

Prenons l'un des derniers rapports annuels de Ford . Il a sur sa couverture une jolie photo de l'arrière d'une Lincoln Continental prise par Tom Wojnowski, et à l'intérieur, un hommage flatteur à Henry Ford II avec une photo de lui, posant devant le portrait de son grand père Henry Ford I. On y trouve aussi un message amical aux actionnaires, un traité sur la culture de l'entreprise, et la mention du parrainage d'une exposition de Beatrix Potter, la créatrice de Peter Rabbit.

Je passe tout cela et vais directement à la page du bilan consolidé imprimé page 27 sur un papier moins luxueux. C'est une règle générale dans les rapports annuels et dans presque toutes les publications: moins le papier est luxueux, plus l'information a de la valeur. Le bilan comprend l'actif puis le passif. Pour moi, c'est critique.

Dans la colonne du haut intitulée Actif réalisable, je remarque que le groupe possède 5,672 milliards de dollars de liquidités plus 4,424 milliards de dollars en titres négociables. En additionnant ces deux chiffres, j'obtiens les liquidités globales du groupe, soit environ 10,1 milliards de dollars. En comparant ce chiffre à celui de 1986 dans la colonne de droite, je constate que Ford a rempli son bas de laine. C'est un signe infaillible de prospérité.

Puis je me penche sur la seconde moitié du bilan, à la ligne qui précise "dettes à long terme". Là je remarque qu'elles atteignent 1,75 milliard de dollars, beaucoup moins que l'année précédente. La réduction de l'endettement est aussi un signe de prospérité. Lorsque les liquidités augmentent par rapport à l'endettement, c'est un bilan qui s'améliore. Si c'est le contraire, c'est un bilan qui se détériore.

En soustrayant l'endettement à long terme des liquidités, je trouve 8,35 milliards de dollars, c'est la position nette de Ford. Les liquidités et actifs liquides excèdent l'endettement de 8,35 milliards de dollars. Si les liquidités excèdent l'endettement, c'est une situation très favorable. Quoi qu'il advienne, Ford ne va pas faire faillite.

Peut-être auriez-vous remarqué l'endettement à court terme de 1,8 milliard de dollars. Dans mes calculs, je l'ignore. Les puristes peuvent bien s'énerver, pourquoi se compliquer la vie inutilement ? Je suppose simplement que les autres actifs du groupe (stocks etc...) ont suffisamment de valeur pour couvrir cette dette à court terme, et j'en reste là.

Une fois sur deux, l'endettement à long terme est supérieur aux liquidités, celles-ci ont fondu et les dettes ont augmenté : la société a une position financière fragile. Fragile ou solide, c'est tout ce que vous voulez savoir à l'issue de ce rapide exercice.

Ensuite, je passe au résumé financier de ces dix dernières années, page 38, pour avoir une vision sur dix ans. Je découvre qu'il existe 511 millions d'actions. Je constate aussi que ce nombre s'est réduit depuis deux ans. Cela signifie que Ford a racheté ses propres actions; c'est un autre point positif.

En divisant les 8,35 milliards de dollars de liquidités et d'actifs liquides par les 511 millions d'actions en circulation, j'en conclus qu'à chaque action Ford correspond 16,30 dollars de liquidités nettes. Vous verrez au chapitre suivant pourquoi c'est important.

Ensuite je passe à ... mais déjà cela se complique. Si vous ne voulez pas vous livrer à cet exercice, et que vous préférez lire le laïus sur Henry Ford, alors demandez à votre courtier si Ford rachète ses actions, si les liquidités excèdent l'endettement, et combien de liquidités correspondent à chaque titre !

Soyons réalistes. Je ne vais pas vous emmener dans un jeu de l'oie à travers les sentiers de la comptabilité. Il y a quelques chiffres importants qui vous aideront à suivre les sociétés, et si vous pouvez les trouver dans les rapports annuels, tant mieux. Si vous ne pouvez pas, vous les obtiendrez dans les rapports du S&P, par votre courtier ou dans Value Line.

Value Line est plus facile à déchiffrer qu'un bilan, aussi si vous n'en avez jamais vu, commencez par là. Vous y trouverez les liquidités et l'endettement, un résumé des dernières années qui vous indiquera ce qui s'est passé durant la dernière récession. Il vous dira si les bénéfices grimpent, si les dividendes ont toujours été versés etc... En conclusion, ils évaluent la force financière de la société sur une échelle de 1 à 5, ce qui vous donne une vague idée de sa résistance face à l'adversité.

Pour l'instant je mets de côté le rapport annuel. Considérons plutôt les chiffres importants les uns après les autres, indépendamment, plutôt que de se battre pour les dénicher.

CHAPITRE TREIZE

CES FAMEUX CHIFFRES

Voici, dans le désordre, différents chiffres qu'il est utile de remarquer :

LE POURCENTAGE DES VENTES

Si je m'intéresse à une société pour un de ses produits en particulier - comme L'eggs, Pampers, Bufferin ou le plastique Lexan - la première chose à savoir est ce que pèse ce produit dans la société en question. Quel pourcentage des ventes représente-t-il ? L'eggs a fait bondir le titre d'Hanes car Hanes est de taille relativement petite. Pampers était plus rentable que L'eggs, mais n'a pas eu autant d'impact sur le gigantesque Procter and Gamble.

Imaginons que vous ayiez été enthousiasmé par le plastique Lexan, et que vous ayiez appris qu'il était fabriqué par General Electric. Vous découvrez ensuite grâce à votre courtier, ou par le rapport annuel si vous pouvez le suivre, que la division des plastiques fait partie de la division matériaux, et que cette division toute entière ne représente que 6,8 % du chiffre d'affaires total de General Electric. Ainsi, même si Lexan est le prochain Pampers, cela n'aura guère d'incidence pour les actionnaires de GE. Pensez à cela et demandez-vous si quelqu'un d'autre fabrique du Lexan, ou bien mettez une croix dessus.

LE RATIO COURS / BENEFICE - LE PER

Nous en avons déjà parlé, mais voici une indication supplémentaire utile: le PER d'une société évaluée à son juste prix est équivalent à son taux de croissance. Je parle cette fois-ci de la croissance des bénéfices. Comment peut-on trouver cela? Demandez à votre courtier quel est le taux de croissance comparé au PER.

Si le PER de Coca Cola est 15, vous vous attendez à ce que la société ait une croissance annuelle de 15 %, etc... Mais si le PER est inférieur au taux de croissance, vous avez peut-être déniché une bonne affaire. Une société avec, disons une croissance de 12 % et un PER de 6 est une opportunité très engageante. En revanche une société avec une croissance annuelle de 6 % et un PER de 12 est une perspective sans intérêt qui risque fort d'anticiper une chute. En général, un PER qui atteint la moitié du taux de croissance est très positif, l'inverse est très négatif. Nous utilisons constamment cette comparaison dans nos analyses pour les fonds.

Si votre courtier ne peut pas vous indiquer le taux de croissance annuelle d'une société, vous pouvez le trouver vous même en prenant le bénéfice dans Value Line ou dans un rapport du Standard & Poor's et en calculant la progression par rapport à l'exercice précédent. De cette façon, vous aurez un autre moyen de juger si une action est surévaluée ou non. Quant au futur taux de croissance, vous pouvez le deviner aussi bien que moi.

Une formule un peu plus compliquée permet également de comparer les taux de croissance et les bénéfices en tenant aussi compte des dividendes. Trouver le taux de croissance (celui de la société X est 12 %), ajouter les dividendes (X paie 3 %) et diviser par le PER (celui de X est 10). 12+3 divisé par 10 est égal à 1,5.

S'il est inférieur à 1, c'est faible. 1,5 c'est bien, mais vous êtes surtout à la recherche d'un 2 ou mieux que 2. Une société avec un taux de croissance de 15 %, distribuant 3 % de dividendes et au PER de 6 aurait un fabuleux 3.

LES LIQUIDITÉS

Nous venons de parler de Ford et de ses 8,35 milliards de liquidités nettes. Quand une société est assise sur des milliards de liquidités, vous devez absolument le savoir.

Voilà pourquoi : le cours de Ford a grimpé de 4 dollars en 1982 à 38 début 1988 (cours ajusté). Entre temps, j'ai acheté mes 5 millions d'actions. A 38 dollars, j'avais déjà fait un profit considérable et les choeurs de Wall Street chantaient depuis deux ans que le titre était surévalué. De nombreux conseillers expliquaient que cette compagnie automobile cyclique avait lancé son dernier hourra et que son prochain mouvement serait une baisse. Je faillis vendre plusieurs fois.

Mais en jetant un coup d'oeil sur le rapport annuel, j'avais enregistré que Ford avait engrangé 16,30 dollars par action.

Comme je l'ai dit dans le chapitre précédent, pour chaque action Ford que je possédais, il y avait un bonus de 16,30 dollars juste là, tout comme une merveilleuse réduction cachée.

Ce bonus de 16,30 dollars changeait tout. Cela signifiait que je n'achetais pas une compagnie automobile à 38 dollars l'action, cours de l'époque, mais pour 21,70 dollars (38 dollars - 16,30 dollars en liquide). Les analystes estimaient que l'activité automobile procurerait un bénéfice de 7 dollars par action, ce qui au cours de 38 dollars donne un PER de 5,4, mais à celui de 21,70 dollars le rabaisse à 3,1.

Un PER de 3,1 est un chiffre terriblement tentant, cycle ou pas cycle. Peut-être n'aurais-je pas été impressionné si Ford était une société médiocre ou si les gens n'appréciaient pas leurs derniers modèles. Mais Ford est une grande société, et les gens adorent leurs récentes voitures et camions.

L'histoire des liquidités m'a persuadé de m'accrocher au titre, et depuis, il a encore grimpé de 40 %.

Je savais aussi, et vous pouviez trouver ce renseignement à la page 5 du rapport annuel - toujours dans les pages glacées faciles à lire, que les services financiers du groupe - Ford Crédit, First Nationwide, U.S Leasing, et autres - avaient eux mêmes rapporté en 1987 un bénéfice de 1,66 dollars par action. Pour Ford Credit qui à lui seul y a contribué pour 1,33 dollars, "c'était la 13ème année consécutive de croissance des bénéfices".

En appliquant un PER hypothétique de 10 au bénéfice des sociétés financières de Ford (c'est un chiffre classique pour ce secteur), j'estimai la valeur de ces filiales à 10 fois les 1,66 dollars, soit 16,60 dollars par action. Ainsi, pour un cours de 38 dollars, vous aviez déjà 16,30 dollars de liquidités, et 16,60 dollars représentant la valeur du secteur financier, ainsi le secteur automobile ne vous coûtait que 5,10 dollars par action. Or cette activité était censée rapporter 7 dollars par action. Ford était-il risqué ? A 5,10 dollars l'action, c'était une aubaine, et ce, bien que le titre ait déjà décuplé depuis 1982.

Boeing est une autre valeur riche en liquidités. Début 1987, le titre valait à peine 40 dollars, mais avec 27 dollars de liquidités, vous achetiez la société pour 15 dollars. Je pris une faible position sur Boeing début 1988, puis la consolidais fortement - en partie à cause de ses liquidités, mais aussi à cause son important carnet de commandes.

Bien évidemment, les liquidités ne font pas toujours pencher la balance. La plupart du temps, il n'y en a pas assez pour s'en soucier. Schlumberger en a beaucoup, mais pas tant que cela par action. Bristol Myers en a 1,6 milliard de dollars pour un faible endettement de 200 millions de dollars, soit un ratio impressionnant, mais divisées par 280 millions d'actions ordinaires, 1,4 milliard de dollars de liquidités (après soustraction des dettes) se résument à 5 dollars par action. Or 5 dollars comptent peu lorsque l'action s'achète 40 dollars. Si le titre tombe à 15 dollars, cela vaudra la peine.

Il est toujours conseillé de jeter un coup d'oeil sur les liquidités pendant vos recherches. On ne sait jamais quand on va tomber sur un Ford.

Puisque nous évoquons le sujet, qu'est-ce que Ford va bien pouvoir faire de son trésor de guerre ? Le butin s'accumulant, les spéculations sur son utilisation peuvent entraîner son cours. Ford a augmenté son dividende et racheté ses actions à un rythme acharné, mais a continué, en dépit de tout cela, à amasser des milliards. Certains investisseurs se demandent si Ford va risquer son argent sur ce que vous savez, mais jusqu'à présent, le groupe est resté prudent en matière d'acquisitions.

Il possède d'ores et déjà une société de crédit et un organisme de plan d'épargne-logement, et détient le contrôle de Hertz Rent A Car. Il a fait une offre modeste sur Hughes Aerospace et elle fut refusée. TRW pourrait raisonnablement créer une synergie; c'est un important producteur mondial de pièces détachées pour voitures également présent dans certains secteurs électroniques. Il pourrait également devenir le premier fournisseur d'airbags. Mais si Ford acquiert Merrill Lynch ou Lockheed (les deux noms ont circulé), viendra-t-il enrichir la longue liste des "dipiresifications" ?

LE FACTEUR D'ENDETTEMENT

Combien une société doit-elle, et combien possède-t-elle ? Endettement contre fonds propres. C'est le genre de choses qu'un banquier voudra savoir, pour juger si vous êtes un emprunteur à risques.

Un bilan ordinaire a deux côtés. Côté gauche, vous trouverez les actifs (stocks, effets à recevoir, usine, équipement, etc...). Le côté droit, lui, montre comment ces actifs sont financés. Un moyen rapide de mesurer la force financière d'une société consiste à comparer les actifs à l'endettement sur le côté droit du bilan.

Or ce ratio est facile à déterminer. Si vous prenez le bilan de Ford dans son rapport annuel, vous verrez que les capitaux propres se montent à 18,492 milliards de dollars. Quelques lignes plus haut, vous pouvez lire que l'endettement à long terme atteint 1,7 milliard de dollars. Il existe aussi un endettement à court terme, mais comme je vous l'ai dit, je n'en tiens pas compte. S'il y a assez de liquidités - voir à la deuxième ligne - pour couvrir ces dettes à court terme, ne vous en souciez pas.

Un bilan normal aura 75 % de capitaux propres pour 25 % d'endettement. Le ratio de Ford est un énorme 18 milliards de dollars contre 1,7, soit

91 % de fonds propres et moins de 10 % d'endettement. C'est un très bon bilan. On en trouve des meilleurs avec 1 % d'endettement pour 99 % de fonds propres. En revanche, un mauvais bilan peut avoir jusqu'à 80 % d'endettement pour 20 % de fonds propres.

Pour les sociétés en redressement, ou celles à problème, je prête une attention très spéciale au facteur d'endettement. Plus que tout autre indice, c'est lui qui détermine quelles sociétés survivront ou déclareront faillite en cas de crise. Les jeunes sociétés avec un lourd endettement sont toujours risquées.

Un jour, j'examinais deux valeurs technologiques un peu déprimées, GCA et Applied Materials. Toutes deux produisaient de l'équipement électronique - des machines pour fabriquer des puces. Ce sont de ces secteurs très techniques qu'il vaut mieux éviter, et ces sociétés l'ont prouvé en trébuchant. Fin 1985, le titre GCA chuta de 20 à 12 dollars. Pire, celui d'Applied Materials fondit de 16 à 8 dollars.

Mais dans ces deux cas la situation n'était pas la même. Lorsque CGA rencontra des problèmes, son endettement se montait à 114 millions de dollars, principalement sous forme de crédit bancaire. J'expliquerai ceci plus tard. Ses liquidités n'étaient que de 3 millions de dollars et la majorité des actifs consistait en 73 millions de dollars de stocks. Dans l'électronique, les choses changent si vite qu'un stock de 73 millions de dollars peut, l'année suivante, n'en valoir que 20.

Quant à Applied Materials, il avait seulement 17 millions de dollars d'endettement et 36 millions de liquidités. Lorsque le secteur des composants électroniques se redressa, Applied Materials rebondit de 8 à 36 dollars, mais GCA n'était plus là pour profiter de la reprise. L'une des sociétés fit faillite et fut rachetée pour 10 cents l'action, pendant que le titre de l'autre grimpa en flèche, et fut multiplié par 4. Le fardeau d'endettement a fait la différence.

C'est la nature de la dette, autant que son montant, qui, dans une crise, dissocie les vainqueurs des vaincus. Il y a dette bancaire et dette obligataire.

Une dette bancaire (la pire espèce, et en l'occurrence celle de GCA) doit être remboursée sur demande. Elle n'est pas nécessairement issue d'une banque. Elle peut aussi prendre la forme de billets de trésorerie, soit un emprunt fait par une société à une autre société pour des courtes périodes. La chose importante, c'est qu'il doit être remboursé très vite et devient quelquefois même "exigible immédiatement". Le prêteur peut donc exiger son argent au premier signe défavorable. Et si l'emprunteur ne peut s'exécuter, les créditeurs dépouillent alors la société, et il ne reste rien pour les actionnaires.

La dette obligataire (la meilleure du point de vue de l'actionnaire) n'est pas exigible, quelle que soit la situation, tant que l'emprunteur continue à verser des intérêts. L'emprunt peut ne pas être échu avant 15, 20 ou 30 ans. Cette dette prend souvent la forme d'obligations privées à longue échéance. Celles-ci peuvent être plus ou moins bien notées par les agences de notation, cela dépend de la santé financière de la société mais, quoi qu'il arrive les obligataires ne peuvent pas demander le remboursement immédiat de la même façon qu'une banque. Il arrive même que le remboursement des intérêts soit différé. La dette obligataire donne aux sociétés le temps de se tirer d'affaire, si nécessaire. Dans les notes de bas de page d'un rapport annuel typique, la société donne la décomposition de son endettement, les intérêts versés, et les dates d'échéance.

Quand j'évalue une société en redressement comme Chrysler, je regarde autant la structure de l'endettement que son montant. Tout le monde savait que Chrysler avait des problèmes d'endettement. Dans le fameux plan de redressement, l'élément clé était un emprunt de 1,4 milliard de dollars garanti par le gouvernement en échange de stock options. Il se trouve que le gouvernement a vendu plus tard ses stocks options avec un joli bénéfice mais, à l'époque, c'était difficile à prévoir. Vous pouviez en revanche prédire que cet arrangement donnait à Chrysler une bonne marge de manoeuvre.

Je remarquai aussi que Chrysler possédait 1 milliard de dollars de liquidités, et qu'il venait de vendre sa division de tanks à General Dynamics pour 336 millions de dollars supplémentaires. Bien sûr, le groupe perdait alors un peu d'argent, mais les liquidités et la structure du prêt gouvernemental laissaient entendre que les banquiers ne fermeraient pas l'endroit avant un an ou deux.

Aussi, si vous pensiez comme moi que l'industrie automobile allait revivre de beaux jours, que Chrysler avait fait d'importantes améliorations, devenant un producteur à moindre coût dans son secteur, alors vous pouviez croire à la renaissance du groupe. Ce n'était pas aussi risqué que le laissaient entendre les journaux.

Micron Technology - voilà une autre société qui fut sauvée de l'oubli par la structure de son endettement. Fidelity y possédait une part importante. C'était une merveilleuse société de l'Idaho qui fit irruption chez nous, titubant sur sa dernière jambe, victime du ralentissement d'activité dans le secteur des puces à mémoire, et du dumping des japonais sur le marché des DRAM. Micron leur fit un procès, assurant qu'en aucun cas les japonais ne pouvaient produire des puces à moindre coût qu'eux-mêmes, et que, par conséquent ils les vendaient à perte pour évincer leurs concurrents. Micron eut gain de cause. Pendant ce temps, les principaux producteurs américains disparurent à l'exception de Texas Industries et de Micron. La survie de ce dernier était alors menacée par une lourde dette bancaire et l'effondrement de son titre de 40 à 4 dollars. Son dernier espoir était de vendre des obligations convertibles en actions. Cela lui permettait de lever suffisamment de capitaux pour effacer sa dette bancaire et échapper aux problèmes passagers, le nouvel emprunt ne venant à échéance que dans plusieurs années. Fidelity souscrit largement à ces obligations convertibles. Et lorsque le secteur des puces à mémoire retrouva son tonus, permettant à Micron de renouer avec des bénéfices, le titre rebondit de 4 à 24 dollars et Fidelity s'octroya un joli profit.

LES DIVIDENDES

"Savez-vous quelle est la seule chose qui me procure du plaisir ? C'est de voir arriver mes dividendes".

John D. Rockefeller - 1901

Les investisseurs désireux d'avoir un revenu supplémentaire privilégient souvent les sociétés qui distribuent des dividendes sur celles qui ne le font pas. Trouver un chèque dans son courrier est bien commode, même pour John D. Rockefeller. Mais le vrai problème, à mes yeux, c'est que le dividende, ou l'absence de dividende, affecte la valeur d'une société, et donc, à terme son cours.

Le fonds du conflit entre la direction d'une société et ses actionnaires, à propos des dividendes est comparable à celui de certains parents avec leurs enfants au sujet des "trust funds" (méthode de transmission de patrimoine aux Etats-Unis). Les enfants préfèrent une distribution rapide, alors que les parents aiment mieux contrôler l'argent de leurs enfants pour un plus grand bénéfice de ces derniers.

Le meilleur argument en faveur des sociétés qui distribuent des coupons serait de dire que celles qui n'en paient pas ont souvent la triste réputation de gaspiller leur argent dans de stupides "dipiresifications". A ma connaissance, c'est arrivé suffisamment de fois pour que je commence à croire à la théorie de la vessie exposée par Hugh Liedtke, le président de Pennzoil. Plus une trésorerie se remplit de liquidités, plus la pression grandissante la poussera à "pisser". Liedtke fit sa première apparition sous les projecteurs de l'actualité lorsqu'il transforma Pennzoil, une petite compagnie pétrolière en un concurrent sur qui désormais compter. La seconde fois, il gagna un procès de 3 milliards de dollars contre Texaco (le Goliath) alors que tout le monde annonçait déjà que Pennzoil (le David) serait perdant.

On se rappellera désormais de la fin des années soixante, évoquées plus haut, comme les "années Vessie". Aujourd'hui encore, de nombreux présidents de société ont une tendance à "pisser" leurs gains sur des aventures au sort funeste, mais c'est moins fréquent qu'il y a vingt ans.

Autre argument en faveur des sociétés distributrices de coupons : l'existence d'un dividende atténue la chute du cours. Durant le raz-de-marée de 1987, les sociétés avec de généreux dividendes souffrirent moins que les autres et leurs titres baissèrent de moins de la moitié de la chute moyenne du marché. Voici pourquoi j'aime garder dans mon portefeuille quelques piliers et même des valeurs de faible croissance. Pour un cours de 20 dollars, un dividende par action de 2 dollars vous donne un rendement de 10 %, mais imaginez que le titre chute à 10 dollars, vous vous retrouvez avec un rendement de 20 %. Il suffit que les investisseurs soient assurés du maintien d'un bon rendement pour qu'ils achètent l'action pour cette seule raison. Cela pose un plancher sous le cours. Les blue chips avec un long passé de dividendes en hausse sont celles vers qui affluent les actionnaires dans toutes les crises.

Mais une fois encore, les petites sociétés qui ne versent pas de dividendes ont des chances de grossir plus vite, grâce à cela, justement. Elles réinvestissent leurs gains dans leur croissance. Si ces sociétés s'introduisent en bourse, c'est précisément pour financer leur expansion sans s'alourdir d'une dette auprès d'une banque. Pas un instant, je n'hésiterai à choisir une société agressive à croissance rapide plutôt qu'une société sans imagination traditionnellement généreuse.

Les compagnies d'électricité et de téléphone sont celles qui paient le plus de dividendes. Durant les périodes de faible croissance, elles n'ont pas besoin de construire d'usines ou de développer leur équipement, et leurs liquidités s'amoncellent. A l'inverse, durant les périodes de forte croissance, les dividendes servent de leurres pour attirer les énormes capitaux qu'exige la construction d'une usine.

Consolidated Edison a découvert qu'il pouvait acheter de l'énergie supplémentaire au Canada, aussi pourquoi gaspiller de l'argent sur de nouveaux et coûteux générateurs, et du temps pour les faire approuver et construire ? Parce qu'aujourd'hui il n'est pas confronté à de gros investissements, Con Ed amasse des centaines de millions de dollars de liquidités, rachète ses actions à outrance, et ne cesse d'augmenter son dividende.

General Public Utilities, désormais remise de sa mésaventure de Three Miles Island, a atteint le même niveau de développement que Con Ed il y a dix ans. Lui aussi rachète ses actions et augmente son dividende.

EST-CE PAYANT ?

Si vous avez l'intention d'acheter une valeur pour son dividende, vérifiez que la société sera capable de le verser en cas de récession ou de période difficile. Pourquoi pas Fleet-Norstar, autrefois Industrial National Bank, qui n'a cessé d'en distribuer depuis 1791 ?

Si une société à faible croissance omet son dividende, vous voilà dans l'embarras : il ne vous reste qu'une entreprise bien paresseuse sans grand intérêt.

Votre meilleur pari sera une société ayant derrière elle vingt ou trente années de hausse régulière de ses dividendes. Des valeurs comme Kellogg ou Ralston Purina n'ont pas réduit leurs coupons - ne parlons même pas de les supprimer - durant ces trois dernières guerres et huit récessions; voilà ce que vous aimeriez posséder si vous croyez aux dividendes. Southmark, lourdement endettée, n'offrira jamais la même assurance qu'un Bristol-Myers à peine endetté. D'ailleurs, après les récentes pertes de Southmark dans l'immobilier, son cours plongea de 11 à 3 dollars et le dividende fut supprimé. Les cycliques ne sont pas toujours fiables en matière de dividende : Ford supprima le sien en 1982 et le cours chuta en dessous de 4 dollars (cours ajusté), le plus bas en 25 ans. Tant que Ford ne perd pas ses liquidités, une suppression de ses dividendes n'est plus à craindre aujourd'hui.

LA VALEUR COMPTABLE

On fait aujourd'hui très attention à la valeur comptable, peut-être parce que c'est un chiffre très facile à trouver. Vous le trouverez partout. Des programmes informatiques assez courants vous donnent instantanément le nombre d'actions cotées en dessous de leur valeur comptable. Bon nombre les achètent sous prétexte qu'en achetant 10 dollars un titre dont la valeur comptable est 20 dollars, on l'obtient à moitié prix.

Ils ont tort car cette valeur comptable a souvent peu de rapport avec la véritable valeur de la société. Dans la plupart des cas, elle la surpasse largement ou reste très en dessous de la réalité.

Penn Central avait une valeur comptable de 60 dollars par action au moment de sa banqueroute !

Fin 1976, Alan Wood Steel avait une valeur comptable de 32 millions de dollars, soit 40 dollars par action. Malgré cela le groupe se plaça sous la protection du chapitre 11, six mois plus tard. Sa nouvelle installation de production d'acier, estimée à 30 millions de dollars, était mal organisée et certains défauts opérationnels la rendirent pratiquement inutilisable. Afin de rembourser ses dettes, l'usine fut cédée à Lukens Corp. pour une somme d'environ 5 millions de dollars, et le reste fut probablement vendue par pièces détachées.

Une société textile peut avoir un entrepôt rempli de tissu dont personne ne veut. Estimé à 4 dollars le mètre dans les livres, ils auraient du mal à s'en débarrasser pour 10 cents. Là aussi, il existe une règle : plus vous êtes proche d'un produit fini, moins il est facile de prévoir sa valeur de revente. Vous connaissez le prix du coton, mais qui peut être certain de celui d'un tee-shirt en coton orange ? Vous savez combien vous revendrez une barre de métal, mais que vaut un lampadaire ?

Regardez ce qui est arrivé quand Warren Buffet, le plus avisé des investisseurs, décida de fermer l'usine textile de New Bedford, l'une de ses toutes premières acquisitions. La direction espérait bien tirer quelque chose de la vente des métiers à tisser inscrits pour 866 000 dollars dans la comptabilité. Or, au cours d'une vente aux enchères, ils furent adjugés 26 dollars chacun - moins que le prix du transport. Ce qui valait 866 000 dollars sur papier rapporta à peine 163 000 dollars en argent palpable.

Si les activités textiles avaient représenté l'intégralité de Berkshire Hathaway, le groupe de Buffet, le scénario aurait été parfait pour attirer les fins limiers. "Regarde ce bilan, Harry. Les métiers à tisser représentent 5 dollars par action, et le titre vaut 2 dollars. Ne ratons pas cette occasion". Mieux valait pourtant l'ignorer car une fois les métiers à tisser mis à la décharge, le titre aurait plongé à 20 cents.

Les actifs surévalués, côté gauche du bilan, sont d'autant plus traîtres que la colonne de droite s'orne de nombreuses dettes. Admettons qu'une société affiche 400 millions de dollars d'actifs et 300 millions de dettes, soit une valeur comptable positive de 100 millions de dollars. Vous savez que l'endettement est un chiffre bien réel. Mais si les 400 millions d'actifs ne rapportent que 200 millions dans une vente de liquidation, alors la valeur comptable sera négative de 100 millions de dollars. La société vaut moins que rien.

C'est à peu près ce qui est arrivé aux malheureux investisseurs de Radice, une société immobilière de Floride listée au New York Stock Exchange. A 10 dollars, l'action était attirante car les actifs en représentaient 50. Mais la plupart de ces actifs n'étaient qu'illusion grâce aux lois étranges de la comptabilité américaine dans l'immobilier qui veulent que les intérêts dûs soient considérés comme un "actif" tant que le projet n'est pas achevé et vendu. Très bien si les projets en question sont des succès, mais Radice ne trouva pas d'acquéreurs pour beaucoup des siens et ses créditeurs (des banques) réclamèrent leur argent. Les actifs, côté gauche, disparurent mais le passif subsista. Le titre tomba à 75 cents. Quand la véritable valeur d'une société est moins 7 dollars, et qu'il y a assez de personnes pour s'en rendre compte, cela ne favorise pas son cours. Je devrais le savoir. Magellan avait une importante participation.

DAVANTAGE D'ACTIFS CACHÉS

Si l'on est souvent confronté à une surévaluation des actifs, on peut trouver la même proportion du phénomène inverse. C'est là où vous découvrirez les plus grands jeux d'actifs. Des sociétés qui possèdent des ressources naturelles - de la terre, du bois, du pétrole ou des métaux précieux - portent ces actifs sur leur bilan à une fraction de leur véritable valeur. En 1987, par exemple, Handy and Harman, un fabriquant de produits en métal précieux affichait une valeur comptable de 7,83 dollars par action; il possédait notamment d'importants stocks d'or, d'argent et de platine. Or ces stocks étaient évalués au prix qu'Handy and Harman avait payé au moment de leur achat - c'était peut-être il y a trente ans. Au cours actuel (6,40 dollars l'once pour l'argent, 415 dollars pour l'or), ils valent au moins 19 dollars par action.

Avec un cours aux environs de 17 dollars, moins que la valeur des métaux, est-ce un joli jeu d'actifs ? Notre ami Buffet le crût. Il conserva une forte participation dans Handy and Harman pendant plusieurs années, mais l'action ne bougea guère. Les bénéfices étaient erratiques et le plan de diversification ne fut pas très convaincant. Vous connaissez bien les plans de diversification.

On a annoncé récemment que Warren Buffet cédait sa participation. Jusqu'à présent, c'est bien son seul mauvais investissement et ce malgré des actifs cachés. Mais si l'or et l'argent s'envolent un jour, l'action suivra. Outre ces deux métaux, il existe de nombreuses espèces d'actifs cachés. Des grands noms comme Coca-Cola ou Robitussin possèdent des trésors qu'on ne trouve pas dans leurs bilans. Même chose pour les médicaments brevetés, les franchises de câbles, les chaînes de télévision et de radio: les actifs sont portés à leur prix d'achat, puis amortis jusqu'à ce qu'ils disparaissent de la colonne gauche du bilan. Je vous a déjà parlé de Pebble Beach, un merveilleux jeu d'actifs dans l'immobilier. Je ne me pardonnerai jamais de l'avoir manqué. Mais dans l'immobilier, on en trouve à foison : les sociétés de chemin de fer en sont le meilleur exemple. Burlington Northern, Union Pacific, et Santa Fe Southern Pacific ne se contentent pas de posséder de vastes terrains, mais ceux-ci sont inscrits dans leur comptabilité pour presque rien.

Avec 1,3 million d'acres, Santa Fe Southern Pacific est le premier propriétaire terrien de la Californie qui s'étend sur 100 millions d'acres. Dans tout le pays, il possède 3 millions d'acres répartis sur 14 états, soit quatre fois la taille de l'état de Rhode Island. Je connais un autre exemple, une compagnie de chemins de fer dans le sud-est, CSX. En 1988, CSX a vendu à l'état de Floride un droit de passage de 80 miles. La terre avait une valeur comptable quasinulle et le passage était évalué à 11 millions de dollars. Dans le contrat, la société conservait l'utilisation du passage hors des heures de pointe; aussi les revenus du transport à ces heures continuaient à tomber et la vente rapporta 264 millions de dollars après impôts. Vous parlez d'un gâteau !

Il vous arrivera peut-être de tomber sur une compagnie pétrolière dont le stock enfoui depuis quarante ans est toujours estimé à son prix d'acquisition qui remonte à l'administration de Teddy Roosevelt. Le pétrole, lui, vaut plus que le cours actuel de toutes les actions. Il pourrait vendre la raffinerie à la casse, licencier tous les employés, et faire la fortune des actionnaires en 45 secondes en vendant le pétrole. Ce n'est pas difficile de vendre du pétrole. Cela l'est plus de vendre des robes - tout le monde se moque de savoir si c'est du pétrole de cette année ou de l'année dernière, ou s'il est fuchsia ou parme.

Il y a deux ans la Channel 5 de Boston se vendit autour de 450 millions de dollars - c'était un prix normal. Pourtant, à l'origine, quand la chaîne obtint sa licence, cela dut probablement lui coûter 25 000 dollars pour remplir les papiers nécessaires, peut-être un million pour la tour et 1 ou 2 autres millions pour le studio. Le tout valait sur le papier 2,5 millions de dollars, puis ces 2,5 millions ont été amortis. Au moment de sa vente, cette société avait probablement une valeur comptable 300 fois trop basse.

Maintenant que la chaîne a changé de propriétaires, la nouvelle valeur comptable sera basée sur les 450 millions de dollars du prix de vente, et l'anomalie disparaîtra. Si vous payez 450 millions de dollars pour une station de télévision qui dans les livres en vaut 2,5 millions, la comptabilité appellera les 447,5 millions de différence, le "goodwill". Dans la nouvelle comptabilité, le "goodwill" sera porté comme un actif, et, sera éventuellement, à son tour, amorti. Et de nouveau, créera un jeu d'actifs en puissance.

La méthode de comptabilité du "goodwill" fut transformée après les années 60, quand de nombreuses sociétés surévaluaient leurs actifs. Maintenant c'est l'inverse. Coca-Cola Enterprises, la nouvelle société créée par Coca-Cola pour ses opérations de mise en bouteilles porte ainsi 2,7 milliards de dollars de "goodwill" dans ses registres. Ces 2,7 milliards représentent le prix payé pour les franchises de mise en bouteille et n'inclut pas le coût des usines, des stocks et de l'équipement. C'est la valeur intangible des franchises.

D'après la nouvelle réglementation comptable, Coca-Cola Enterprises devra réduire ce goodwill à zéro dans les quarante prochaines années, alors qu'en réalité la valeur de ces franchises augmente chaque année. En payant pour ce goodwill, Coca-Cola Enterprises punit ses bénéfices. En 1987, le groupe afficha 63 cents, en fait, il avait gagné 50 cents supplémentaires qui servirent à réduire la dette du goodwill. Non seulement Coca-Cola Enterprises est plus performant qu'il ne paraît, mais l'actif caché grossit chaque jour.

On trouve aussi des trésors cachés dans les médicaments que personne d'autre n'a la droit de fabriquer avant dix-sept ans, et si le propriétaire parvient à lui apporter une légère amélioration, il peut garder son brevet dix-sept années supplémentaires. Dans les livres, ces merveilleux brevets peuvent ne rien valoir. Lorsque Monsanto racheta Searle, il s'offrit Nutra Sweet. Nutra Sweet est protégé encore quatre ans et restera précieux même au-delà, mais Monsanto l'amortit au détriment des bénéfices. Dans quatre ans Nutra Sweet apparaîtra comme un zéro sur le bilan de Monsanto.

Comme pour Coca-Cola Enterprises, lorsque Monsanto amortit quelque chose au détriment des bénéfices, ces derniers sont minimisés. Si la société enregistre un bénéfice par action de 10 dollars mais en consacre 2 à amortir Nutra Sweet, par exemple, on peut penser que le jour où cet amortissement prendra fin, ses bénéfices augmenteront de 2 dollars.

Ajoutons que Monsanto étend sa recherche et son développement de la même façon, et qu'un jour les dépenses cesseront, les nouveaux produits seront mis sur le marché et les bénéfices exploseront. Si vous le comprenez, vous avez un énorme atout.

On trouve des actifs cachés dans les filiales, intégralement ou partiellement détenues, par une importante maison-mère. Nous avons déjà fait le tour de Ford. Il y a aussi UAL, la très diversifiée maison-mère de United Airlines avant la brève période où elle s'appelait Allegis. L'analyste chargé des compagnies aériennes chez Fidelity l'avait repéré. UAL possédait Hilton International: 1 milliard de dollars, Hertz Rent A Car (cédé par la suite à un groupe, où Ford était majoritaire) : 1,3 milliard, Westin Hotels : 1,4 milliard et enfin un système de réservation de voyages valant 1 milliard de dollars. Après soustraction de l'endettement et des impôts, ces actifs valaient beaucoup plus que le prix de l'action UAL. L'actionnaire gagnait en prime l'une des plus grosses compagnies aériennes du monde.

On trouve encore des actifs cachés lorsqu'une société détient des actions d'une autre société - c'est le cas de Raymond Industries avec Teleco Oilfield Services. Les connaisseurs savaient que chaque action Raymond à 12 dollars comprenait 18 dollars de Teleco. Les bons élèves ont acheté Raymond et ont ainsi obtenu Teleco pour moins six dollars, les mauvais élèves ont acheté Teleco 18 dollars. Ce genre de choses arrive très fréquemment.

Si ces dernières années, vous vous intéressiez à DuPont, il était plus intéressant d'acheter Seagram car il se trouve que ce dernier détient 20 % des actions ordinaires de DuPont. Seagram était devenu un jeu d'actifs. De la même façon, Beard Oil (devenu Beard Company) coté 8 dollars, incluait 12 dollars d'une société appelée USPCI. Dans cette transaction vous pouviez gagner Beard, ses installations pétrolières et son équipement pour moins 4 dollars.

Il arrive que le meilleur moyen d'investir dans une société soit de trouver sa maison-mère étrangère. Je sais que c'est plus facile à dire qu'à faire, mais si vous avez le moindre accès aux sociétés européennes, vous pourrez tomber sur des situations incroyables. Les sociétés européennes sont généralement mal suivies par les analystes, et il se peut qu'elles ne le soient pas du tout. J'ai découvert cela lors d'un voyage d'étude en Suède, où Volvo et quelques autres géants étaient couverts par une seule personne qui n'avait même pas d'ordinateur.

Lorsqu'Esselte Business Systems fut introduit aux Etats-Unis, j'achetai des titres et continuai à suivre ses fondamentaux qui étaient excellents. George Noble qui préside aux destinées de notre "Overseas Fund" me suggéra d'aller voir la maison-mère en Suède. C'est là que je découvris que l'on pouvait acheter des actions de la maison-mère moins cher que celles de la filiale américaine, avec en prime de nombreux secteurs attirants - et bien sûr de l'immobilier. Alors que le titre américain grimpait gentiment, le cours en Suède avait doublé en deux ans.

Si vous avez suivi l'histoire des supermarchés Food Lion, peut-être avez-vous découvert que le Belge Del Haize en détenait 25 % or, Food Lion, seul, vaut beaucoup plus que le prix d'une action Del Haize. Là aussi, en devenant actionnaire de Del Haize, vous receviez gratuitement de jolies exploitations en Europe. J'acquis l'action européenne pour Magellan et elle bondit de 30 à 120 dollars alors que Food Lion n'enregistra qu'un modeste gain de 50 %.

Revenons aux Etats-Unis. En ce moment vous pouvez acheter les titres de quelques compagnies de téléphone avec un bonus dans le téléphone cellullaire.

Pour conclure, les réductions d'impôt s'avèrent de merveilleux actifs cachés pour les sociétés en redressement. Quand Penn Central émergea de sa banqueroute, le crédit d'impôt dû à ses anciennes pertes lui permit de ne pas être imposé sur les millions de bénéfices des exploitations qu'il était sur le point d'acquérir. A cette époque, l'impôt sur les bénéfices des sociétés était de 50 %, ce qui permettait à Penn Central d'acheter une société et d'en doubler immédiatement les bénéfices, simplement parce que ceux-ci ne sont pas imposables. Le redressement de Penn Central porta l'action de 5 dollars en 1979 à 29 en 1985.

Bethleem Steel a actuellement 1 milliard de dollars de pertes à reporter, un actif très précieux si la société achève sa convalescence. Cela signifie que le prochain milliard de bénéfices que Bethleem Steel fera aux Etats-Unis ne sera pas imposé.

LE CASH FLOW

Le cash flow (ou marge brute d'autofinancement) est la somme d'argent qu'une société encaisse en faisant des affaires. Toutes les sociétés encaissent de l'argent mais certaines en dépensent plus que d'autres pour en encaisser.

C'est la différence critique qui fait de Philip Morris un investissement fiable, et d'une valeur sidérurgique un investissement irrégulier.

Admettons que Pig Iron Inc. vende l'intégralité de ses stocks de lingots pour 100 millions de dollars. C'est bien. Mais Pig Iron devra dépenser 80 millions de dollars pour moderniser ses fourneaux. C'est moins bien. Car la première année où Pig Iron omettra de dépenser ces 80 millions de dollars pour l'amélioration de ses fourneaux, il perdra des affaires au profit de concurrents plus efficaces. Dans les cas où vous devrez dépenser de l'argent pour gagner de l'argent , vous n'irez pas très loin.

Philip Morris n'a pas ce problème, Pep Boys ou McDonald's non plus. Voilà pourquoi je préfère les sociétés qui n'ont pas à ce soucier de dépenses d'investissement. L'argent qui rentre n'a pas besoin de lutter contre celui qui sort. C'est tout simplement plus facile pour Philip Morris de gagner de l'argent que ce ne l'est pour Pig Iron Inc.

Bon nombre de gens utilisent les chiffres du cash flow pour évaluer les actions. Exemple : si une action vaut 20 dollars et a un cash flow annuel de 2 dollars par titre, le ratio est de 10 contre 1, c'est la moyenne. Un rendement de 10 sur les liquidités correspond sans problème au 10 % de récompense minimum que l'on peut attendre d'un investissement à long terme. Une action de 20 dollars et un cash flow de 4 dollars par action vous offre un rendement de 20 %, c'est fantastique. Et s'il vous arrive de trouver une action de 20 dollars avec un cash flow de 10 dollars, hypothéquez votre maison, et achetez toutes les actions que vous pourrez.

Ne vous enlisez pas dans ces calculs. Mais si un jour on vous conseille une action pour son cash flow, assurez vous qu'on vous parle bien de cash flow libre. Le cash flow libre est celui qui reste après soustraction des dépenses d'investissement. C'est l'argent que vous avez encaissé et que vous n'avez pas besoin de dépenser. Pig Iron Inc. aura beaucoup moins de cash flow libre que Philip Morris.

Il m'arrive de temps en temps de tomber sur une société aux bénéfices modestes qui s'avère un très bon investissement grâce à son cash flow libre. Il s'agit la plupart du temps d'une société bénéficiant d'une importante allocation de dépréciation pour des équipements anciens qui n'ont pas besoin d'être remplacés dans l'immédiat. La société profite des déductions fiscales (l'amortissement de l'équipement est déductible) mais dépense le minimum pour moderniser et rénover.

Coastal Corporation illustre bien les vertus du cash flow libre. D'après les critères habituels, la société était normalement cotée à 20 dollars. Un bénéfice de 2,50 dollars par action lui conférait un PER de 8, normal également pour un producteur de gaz assorti d'une société de pipe-lines. Au-delà de cette occasion au demeurant sans originalité, se cachait une merveille.

Coastal avait emprunté 2,45 milliards de dollars pour acquérir une grande société de pipe lines, American Natural Ressources. L'avantage des pipelines, c'est que leur maintenance ne réclame pas beaucoup d'investissement. Après tout, un pipe-line ne demande guère de soin. Il ne bouge pas. Peut-être au pire creusera-t-on pour réparer quelques trous, mais le reste du temps il est bel et bien sous terre. Et pendant toutes ces années il est amorti.

Le cash flow global de Coastal dans un environnement défavorable atteignait 10 à 11 dollars par action, 7 après avoir soustrait les investissements. Ces 7 dollars par action représentent le cash flow libre. D'après la comptabilité, cette société pouvait ne rien gagner pendant les dix prochaines années, et les actionnaires engrangeraient le bénéfice de ce flux annuel, soit un rendement de 70 dollars sur un investissement de 20 dollars. Le cash flow seul conférait à cette action un fort potentiel de hausse.

Les chercheurs d'actifs fanatiques rêvent d'une telle situation : une entreprise banale sans grand avenir, beaucoup de cash flow libre, et des propriétaires qui ne tentent pas de se développer. Pourquoi pas une société de crédit-bail avec quelques conteneurs de chemins de fer de douze ans d'âge ? Tout ce qu'elle cherche à faire est de réduire son activité de conteneurs tout en essayant d'en tirer le maximum d'argent. Dans les dix prochaines années, la direction réduira l'usine, retirera graduellement ses containers et amassera de l'argent. Peut-être arriveront-ils ainsi à générer 40 millions de dollars contre 10 auparavant. C'est impossible dans l'informatique, car les prix baissent si vite que les vieux stocks ne conservent pas leur valeur assez longtemps pour en tirer quelque chose.

LES STOCKS

Dans la section intitulée “discussion de la direction sur les bénéfices”, vous trouverez une note détaillée sur les stocks. Je vérifie toujours si les stocks s'accumulent. S'il s'agit d'un fabricant ou d'un détaillant, c'est mauvais signe. Quand les stocks progressent plus vite que les ventes, c'est un signal.

Il existe deux méthodes fondamentales de comptabilité pour calculer la valeur des stocks, LIFO et FIFO. On dirait les noms d'une paire de caniches, pourtant LIFO signifie “last in, first out” (dernier rentré, premier sorti) et FIFO “first in, first out” (premier rentré, premier sorti). Si Handy and Harman a acheté de l'or à 40 dollars l'once, il y a trente ans, et à 400 dollars hier, et qu'il le revend 450 dollars l'once aujourd'hui, quel sera son bénéfice ? D'après LIFO, ce sera 50 dollars (450 moins 400) mais d'après FIFO ce sera 410 dollars (450 moins 40).

Je pourrai m'étendre mais c'est inutile. Il existe deux autres méthodes très utilisées, GIGO (garbage in, garbage out : poubelle rentrée, poubelle sortie) et FISH (first in, still here : premier rentré, encore là). C'est ce qui arrive à beaucoup de stocks.

Quelle que soit la méthode en vigueur, il est possible de comparer la valeur LIFO ou FIFO d'une année à celle de l'année précédente pour déterminer s'il y a eu augmentation ou diminution de la valeur des stocks.

Il m'est arrivé un jour de visiter une société d'aluminium qui avait stocké tant de matériel invendu qu'il était empilé jusqu'au plafond et avait envahi une grande partie du parking des employés. Lorsque les employés doivent se garer ailleurs pour permettre aux stocks d'être rangés, c'est le signe évident d'un excès de stock.

Une société peut toujours se vanter d'une hausse de 10 % de ses ventes; mais si les stocks, eux, augmentent de 30 %, mieux vaut vous dire: “Attends une minute. Peut-être auraient-ils du solder ces choses et s'en débarrasser. Ils risquent d'avoir un problème l'an prochain, et un plus gros l'année d'après. Leurs nouveaux produits vont faire concurrence aux anciens, et les stocks vont s'entasser de plus en plus haut jusqu'à ce qu'ils soient obligés de baisser leurs prix, ce qui signifiera moins de bénéfices”.

Dans une société automobile, une accumulation de stocks n'est pas si problématique car une nouvelle voiture a toujours une certaine valeur et le fabricant n'aura pas besoin de trop baisser les prix pour la vendre. Une Jaguar de 35 000 dollars ne sera pas bradée à 3 500 dollars. En revanche une mini jupe violette à 300 dollars démodée peut ne pas se vendre 3 dollars.

L'inverse peut cacher des signes d'encouragement; si une société a connu des difficultés, l'épuisement de ses stocks devient le signe avant-coureur d'un redressement. Il est difficile pour des amateurs et des néophytes d'apprécier la valeur des stocks et ce qu'elle signifie, mais les investisseurs ayant un atout dans tel ou tel secteur sauront s'en servir. Ce n'était pas le cas il y a encore cinq ans, mais les sociétés américaines doivent désormais publier leur bilan dans leur rapport trimestriel aux actionnaires, ce qui permet de suivre les variations des stocks.

LES PLANS DE RETRAITE

De plus en plus, les sociétés récompensent leurs employés par des stock options et des avantages de retraite. Les investisseurs ont donc tout intérêt à en peser les conséquences. Les entreprises ne sont pas obligées d'avoir des plans de retraite mais si c'est le cas, elles doivent se plier à la réglementation fédérale. Et, comme pour les obligations, elles doivent les honorer. Dans les plans d'intéressement, il n'existe aucune obligation : pas de bénéfices, pas d'intéressement.

Que la société fasse faillite et cesse ses activités, elle doit continuer à payer ses plans de retraite. Avant d'investir dans une société en redressement, je vérifie qu'elle n'est pas accablée par des obligations de cette sorte qu'elle ne saurait honorer. Je regarde plus précisément si les actifs des fonds de pension excèdent les engagements envers le personnel. USX affiche des actifs de 8,5 milliards de dollars et des engagements de 7,3 milliards de dollars : pas de problème. En revanche, Bethleem Steel a 2,3 milliards de dollars d'actifs pour 3,8 milliards d'engagements, soit un déficit de 1,5 milliard. Un lourd handicap si la situation financière de Bethleem Steel venait à se dégrader. Il est probable que le marché sanctionne son titre jusqu'à ce que le problème des retraites soit éclairci. Avant, il fallait subodorer le problème; aujourd'hui le rapport annuel fournit toutes les informations nécessaires.

LE TAUX DE CROISSANCE

Que la "croissance" soit synonyme d'expansion est une des idées fausses les plus répandues à la bourse; elle conduit souvent les gens à passer à côté de fortes croissances bien réelles comme celle de Philip Morris. Vous ne la remarquerez pas dans son secteur - aux Etats-Unis, la consommation de cigarettes évolue à un rythme annuel de moins 2 %. Pourtant les fumeurs étrangers ont repris le flambeau. Un allemand sur quatre fume des Marlboro produites par Philip Morris et le groupe affrète chaque semaine des 747 remplis de Marlboro pour les Japonais. Ces ventes à l'étranger ne suffisent pourtant pas à expliquer le succès phénoménal de Philip Morris. La véritable clé, c'est l'aptitude du groupe à baisser ses coûts de production et surtout à augmenter ses prix. Le seul taux de croissance qui compte véritablement, ce sont les bénéfices.

Philip Morris a réduit ses coûts grâce à des machines plus efficaces pour rouler ses cigarettes. Et pendant ce temps, le secteur augmente ses prix chaque année. Si les coûts augmentent de 4 %, la société peut augmenter ses prix de 6 %, et sa marge bénéficiaire gagne 2 %. Cela peut vous paraître dérisoire mais si votre marge bénéficiaire tourne autour de 10 % (c'est le cas de Philip Morris) l'accroître de 2 % revient à augmenter les bénéfices de 20 %.

Procter and Gamble réussit à faire "croître" les bénéfices de ses papiers hygiéniques en les transformant progressivement. On leur ajouta des stries, on les rendit plus doux et on en réduisit lentement le nombre de feuilles de 500 à 350. On taxa ensuite ce rouleau moins épais de plus "moelleux". Ce fut la manoeuvre de réduction la plus intelligente jamais vue.

Si vous trouvez une société qui parvienne à augmenter ses prix chaque année sans perdre de clients (un produit comme les cigarettes, dont on est dépendant, fait fort bien l'affaire), vous avez dans les mains un investissement extraordinaire.

Vous n'arriverez pas à augmenter vos prix comme Philip Morris, dans le prêt à porter ou le fast-food; c'est la faillite assurée. Philip Morris, lui, devient de plus en plus riche et ne trouve plus assez de moyens d'investir les liquidités qui s'amoncellent. Le groupe n'a pas besoin d'investir dans des hauts fourneaux et ne dépense pas de grosses sommes pour de petites productions. Mieux encore, le groupe a vu largement réduire ses coûts lorsque le gouvernement a interdit la publicité télévisée pour les cigarettes ! Il y eut un temps où le trésor de guerre était tel que les actionnaires ne furent même pas touchés par la "dipiresification".

Philip Morris acquit Miller Brewing et obtint des résultats médiocres. Il réitéra son exploit avec General Foods, puis avec Seven Up, nouvelle source de déceptions. Rien de tout cela ne fit chanceler le titre. Le 30 octobre 1988, le groupe annonçait la signature de l'accord définitif du rachat pour 13 milliards de dollars de la société de produits alimentaires conditionnés Kraft. En dépit de la facture (20 fois les bénéfices de Kraft en 1988), le titre ne fléchit que de 5 %, le marché reconnaissant que le très puissant cash flow du géant effacerait cette dette en cinq ans. Seule une cascade de conclusions malheureuses aux procès qui opposent Philip Morris aux familles de victimes du tabagisme pourraient renverser ce mouvement.

Avec quarante années de progression consécutive des bénéfices, il serait normal que son PER atteigne 15 ou plus; seule la crainte des procès et d'une publicité désobligeante pour les fabricants de cigarettes en général, éloigne bon nombre d'investisseurs. Cette sorte de situation très émotionnelle est très prisée par ceux qui recherchent des occasions. J'en fais partie. Les chiffres ne pourraient être plus parlants. Aujourd'hui vous pouvez encore acheter ce champion de la croissance pour un PER de 10, soit la moitié de son taux de croissance.

Une chose encore sur le taux de croissance : si tous les autres éléments sont à égalité, mieux vaut acheter 20 fois ses bénéfices (un PER de 20) une société au taux de croissance de 20 % que 10 fois ses bénéfices (un PER de 10) une société au taux de croissance de 10 %. Cela peut vous paraître ésotérique, mais il faut bien comprendre ce qui arrive aux bénéfices des sociétés à forte croissance qui puisse propulser leur cours. Observez le fossé qui se creuse entre les bénéfices de deux sociétés, l'une à la croissance de 20 %, l'autre de 10 %, toutes deux partant d'un bénéfice par action d'un dollar.

	Société A (taux de croissance des bénéfices de 20 %)	Société B (taux de croissance des bénéfices de 10 %)
Année de base	$ 1 par action	$ 1 par action
1ère année	1,20	1,10
2ème année	1,44	1,21
3ème année	1,73	1,33
4ème année	2,07	1,46
5ème année	2,49	1,61
7ème année	3,58	1,95
10ème année	6,19	2,59

Au début de notre exercice, l'action de la société A vaut 20 dollars (20 fois le bénéfice de 1 dollar), et atteint à la fin 123,80 dollars (20 fois le bénéfice par action de 6,19 dollars). Le titre de la société B vaut 10 dollars la première année (10 fois le bénéfice par action de 1 dollar) et termine au cours de 26 dollars (10 fois les 2,60 dollars de bénéfice). Même en admettant que le PER de la société A soit réduit de 20 à 15, parce que les investisseurs doutaient qu'elle puisse soutenir un tel rythme de croissance, son cours atteindra 92,85 dollars la 10ème année. Mieux valait de toute façon investir dans celle-là.

Si nous avions accordé à la société A un taux de croissance de 25 %, 10 années de bénéfices auraient abouti à un bénéfice par action de 9,31 dollars; même avec un PER traditionnel de 15, cela donne un cours de 139 dollars. Vous remarquerez que je n'ai pas pris l'exemple d'une société dont le rythme de croissance atteignait 30 %. Il est difficile de soutenir un tel rythme trois années consécutives, ne parlons pas de dix.

En un mot, c'est la clé des "big-baggers". Cela explique pourquoi des sociétés avec des taux de croissance de 20 % peuvent vous faire gagner le gros lot, surtout après plusieurs années. Que des Wal-Mart ou des The Limited grimpent aussi vite en dix ans n'a rien d'accidentel. C'est la loi arithmétique de la progression des bénéfices.

LA DERNIÈRE LIGNE

Aujourd'hui, où que vous alliez, vous entendrez une allusion à "la dernière ligne". "Qu'est-ce que la dernière ligne ?" est un refrain commun aux sports, aux affaires et même à la Cour. Alors, qu'est-ce vraiment ? C'est le tout dernier nombre d'un compte d'exploitation : le bénéfice après impôts.

Le bénéfice d'une entreprise est le grand incompris de notre société. Un jour au cours d'un exposé dont j'étais le témoin, on demanda à des étudiants de deviner combien une société gagnait sur chaque dollar encaissé. La plupart avança 20 à 40 %. Ces dernières décades, la vraie réponse se rapproche plutôt de 5 %. Le bénéfice avant impôts - ou bénéfice brut - est un outil que j'utilise très souvent dans mon analyse d'une société. C'est ce qui lui reste de ses ventes annuelles après déduction de ses coûts, y compris la dévaluation et les intérêts qu'elle a payés. En 1987, les ventes de Ford se montèrent à 71,6 milliards de dollars, et le bénéfice brut à 7,38 milliards de dollars soit une marge bénéficiaire avant impôt de 10,3 %. Les revendeurs ont des marges bénéficiaires plus faibles que les fabricants - une chaîne de supermarchés et de pharmacies aussi extraordinaire qu'Albertson's n'a qu'une marge brute de 3,6 %. En revanche, celle de sociétés qui produisent des médicaments très rentables comme Merck atteint communément 25 %, ou plus.

Rien ne sert de comparer les marges bénéficiaires dans des secteurs différents car les chiffres sont trop dissemblables. Il est plus utile de comparer celles de sociétés d'un même secteur. Celle qui peut se vanter de la plus grande marge bénéficiaire est par définition celle qui a les moindres coûts de production, c'est donc celle qui aura le plus de chances de survivre si l'environnement dans son secteur se détériore.

Admettons que la société A ait une marge nette de 12 % contre 2 %

pour la société B. Imaginons maintenant que leur secteur souffre d'un ralentissement et que toutes deux soient obligées de casser leurs prix de 10 % pour vendre leurs marchandises. Les ventes baissent d'autant. La société A voit sa marge descendre à 2 % mais reste bénéficiaire, tandis que la société B est rentrée dans le rouge avec un déficit de 8 %. Elle devient candidate à la liste des espèces en voie de disparition.

Sans pour autant s'embourber dans les détails techniques, la marge bénéficiaire nette est un facteur supplémentaire à considérer pour évaluer la résistance d'une société dans les temps difficiles.

Cela se complique car, en cas de revirement à la hausse, si les affaires reprennent, ce sont les sociétés avec les plus petites marges qui deviennent les grands bénéficiaires.

Regardons ce qui arrive à nos deux sociétés dans les deux hypothèses suivantes, avec un chiffre d'affaires de 100 dollars :

Société A				
Status quo		*L'environnement s'améliore*		
CA:	$ 100	CA :	$ 110	(hausse des prix de 10 %)
Coûts:	$ 88	Coûts :	$ 92,40	(+ 5 %)
Bénéfice brut:	$ 12	Bénéfice brut:	$ 17,60	
Société B				
Status quo		*L'environnement s'améliore*		
CA :	$ 100	CA :	$ 110	(+ 10 %)
Coûts :	$ 98	Coûts :	$ 102,90	(+ 5 %)
Bénéfice brut:	$ 2	Bénéfice brut:	$ 7,10	

En période d'amélioration, les bénéfices de A ont augmenté de 50 % mais ceux de B ont plus que triplé. Voilà pourquoi des entreprises déprimées au bord du gouffre peuvent devenir de grandes gagnantes si elles rebondissent. Cela arrive sans arrêt dans les secteurs automobile, chimique, papetier, dans les compagnies aériennes, les sidérurgiques, les électroniques et les industries de métaux non ferreux. Un tel potentiel existe aussi dans des activités souvent déprimées comme les maisons de retraite, les producteurs de gaz naturel et une bonne partie du commerce de détail.

Ce que vous cherchez, c'est une valeur à la marge bénéficiaire suffisamment haute pour pouvoir la conserver durant les bons et les mauvais jours, mais suffisamment basse en cas de redressement.

Chapitre Quatorze

UNE NOUVELLE VÉRIFICATION DE L'HISTOIRE

Plusieurs fois par an, il est utile de vérifier l'histoire de la société. Cela impliquera la lecture du dernier Value Line, d'un rapport trimestriel, ou encore une petite enquête sur les bénéfices. Seront-ils à la hauteur des estimations ? Cela impliquera aussi une visite des magasins afin de vérifier si les produits sont toujours attirants, et s'il y règne une certaine prospérité. A-t'on de nouvelles cartes en main ? Quand il s'agit de valeurs à forte croissance, il faut vous demander ce qui pourra encore maintenir cette croissance.

Il existe trois phases de croissance dans la vie d'une société : la phase de départ pendant laquelle elle prend ses marques; la phase d'expansion rapide où elle conquiert de nouveaux marchés; puis la phase de maturité, également connue sous le nom de phase de saturation, où elle se prépare aux lendemains difficiles et a du mal à grandir. Chacune de ces phases peut durer plusieurs années. La première est la plus risquée pour l'investisseur car le succès de la société n'est pas encore établi. La seconde est la plus sûre et aussi celle de l'argent qui afflue, car la société grandit en reproduisant sa formule à succès. La troisième, enfin, est la plus problématique, car l'entreprise bute dans ses propres limites. Il lui faut trouver d'autres moyens de faire des bénéfices.

En vérifiant régulièrement une valeur, vous cherchez à déterminer si la société passe d'une phase à l'autre. Regardez Automatic Data Processing, cette entreprise qui sous-traite les bulletins de salaires, vous verrez qu'elle n'a même pas commencé à saturer le marché; elle est donc encore en phase deux.

Lorsque Sensormatic développait son système de détection des vols, boutique après boutique, (la seconde phase) le titre grimpa de 2 à 40 dollars mais la limite fut atteinte : il n'y avait plus de nouvelles boutiques à démarcher. Ils furent incapables d'élaborer de nouvelles façons de maintenir leur élan, et l'action retomba de 42 1/2 dollars en 1983 à 5 5/8 dollars en 1984. En voyant ce moment s'approcher, il vous fallait découvrir quels étaient les nouveaux plans et s'ils avaient une chance réaliste d'aboutir.

Une fois que Sears avait fleuri dans toutes les grandes métropoles, où pouvait-il encore aller ? Une fois The Limited positionné dans 670 des 700 centres commerciaux les plus courus, c'était fini pour eux. Arrivé à ce point la seule chose qu'il leur restait à faire était d'attirer plus de clients dans leurs boutiques existantes : l'histoire avait déjà changé. Quand le groupe racheta Lerner et Lane Bryant, vous pouviez deviner qu'ils ne savaient pas vraiment quoi faire. En phase deux, ils auraient investi tout leur argent dans leur propre développement.

Une fois Wendy's installé à côté de chaque McDonald's, leur unique moyen de grandir était de prendre les clients de McDonald's. Où Anheuser-Busch peut-il encore se développer s'il a déjà conquis 40 % du marché de la bière? Même le meilleur spot télévisé ne pourra convaincre 100 % du pays de boire de la Bud et il y aura toujours quelques citoyens pour refuser de commander une Bud légère même s'ils sont zappés par des lasers ou kidnappés par des extra-terrestres. Un jour ou l'autre Anheuser-Busch ralentira et son cours comme son PER se verront réduits d'autant.

A moins qu'Anheuser Busch n'imagine de nouveaux moyens de se développer, comme l'a fait McDonald's. Il y a dix ans, les investisseurs craignaient que l'incroyable expansion de McDonald's n'appartienne déjà au passé. Où que vous portiez votre regard, il semblait y avoir une franchise de McDonald's, et le PER était déjà passé de 30, celui d'une forte croissance, à 12, celui d'un pilier. Mais, malgré ce manque de confiance (de 1972 à 1982 le titre n'a cessé d'osciller), les bénéfices demeurèrent importants. McDonald's réussit à maintenir son rythme de croissance avec beaucoup d'imagination. Ils commencèrent à installer les drive in* qui représentent aujourd'hui un tiers de l'activité totale. Puis ils introduisirent le petit déjeuner qui ajouta une toute autre dimension aux ventes, et cela à une heure où les restaurants étaient déserts. Avec un moindre coût, le petit déjeuner augmenta de 20 % le chiffre d'affaires des restaurants. Il y eut ensuite les salades et le poulet qui non seulement gonflèrent les bénéfices mais mirent fin à la dépendance du groupe vis à vis du marché du boeuf. Les gens s'imaginent qu'une hausse des prix du boeuf tuerait McDonald's, mais ils pensent sûrement au McDonald's d'hier.

Alors que la construction de nouvelles franchises s'essoufflait, McDonald's a prouvé qu'il pouvait croître à l'intérieur de ses propres murs. Il a su également se développer rapidement dans les pays étrangers, et il faudra des dizaines d'années avant qu'un McDonald's ne fleurisse à chaque coin de rue d'Angleterre

* Guichets d'où l'on peut faire sa commande, payer et emporter son repas sans sortir de sa voiture.

ou d'Allemagne. En dépit d'un PER faible, tout n'est pas fini pour McDonald's.

En achetant presque n'importe quelle société de l'industrie du câble, vous auriez vu une série de poussées de croissance : premièrement des installations rurales, deuxièmement de chaînes payantes comme HBO, Cinemax, Disney Channel, etc..., troisièmement des installations urbaines, quatrièmement, des royalties de certains programmes comme Home Shopping Network** (le câble touche une part sur chaque vente) et enfin de l'introduction de la publicité payante qui a un grand potentiel. L'histoire de base devient de mieux en mieux.

Texas Air est un bon exemple d'histoire qui s'est aggravée, puis s'est améliorée avant de s'aggraver à nouveau, le tout dans une période de cinq ans. Je pris en 1983 une petite participation, juste le temps de voir Continental Air, le principal actif du groupe, se détériorer et finir au chapitre 11. Le titre de Texas Air chuta de 12 à 4 3/4 dollars, et, Continental Air dont Texas Air possédait la majorité du capital, trébucha à 3 dollars. Je gardai un oeil sur la situation en vue d'un redressement éventuel. Texas Air réduisit ses coûts; Continental reconquit ses clients et revint de loin. Devant la force de ces améliorations, je pris une importante participation dans les deux sociétés. En 1986, les titres avaient tous deux triplé.

En février 1986, Texas Air annonçait le rachat d'une importante participation dans Eastern Airlines qui fut bien accueillie. En un an, Texas Air voyait son cours tripler à nouveau pour atteindre le sommet de 51 1/2 dollars, soit un 10-bagger depuis qu'il avait résolu ses problèmes en 1983.

Malheureusement, ce fut à cette époque que l'intérêt que je portai à l'avenir de ce groupe se mua en auto-satisfaction, et, parce que les bénéfices potentiels de Eastern et de Texas Air étaient extraordinaires, j'omis de prêter attention à des réalités plus proches. Lorsque Texas Air acquit le restant du capital de Continental, je fus forcé de réaliser plus de la moitié de ma position ainsi que certaines obligations convertibles en actions Continental. Ce fut un coup de chance et j'en tirai un joli bénéfice. Mais au lieu de vendre le restant de mes actions Texas Air et de donner une fin heureuse à toute cette histoire, j'achetai davantage d'actions à 48 1/4 dollars en février 1987. Compte tenu du bilan médiocre de Texas Air (le total des dettes des compagnies aériennes doit dépasser celle de plusieurs pays en voie de développement) et compte tenu de l'aspect cyclique de ces compagnies, pourquoi étais-je en train d'acheter et non pas de vendre ? Je portais des oeillères et ne voyais que la hausse du cours. Je me laissai prendre à la dernière histoire, embellie de Texas Air, alors que les fondamentaux se désagrégeaient.

** l'équivalent de Télé Achat.

La dernière histoire, embellie, était la suivante : Texas Air tirait les bénéfices de sa réduction d'effectifs, et donc d'une masse salariale réduite. En plus de ses intérêts dans Eastern, il venait de racheter Frontier Air et People's Express et comptait les ressusciter de la même façon que Continental. L'idée était bonne : reprendre des compagnies en difficulté, réduire leurs coûts; les gros bénéfices suivront.

Qu'advint-il ? Comme Don Quichotte, j'étais si aveuglé par la promesse que j'en oubliai que je montais un canasson. Je me concentrai sur les prédictions d'un bénéfice par action de 15 dollars pour 1988, ignorant les signaux d'alarme qui s'illustraient quotidiennement dans les journaux : bagages perdus, horaires sabotés, arrivées retardées, clients furieux, et salariés mécontents chez Eastern.

Comme un restaurant, une compagnie aérienne est une affaire précaire. Quelques mauvaises soirées suffisent à ruiner une bonne réputation patiemment bâtie en un demi-siècle. Eastern et Continental connurent plus que quelques mauvaises soirées. Les pièces ne s'emboîtaient pas facilement. Les grincements de dents chez Eastern étaient les symptômes d'un fossé de plus en plus large entre la direction et les différents syndicats sur les salaires et les avantages. Les syndicats ne lâchèrent pas prise.

Les bénéfices de Texas Air commencèrent à se détériorer dès le début de 1987. Il était question de réduire de 400 millions de dollars les dépenses de fonctionnement d'Eastern, mais j'aurais dû me rappeler que cela n'avait pas encore été fait et qu'il y avait une forte chance que cela n'arrive jamais.

Les contrats existants ne devaient pas expirer avant plusieurs mois et en attendant les deux partis étaient en désaccord complet. Je finis par revenir à la raison et commençai à vendre mes titres au cours de 17-18 dollars. Il chuta à 9 dollars avant la fin de l'année 1987. Il me reste quelques actions, je reste donc à l'écoute.

Je n'ai pas seulement commis l'erreur de ne pas me retirer de Texas pendant l'été 1987 quand les graves problèmes avec Eastern devinrent manifestes, et promirent de perdurer en 1988, mais j'aurais dû en outre utiliser cette information fondamentale pour choisir un autre gagnant : Delta Airlines. Delta étant le principal concurrent d'Eastern, il devait être le premier à bénéficier des problèmes de fonctionnement de celui-ci, et de ses projets de réduire définitivement sa taille. J'en détenais quelques actions mais Delta aurait dû figurer parmi mes dix premières participations. Le titre grimpa de 48 à 60 dollars pendant l'été 1987. En octobre, il retomba à 35 dollars, à la fin de l'année il n'atteignait que 37 dollars. Au milieu de 1988 il était remonté en flèche à 55 dollars. Des milliers de personnes qui voyagaient sur Eastern et Delta pouvaient voir les mêmes choses que moi, et utiliser leur atout d'amateur.

CHAPITRE QUINZE

LES VÉRIFICATIONS FINALES

Toute cette recherche dont je vous ai parlé ne nécessite guère plus de deux heures pour chaque action. Plus vous en savez, mieux c'est, mais vous n'êtes pas obligé de téléphoner à la société. Vous n'êtes pas obligé non plus d'étudier de rapport annuel avec la même concentration qu'un historien examine un manuscrit de la Mer Morte. Certains des "fameux chiffres" ne s'appliquent qu'à certaines catégories d'actions, et peuvent être ignorés le reste du temps.

Voici en résumé ce que vous aurez besoin de savoir dans chacune des six catégories :

Toutes sortes d'actions

- Le PER. Il sera élevé ou faible pour cette société en particulier et pour les sociétés identiques du même secteur.

- Le pourcentage de la participation institutionnelle. Plus il est bas, mieux c'est.

- Les cadres achètent-ils des actions, et la société rachète-t-elle ses propres actions ? Ce sont deux signes positifs.

- La croissance actuelle des bénéfices; sont-ils sporadiques ou réguliers ? (Seule catégorie où les bénéfices sont moins importants, celle des jeux d'actifs).

- Le bilan de la société est-il solide ou faible (ratio actif - endettement) et comment est-elle classée pour sa solidité financière ?

- Les liquidités. Avec 16 dollars de liquidités par action, je sais que le cours de Ford a peu de chances de descendre en dessous de 16 dollars. C'est le plancher de l'action.

Les valeurs à faible croissance

- Puisque vous achetez celles-ci pour leurs dividendes (pour quel autre motif les avez-vous dans votre portefeuille ?) vous vérifierez si ceux-ci sont versés régulièrement, et s'ils progressent régulièrement.

- Si c'est possible, trouvez quel pourcentage des bénéfices représentent les dividendes. S'il est bas, la société a un matelas de réserve pour les temps difficiles. Elle peut gagner moins d'argent et maintenir son dividende. Si le pourcentage est élevé, alors le dividende est plus risqué.

Les valeurs sûres : les piliers

- Ce sont des grandes sociétés qui ont peu de chance de faire faillite. La clé en est le prix; c'est le PER qui vous indiquera si vous les surpayez.

- Vérifiez de possibles "dipiresifications" qui pourraient entamer les futurs bénéfices.

- Vérifiez son taux de croissance à long terme; avait-il un tel rythme ces dernières années ?

- Si vous envisagez de conserver ce titre à très long terme, observez comment la société s'est comportée durant les récessions et les marchés baissiers d'antan. McDonald's s'en est bien tiré en 1977 et oscilla en 1984. Durant le krach de 1987, il n'échappa pas à l'effondrement général, mais dans l'ensemble c'est une bonne valeur défensive. Bristol-Myers fut matraquée durant la dépression de 1973-74, car elle était surévaluée. Elle se comporta bien en 1982, 1984 et 1987. Kellogg a survécu avec une certaine robustesse à toutes les récentes débâcles, sauf celle de 1973-74.

Les cycliques

- Gardez un oeil vigilant sur les stocks et sur le rapport de l'offre et de la demande. Surveillez les nouveaux venus dans le secteur, c'est souvent le prélude d'une suite dangereuse.

- Anticipez la baisse du PER.

- Si vous connaissez bien votre action, vous avez l'avantage de pouvoir prédire les cycles. Tout le monde, par exemple, sait qu'il existe des cycles dans l'industrie automobile. Trois à quatre années de hausse finiront toujours par succéder à trois - quatre années de baisse. C'est toujours le cas. Les voitures vieillissent et doivent être remplacées. On peut retarder ce remplacement d'un ou deux ans, mais tôt ou tard on revient chez son concessionnaire. Dans l'industrie automobile, plus la baisse est sévère, meilleure sera la reprise. Il m'arrive d'espérer une année supplémentaire de ventes médiocres, car je sais que la remontée n'en sera que plus longue et substantielle.

Nous venons de connaître cinq années de bonnes ventes de voitures, aussi suis-je conscient que nous sommes en plein milieu d'un cycle de prospérité, ou proche de sa fin. Mais il est plus facile de prévoir le redressement dans un secteur cyclique que de deviner une récession.

Les valeurs à forte croissance

- Essayez de découvrir si le produit qui est censé faire la fortune de la société représente une part importante de son chiffre d'affaires. C'était le cas de L'eggs, pas celui de Lexan.

- Quel a été le taux de croissance de ses bénéfices ces dernières années? (Mes préférées : celles qui affichent entre 20 et 25 %. Je suis prudent devant celles qui progressent de plus de 25 %. On trouve le chiffre de 50 % dans les secteurs chauds, et vous savez ce que cela signifie).

- La société a-t-elle déjà reproduit ses succès dans plus d'une ville, prouvant ainsi que son expansion était assurée.

- La société a-t-elle encore suffisamment de place pour se développer ? Lors de ma première visite chez Pic'N Save, ils étaient établis en Californie du Sud, et projetaient de s'étendre en Californie du Nord. Il leur restait quarante-neuf états où s'installer. Sears, en revanche, est partout.

- Le PER du titre est-il égal à ou proche de son taux de croissance ?

- L'expansion s'accélère-t-elle (trois nouveaux motels l'an dernier, cinq cette année) ou se ralentit-elle (cinq l'an dernier, trois cette année). Pour des sociétés comme Sensormatic Electronics, dont les ventes dépendent de produits que l'on achète qu'une seule fois - le contraire des lames de rasoir que le consommateur rachète sans cesse - un ralentissement de la croissance peut être dévastateur. Le taux de croissance de Sensormatic fut spectaculaire à la fin des années soixante-dix, mais pour accroître leurs bénéfices, ils devaient vendre chaque année plus de nouveaux systèmes que l'année précédente. Le chiffre d'affaires que procurait leur système de surveillance électronique (un achat non renouvelable) éclipsait celui que leur procurait la vente des petites étiquettes anti-vol.

Aussi lorsqu'en 1983, le taux de croissance ralentit, les bénéfices ne se contentèrent pas de ralentir parallèlement, ils plongèrent. Tout comme le titre qui fondit de 42 à 6 dollars en l'espace d'un an.

- Soyez certains que la participation des institutionnels soit faible et que seule une poignée d'analystes ait entendu son nom.

Les sociétés en redressement

- Le plus important, la société peut-elle survivre à un raid de la part de ses créanciers ? Quel est le montant de ses liquidités ? Celui de son endettement ? (Au moment de sa crise, Apple Computer avait 200 millions de dollars de liquidités et aucune dette, vous saviez donc qu'il ne disparaîtrait pas).

Quelle est la structure de son endettement et tiendra-t-elle dans le rouge suffisamment longtemps pour résoudre ses problèmes sans faire faillite? (International Harvester - devenu Navistar - fut un redressement potentiel avant de décevoir les investisseurs, car la société créa et vendit des millions de nouvelles actions afin d'augmenter son capital. Cette dilution provoqua bien le redressement de la société, mais pas celle du titre).

- S'il y a déjà banqueroute, que reste-t-il pour les actionnaires ?

- Comment la société envisage-t-elle de se redresser ? S'est-elle débarrassée de ses filiales non rentables ? Cela peut faire une grosse différence pour les bénéfices. En 1980, par exemple, Lockheed percevait de ses activités de défense un bénéfice par action de 8,04 dollars, mais le déficit de sa division aviation commerciale dû au L-1011 Tristar représentait 6,54 dollars par action. Le L-1011 était un très bon avion, mais, dans un marché relativement étroit, il souffrait de la concurrence du DC 10 de Mc Donnel Douglas. Et sur le marché global, il était tué par le 747. Devant ces déficits persistants, le groupe annonça en décembre 1981 qu'il abandonnait le L-1011. Cela se solda par une perte importante (26 dollars par action), mais une fois pour toutes. Et quand l'année suivante, le secteur défense permit à Lockheed d'afficher un bénéfice de 10,78 dollars par action, aucune activité déficitaire ne vint l'entamer. Les bénéfices avaient ainsi grimpé en deux ans de 1,50 dollars à 10,78. Au moment de la disparition du L-1011 vous pouviez acheter le titre à 15 dollars. Quatre ans plus tard, il atteignait 60 dollars. Un 4-bagger !

Texas Instruments est aussi un exemple classique. En octobre 1983, le groupe cessa la production de ses micro-ordinateurs (encore un secteur en vogue avec trop de concurrents). En une seule année, il avait perdu 500 millions de dollars pour cette seule activité. Là aussi, cette décision entraîna d'importantes pertes mais le groupe pouvait se recentrer sur ses secteurs forts : les semi-conducteurs et l'électronique de défense. Le lendemain de la publication de cette décision, le titre bondit de 101 à 124 dollars pour atteindre 176 dollars quatre mois plus tard.

- Les affaires reprennent-elles dans le secteur ? C'est ce qui arriva à Eastman Kodak qui sut bénéficier du boom dans la vente de pellicules).

- Réduit-on les coûts ? Dans l'affirmative, quels en seront les effets ? Chrysler réduisit les siens de façon drastique en fermant des usines. Le groupe commença aussi à sous-traiter la fabrication de bon nombre de pièces détachées qu'il produisait lui-même, et économisa ainsi des centaines de millions de dollars. De l'un des fabricants d'automobiles les plus chers, il devint l'un des moins chers.

Le redressement d'Apple Computer était plus difficile à prévoir. Pourtant, en le surveillant de près, vous auriez pu noter la montée soudaine des ventes, la réduction des coûts, et l'attrait des nouveaux produits; tout arriva en même temps.

Les jeux d'actifs

- Quelle est la valeur des actifs ? Existe-t-il des actifs cachés ?

- Quel endettement faut-il déduire de ces actifs ? Les créanciers sont les premiers de la file d'attente.

- La société continue-t-elle à s'endetter, réduisant ainsi la valeur de ses actifs ?

- Y a-t-il un raider dans l'ombre pour aider les actionnaires à récolter les bénéfices de ces actifs ?

Voici, en résumé, quelques-uns des conseils de cette partie :

- Sachez comprendre la nature des sociétés dont vous êtes actionnaire et les raisons particulières pour lesquelles vous l'êtes devenu.
- Classer vos actions par catégories vous donnera une meilleure idée de ce que vous en attendez.
- Les grosses sociétés font de petits écarts, les petites sociétés font de gros écarts.
- Regardez la taille de la société si vous attendez d'elle qu'elle profite d'un produit particulier.
- Cherchez les petites sociétés déjà rentables et qui ont prouvé qu'elles savaient répéter leur concept.
- Restez suspicieux devant des sociétés dont le rythme de croissance annuelle varie entre 50 et 100 %.
- Soyez méfiants devant des diversifications qui tournent souvent en "dipiresifications".
- Mieux vaut manquer la première hausse d'une valeur et attendre de voir si les plans de la société sont menés à bien.
- Certaines personnes trouvent dans leur vie professionnelle des informations fondamentales de très grande valeur qui peuvent ne pas parvenir aux professionnels avant des mois ou des années.
- Evitez les tuyaux qui vous parviennent d'une source même si cette source est très intelligente, très riche, et que son dernier tuyau s'est avéré exact.
- Certains tuyaux, surtout s'ils vous sont donnés par un expert du secteur concerné, peuvent être de grande valeur. Cependant les spécialistes du

secteur papetier sont plus enclins à vous confier des tuyaux sur les valeurs pharmaceutiques, et les spécialistes de la santé ne manquent jamais de tuyaux sur les futures OPA dans l'industrie du papier.

- Investissez dans des sociétés toutes simples, ennuyeuses, banales et démodées qui n'ont pas encore séduit les investisseurs.
- Des valeurs à la croissance modérément rapide (20 à 25 %) appartenant à des secteurs sans croissance sont les investissements idéaux.
- Cherchez des sociétés possédant des niches.
- Si vous achetez les actions déprimées de sociétés en difficulté, cherchez celles qui auront les meilleures positions financières et évitez celles qui sont surchargées de dettes bancaires.
- Des sociétés sans endettement ne peuvent faire faillite.
- L'habileté du management peut avoir son importance mais elle est difficile à évaluer. Basez votre investissement sur les perspectives de la société, pas sur le discours du président ou sur sa flamme oratoire.
- On peut gagner beaucoup d'argent si une société en difficulté se redresse.
- Considérez avec attention les PER. Si une action est très surévaluée, vous ne ferez aucun bénéfice même si tout va bien.
- Trouvez un fil conducteur à suivre pour mesurer les progrès de la société.
- Cherchez les sociétés qui rachètent régulièrement leurs actions.
- Vérifiez l'historique des dividendes versés ces dernières années ainsi que l'évolution des bénéfices pendant les récessions passées.
- Trouvez des sociétés dans lesquelles la participation institutionnelle est faible ou nulle.
- Dans le cas où tous les autres éléments sont à égalité, privilégiez les sociétés où le management a une participation significative plutôt que celles dirigées par des personnes dont le seul bénéfice est leur salaire.
- L'achat d'actions par les cadres est un signe positif, surtout s'ils sont plusieurs à acheter en même temps.
- Consacrez un minimum d'une heure par semaine à vos recherches. Additionner vos dividendes et calculer vos pertes et profits ne rentrent pas dans cette heure de travail.
- Soyez patients. Une action bien surveillée ne "bout" jamais.
- Acheter des actions en se basant uniquement sur la valeur comptable de la société est dangereux et illusoire. C'est la valeur réelle qui compte.
- Si vous avez des doutes, attendez pour vous brancher.
- Investissez au moins autant de temps et d'effort pour choisir une nouvelle action que pour choisir un nouveau réfrigérateur.

PARTIE III

VISION A LONG TERME

Dans cette section j'apporterai mon grain de sel à certains sujets importants : comment constituer un portefeuille pour maximiser ses gains et minimiser les risques; à quel moment acheter et à quel moment vendre; que faire quand le marché s'effondre; quelques idées fausses idiotes sur les raisons qui font grimper ou descendre une action; les dangers de jouer sur les options, les futures, et les ventes à découvert d'action; et pour finir ce qui aujourd'hui est nouveau, vieux, excitant et gênant dans les sociétés et le marché.

CHAPITRE SEIZE

CONSTITUER UN PORTEFEUILLE

J'ai entendu certaines personnes affirmer qu'elles se contenteraient d'un rendement annuel de leur portefeuille de 25 à 30 %. Vous parlez d'une satisfaction! A ce rythme là, il posséderaient bientôt la moitié des Etats-Unis avec les Japonais et les frères Bass. Même les tycoons des années vingt ne pouvaient se garantir un éternel 30 % et pourtant Wall Street était fait pour eux.

Certaines années, vous gagnerez vos 30 %, mais il y en aura d'autres où vous ne récolterez qu'un maigre 2 % ou, qui sait, peut-être une perte de 20 %. C'est comme ça et il faut l'accepter.

Quel mal y a-t-il à avoir de grandes ambitions ? Si vous vous attendez à gagner 30 % chaque année, vous risquez d'être frustrés par ces actions qui vous défient, et votre impatience peut vous pousser à abandonner vos investissements au plus mauvais moment. Pire, vous prendrez des risques inutiles pour obtenir des remboursements illusoires. Ce n'est qu'en restant fidèle à une stratégie bon an mal an que vous maximiserez vos bénéfices à long terme.

Si un rendement de 25 à 30 % n'est pas réaliste, sur quel chiffre miser ? Vous devez certainement faire mieux avec vos actions qu'avec des obligations, aussi le chiffre 4, 5 ou 6 % paraît terrible. Si en revoyant vos performances sur une longue période, vous découvrez que vos actions ont à peine fait mieux que votre compte épargne, soyez sûrs que votre technique n'est pas la bonne.

Au fait, quand vous calculez vos performances, n'oubliez pas d'inclure le coût de vos abonnements aux lettres boursières, et magazines financiers, des commissions, des séminaires et des appels longue distance aux courtiers.

Un 9 à 10 % annuel est un rendement long terme normal pour les actions, une moyenne historique du marché. Au bout d'un certain temps, vous obtiendrez 10 % en investissant dans un fonds commun de placement qui achèterait les 500 valeurs de l'index Standard & Poor 500, et afficherait ainsi la même moyenne. Qu'un tel rendement puisse être obtenu sans aucun travail personnel ou dépense supplémentaire est un repère utile qui vous permettra d'évaluer votre propre performance, mais aussi celle de fonds communs gérés comme Magellan.

Si nous, professionnels employés pour choisir des actions ne sont pas capables de surpasser un fonds indiciel (qui a un portefeuille aux performances identiques à celle de l'indice de la bourse) qui achète toutes les valeurs, comment pourrions-nous gagner notre vie ? Donnez-nous une chance. Regardez d'abord dans quel genre de fonds vous avez investi. Les meilleurs gérants du monde auront du mal à bien faire avec un fond de valeurs aurifères en période de baisse de l'or. De même qu'il serait injuste de juger un fonds sur un an. Mais si au bout de quatre à cinq années, vous découvrez que vous auriez pu aussi bien investir dans le S & P 500, achetez donc le S & P 500 ou bien cherchez un autre fonds plus performant. Compte tenu du temps et des efforts nécessaires pour choisir des actions une par une, il faut y puiser une récompense.

Après toutes ces alternatives, disons que pour que l'effort en vaille la peine, vous devez obtenir un rendement de 12 à 15 % : un chiffre net de dépenses et commissions, dividendes et bonus inclus.

Là encore, l'actionnaire qui s'accroche à ses actions est avantagé par rapport à celui qui vend et achète fréquemment. Ces mouvements coûtent très cher au petit investisseur. Aux Etats-Unis, le courtage est moins cher que dans le passé grâce aux commissions discount et aux récentes modifications du régime des quotités de négociation. Les frais de transaction des quantités inférieures à 100 actions peuvent désormais être évités si vous donnez votre ordre avant l'ouverture du marché, vos actions étant rassemblées avec d'autres. Même ainsi, cela coûte toujours à Martin Dupont entre 1 et 2 % (comme en France) pour acheter ou vendre une action. Si Martin Dupont fait tourner son portefeuille une fois par an, il perd déjà 4 % en commissions. Cela signifie qu'il est à moins 4 % avant même de commencer. Pour obtenir un rendement net de 12 à 15 %, il lui faudra donc, en choisissant ses actions, tabler sur 16 à 19 %. Et plus il achètera et vendra, plus il lui sera difficile de surpasser les fonds indiciels ou autres fonds. (Les plus récentes "familles" de fonds peuvent vous taxer de 3 à 8,5 % de droit d'entrée, mais c'est tout, et à partir de là il vous est possible de transformer vos actions en obligations, ou en fonds monétaires et à l'inverse, sans commission supplémentaire).

En oubliant tous ces inconvénients, l'investisseur capable de gagner 15 %

pendant dix ans alors que la moyenne du marché n'atteint que 10% s'est fait une immense faveur. En démarrant avec 10 000 dollars, il se retrouve avec 40 455 dollars à comparer avec 25 937 dollars pour un rendement de 10 %.

COMBIEN D'ACTIONS DEVIENNENT TROP D'ACTIONS ?

Comment constituerez-vous votre portefeuille pour obtenir ce rendement de 12-15 % ? Combien d'actions faut-il avoir ? D'emblée, je vous dirai : n'ayez pas 1400 actions si vous pouvez l'éviter, mais c'est mon problème, pas le vôtre. Ne vous inquiétez pas des règles du 5 %, du 10 % et des 9 milliards de dollars à gérer.

Le débat existe depuis toujours entre deux courants : celui de Gerald Loeb disant, "Mettez tous vos oeufs dans le même panier", et celui de Andrew Tobias répliquant, "Ne mettez pas tous vos oeufs dans le même panier. Il a peut-être un trou".

Si mon seul panier avait été Wal-Mart, j'aurais été ravi d'y mettre tous mes oeufs. En revanche, je n'aurais pas tout risqué sur un panier comme Continental Illinois. Si l'on m'avait tendu cinq paniers - Shoney's, The Limited, Pep Boys, Taco Bell et Service Corporation International - je jurerais que c'est une bonne idée de diviser mes oeufs entre eux, mais s'il fallait inclure Avon Products ou Johns - Marville j'aurais tout donné pour un seul et robuste panier de Dunkin Donuts. Ceci pour vous dire qu'il ne faut pas se fier à un nombre fixe de valeurs mais plutôt découvrir si ce sont de bonnes valeurs en les examinant une par une.

Selon moi, mieux vaut posséder autant d'actions qu'il existe de situations où : a) vous possédez un atout; et b) vous avez découvert une perspective excitante qui ait surmonté toutes les épreuves de votre recherche. Cela peut être une seule action comme cela peut être une douzaine. Peut-être avez-vous décidé de vous spécialiser dans les sociétés en redressement et les jeux d'actifs et vous en achetez plusieurs; ou avez-vous appris quelque chose sur une seule de ces valeurs. Cela ne sert à rien de se diversifier dans des sociétés inconnues, juste pour le plaisir de la diversité. Une diversification stupide est le démon des petits investisseurs.

Cela dit, choisir une seule action n'est pas très sûr, car malgré tous vos efforts, elle peut être victime de circonstances imprévues. Pour des petits portefeuilles, j'aime avoir entre 3 et 10 actions.

Il y a plusieurs avantages :

1) Si vous êtes à la recherche de 10-baggers, plus vous possédez

d'actions, plus vous aurez de chances que l'une d'entre elles devienne un 10-bagger. Parmi plusieurs valeurs de forte croissance aux caractéristiques prometteuses, la meilleure sera peut-être la plus inattendue.

Stop & Shop fut un grand gagnant. Or je n'avais jamais imaginé qu'il fasse mieux qu'un gain de 30 à 40 %. C'était une société médiocre dont le titre déclinait et que je commençais à acheter en 1979 surtout pour le rendement de son dividende. Puis l'histoire devint de plus en plus intéressante, dans les supermarchés et dans la partie magasin discount de Bradlee. Le titre que j'avais d'abord acheté à 4 dollars grimpa jusqu'à 44 dollars en 1988, année où elle fut retirée de la cote. Marriott est un autre exemple de succès que je n'avais pas pu prévoir. Je savais que c'était une bonne société pour avoir passé d'innombrables nuits dans leurs hôtels, mais comment aurait-il pu me venir à l'esprit que le titre grimpe si haut. J'aurais préféré acheter quelques milliers d'actions plutôt que de rapporter quelques milliers de ces petits savons.

Au fait, malgré toutes les rumeurs d'OPA qui remplissent maintenant les colonnes des journaux, je ne peux me rappeler d'un seul exemple d'action que j'aurais achetée dans l'espoir qu'elle soit victime d'une OPA, et qui l'aura bel et bien été. Ce qui est plus fréquent, c'est qu'une société sur laquelle j'ai jeté mon dévolu pour ses vertus fondamentales soit rachetée - mais c'est alors une surprise totale.

Puisqu'il n'y a aucun moyen d'anticiper ces heureuses surprises en tous genres, vous augmentez vos chances de pouvoir en bénéficier d'une en possédant plusieurs actions.

2) Plus vous possédez d'actions, plus vous resterez flexible pour exercer une rotation de fonds entre elles. Certains attribuent mon succès au fait que je me sois spécialisé dans les valeurs à forte croissance. Ce n'est pas tout à fait vrai. Je ne consacre jamais plus de 30 à 40 % des actifs de mon fonds à ces valeurs. Je répartis le reste entre les autres catégories décrites dans ce livre. La plupart du temps j'investis environ 10 à 20 % dans les piliers, la même chose dans les valeurs cycliques, et le reste dans les sociétés en redressement. Bien que je possède en tout 1 400 valeurs, la moitié des actifs de mon fonds sont investis dans 100 d'entre elles, et 2/3 dans 200. Un pour cent du fonds est réparti entre 500 occasions secondaires que je contrôle régulièrement avec la possibilité de me brancher plus tard. Je suis constamment à la recherche de valeurs dans tous les domaines, et si je trouve plus d'occasions parmi les sociétés en redressement que dans les sociétés à forte croissance, je finis par détenir un pourcentage plus élevé de sociétés en redressement. Si un événement intervient en faveur d'une de mes valeurs secondaires, stimulant ma confiance, je me hâte de la promouvoir dans ma sélection première.

LA RÉPARTITION

Répartir sa fortune parmi plusieurs catégories de valeurs est un autre moyen de minimiser les risques, nous en avons discuté au chapitre 3. En supposant que vous ayez fait les bonnes recherches et acheté des actions à leur juste prix, vous avez déjà fortement minimisé les risques, mais mieux vaut faire les considérations suivantes :

Les valeurs à faible croissance sont à faible risque car on en attend peu et leur prix est donc étiqueté en conséquence. Les piliers ont un risque faible, et un bénéfice modéré. Vous êtes actionnaire de Coca Cola : si tout va pour le mieux l'an prochain vous pouvez gagner 50 %, et si tout va mal, perdre 20 %. Les jeux d'actifs sont à faible risque mais à gain élevé si vous êtes sûr de la valeur de vos actifs. Si vous vous êtes trompé, vous ne perdrez pas grand chose, et si vous avez raison, vous pouvez doubler votre mise, la tripler, ou même la multiplier par cinq.

Les cycliques peuvent avoir un faible risque et un gain élevé ou un risque élevé et un faible gain; cela dépend de votre aptitude à anticiper les cycles. Vous trouverez là des 10-baggers si vous avez raison, mais à l'inverse vous pouvez perdre 80 à 90 %.

Vous trouverez les autres 10-baggers parmi les valeurs à forte croissance et les sociétés en redressement, deux catégories à haut risque et gain élevé. Plus le potentiel de hausse est élevé, plus celui de baisse est grand. Si une valeur à forte croissance trébuche, ou si une société en redressement a une rechute, vous pouvez y perdre tout votre argent. Quand j'achetai Chrysler, je pouvais, si tout allait bien, gagner 400 % mais dans le cas contraire, perdre 100 %. Il faut le savoir avant de faire le premier pas. Il s'avéra à mon heureuse surprise que je multipliai mon investissement par 15.

Il n'existe aucun moyen de quantifier ces risques et ces récompenses, mais en constituant votre portefeuille pourquoi ne pas immiscer deux piliers pour modérer les peurs et les frissons que vous procurent vos quatre valeurs à forte croissance et vos quatre sociétés en redressement. Une fois de plus, la clé est l'achat bien pensé. Vous ne voulez pas investir dans un pilier surévalué qui ne fera qu'augmenter un risque que vous cherchez à minimiser. Rappelez-vous que dans les années soixante-dix, même le merveilleux Bristol-Myers était risqué. Le titre ne bougeait pas car des investisseurs avaient renchéri son cours à 30 fois ses bénéfices alors que sa croissance n'atteignait que 15 %. Il aurait fallu à Bristol-Myers dix ans de croissance constante pour rattraper ce prix exagéré. En l'achetant à ce cours, deux fois son taux de croissance, vous preniez des risques inutiles.

C'est une véritable tragédie que d'acheter une action surévaluée, la société connaît un grand succès mais vous, vous ne gagnez pas d'argent. C'est ce qui est arrivé à Electronic Data Systems, cette valeur qui affichait un PER de 500 en 1969. Pendant les quinze années suivantes, les bénéfices ne cessèrent d'augmenter et furent multipliés par 20. Le cours (ajusté) chuta de 40 à 3 dollars en 1974 puis rebondit, avant le rachat en 1984, par General Motors au prix de 44 dollars, soit sa valeur dix ans plus tôt.

La répartition de votre portefeuille peut évoluer avec votre âge. De jeunes investisseurs avec, devant eux, une vie de salaires peuvent prendre plus de risques sur des 10-baggers que leurs homologues plus âgés qui vivent du rendement de leurs investissements. De jeunes investisseurs ont davantage de temps devant eux pour faire des erreurs avant de trouver les grandes actions qui font une carrière d'investisseur. Les circonstances peuvent être tellement différentes suivant les cas qu'une analyse plus approfondie sur ce point devra venir de vous.

ARROSER LES MAUVAISES HERBES

Dans le prochain chapitre, je vous expliquerai quand vendre une action, ou du moins ce que je sais sur le sujet, mais je voudrais dès maintenant discuter de la vente dans sa relation avec la gestion de votre portefeuille. Je ne cesse de vérifier mes actions et mes histoires, d'augmenter ou de réduire mes investissements au fur et à mesure des changements. Mais je ne deviens jamais liquide - sauf pour avoir de quoi couvrir un remboursement anticipé (quand la clientèle sort du fonds en demandant le rachat de ses parts). Devenir liquide revient à quitter le marché. Mon idée est de rester dans le marché à jamais, et de changer les actions suivant les situations fondamentales. Si vous décidez qu'un certain capital investi en bourse le restera toujours, cela vous évitera beaucoup de mouvements à contretemps et l'angoisse générale.

Certains vendent systématiquement les "gagnants" - les valeurs qui grimpent - et s'accrochent aux "perdants" - celles qui baissent - ce qui est aussi sensé que d'arracher les fleurs et arroser des mauvaises herbes. D'autres vendent systématiquement les perdants et s'accrochent aux gagnants, ce n'est guère plus efficace. Ces deux stratégies sont vouées à l'échec car elles sont liées au mouvement en cours du prix de l'action qui est considéré comme l'indicateur de la valeur fondamentale de la société. (Ce n'était pas Taco Bell la société qui allait mal en 1972 quand son titre fut matraqué - c'était seulement Taco Bell, l'action. Taco Bell la société allait très bien). Le cours actuel d'un titre, nous l'avons vu, ne nous indique rien sur l'avenir de la société, il lui arrive même d'évoluer dans le sens inverse des fondamentaux.

La meilleure stratégie, me semble-t-il, est d'alterner d'une action à l'autre suivant l'évolution de son cours par rapport à son histoire. Par exemple, si un "pilier" a grimpé de 40 % - c'est exactement le signal que j'attends pour me retirer - et si rien d'extraordinaire ne s'est produit dans la société qui puisse me permettre d'envisager d'agréables surprises, je vends cette valeur et la remplace par un autre pilier qui m'a séduit et n'a pas encore grimpé. Toujours dans cette situation, si vous ne voulez pas tout vendre, vous pouvez en vendre une partie seulement.

En tournant ainsi avec quelques piliers, vous parviendrez, avec de modestes gains, au même résultat qu'avec un seul grand gagnant : pour six gains successifs de 30 % vous ferez mieux qu'un 4-bagger. Avec six gains de 25 %, vous l'atteindrez presque.

Les valeurs à forte croissance, je les garde aussi longtemps que leurs bénéfices augmentent, que leur expansion se poursuit, et que n'intervient aucun obstacle. Plusieurs fois par an, je vérifie leur histoire avec autant de soin que si je l'entendais pour la première fois. Si le cours de l'une a grimpé de 50 %, si son histoire devient douteuse, j'alterne avec une autre dont le cours a baissé ou n'a pas bougé et dont l'histoire me semble meilleure.

Même chose pour les cycliques et les sociétés en redressement. Sortez des situations où les fondamentaux empirent et où les cours montent, et entrez dans celles où les cours baissent et les fondamentaux s'améliorent.

La chute du cours d'une bonne valeur n'est tragique que si vous la vendez à ce cours et ne la rachetez jamais plus. Pour moi, une baisse est une occasion.

"Quand je perds 25 %, j'achète" Si vous n'arrivez pas à vous convaincre de cela, et à bannir à jamais cette pensée fatale "Quand je perds 25%, je vends", vous n'arriverez jamais à faire des gains décents avec vos actions.

Pour des raisons qui doivent maintenant vous paraître évidentes, j'ai toujours détesté les "ordres stop"*, ces ouvertures automatiques de parachute à un prix déterminé, généralement de 10 % inférieur au prix d'achat de l'action. Bien sûr, avec un tel ordre, vous limitez vos pertes à 10 %, mais avec un marché aussi volatil que celui d'aujourd'hui, une action atteint presque toujours son cours stop. C'est un mystère de voir comment les ordres stop garantissent presque toujours une baisse de 10 %; les actions

* Un ordre de vente stop avec une limite de cours actionne la vente dès lors que le titre baisse au-dessous de la limite fixée. Par exemple, une vente à 100 francs stop est exécutée pour un cours qui devient inférieur à 100 francs.

sont vendues, et au lieu de s'être protégé, l'investisseur a perdu.

Avec de tels ordres, vous auriez perdu Taco Bell une bonne dizaine de fois. Montrez-moi un portefeuille avec des stops à 10 %, et je vous montrerai un portefeuille voué à fondre de ce même montant. Si vous donnez un ordre stop, vous admettez que vous allez vendre une action à un cours inférieur à celui d'aujourd'hui. C'est tout aussi mystérieux de voir comment les actions ont le don de remonter juste après avoir atteint le stop, soit juste après que le soit-disant prudent investisseur ait vendu toutes ses actions. Il n'y a aucun moyen de se fier à des ordres stops pour se protéger d'une baisse des cours, pas plus qu'il n'existe d'objectifs artificiels dont on pourrait se servir comme buts lorsqu'ils montent. Si j'avais cru dans le fameux "Vendez quand le cours a doublé", je n'aurais jamais bénéficié d'un seul grand gagnant, et je n'aurais pas eu l'occasion d'écrire un livre. Restez là pour voir ce qui se passe - du moins tant que l'histoire reste sensée ou s'améliore - et vous serez surpris des résultats au bout de quelques années.

CHAPITRE DIX-SEPT

LE MEILLEUR MOMENT POUR ACHETER ET VENDRE

Après tout ce qui a été dit, je ne veux pas vous donner l'impression d'être un minuteur capable de prédire l'instant le plus favorable pour acheter des actions. Cet instant là sera toujours celui où vous serez convaincu que vous avez trouvé une marchandise solide à bon prix - comme dans un grand magasin. Il existe cependant deux périodes particulières pendant lesquelles on peut trouver de bonnes affaires.

La première a lieu, à la fin de l'année, pendant les ventes rituelles destinées à réduire la pression fiscale. Que les chutes les plus sévères interviennent entre octobre et décembre, n'a rien d'accidentel. Après tout, ce sont les fêtes, et les courtiers, comme nous tous, ont besoin d'argent à dépenser. De quoi les inciter à vous appeler pour vous demander ce que vous aimeriez vendre parmi les lignes perdantes pour réduire vos plus-values. Pour une raison étrange, les investisseurs en sont ravis, comme si c'était une merveilleuse opportunité ou un cadeau quelconque - je ne peux imaginer une autre situation où la vente à perte rende les gens aussi heureux.

Les investisseurs institutionnels aiment tout autant jeter leurs perdants à la mer en fin d'année; leurs portefeuilles en seront ainsi plus nets pour les évaluations à venir. Toutes ces ventes font baisser les cours et amènent de belles valeurs à des prix intéressants.

Si vous avez une liste des sociétés dont vous aimeriez être actionnaire si leurs cours étaient moins élevés, c'est probablement à la fin de l'année que vous trouverez les affaires que vous attendiez.

La seconde opportunité se présentera pendant les effondrements, les baisses, les hoquets et les chutes libres qui interviennent tous les deux, trois ou quatre ans. Si vous pouvez rassembler assez de courage et de présence d'esprit pour acheter pendant ces épisodes terrifiants alors que vos tripes vous ordonnent de vendre, vous trouverez des occasions comme jamais vous n'auriez pensé en trouver. Les professionnels sont souvent trop occupés ou trop contraints pour agir rapidement durant ces chutes

Le krach de 1987

Pendant les soldes d'octobre 1987, vous pouviez acheter la plupart des sociétés que j'ai mentionnées dans ce livre. La chute de 1 000 points intervenue entre l'été et l'automne emporta tout avec elle; mais, dans la réalité, beaucoup sociétés étaient saines et rentables. Beaucoup récupérèrent rapidement, et j'en profitai à chaque fois que je le pouvais. J'avais manqué Dreyfus la première fois, mais pas cette fois-ci (trompez-moi une fois, honte sur vous, trompez-moi deux fois, honte sur moi). L'action Dreyfus fut matraquée à 16 dollars, or la société possédait 15 dollars de liquidités après endettement, quel était le risque ? En outre, Dreyfus allait véritablement profiter de la crise car bon nombre d'investisseurs délaissèrent les actions au profit de fonds communs de placement gérés par Dreyfus.

QUAND VENDRE

Même l'investisseur le plus sérieux et le plus ferme est sensible à l'influence des sceptiques qui hurlent "vendez" avant l'heure. Je devrais le savoir. Par dissuasion, j'ai moi-même raté quelques 10-baggers.

Peu après avoir pris la barre de Magellan, en mai 1977, je fus attiré par Warner Communications. D'un conglomérat "dipiresifié", Warner était devenu une société en redressement prometteuse. Confiant dans ses fondamentaux, j'investis 3 % de mon fonds; le cours était alors à 26 dollars.

Quelques jours plus tard, je reçus l'appel d'un analyste technique qui suivait Warner. Je ne prête guère attention à cette science, mais par politesse, je lui demandai son avis. Sans une hésitation, il m'annonça que l'action était "extrêmement tendue". Je ne devais jamais oublier ses mots. L'un des gros problèmes avec les avis boursiers, c'est que bons ou mauvais, ils vous trottent dans la tête. Vous ne pouvez vous en débarrasser, et un jour, vous finissez par y céder.

Six mois environ se sont écoulés et le cours de Warner est passé de 26 à 32 dollars. Je commençai déjà à m'inquiéter. "Si Warner était déjà extrêmement tendu à 26 dollars, il doit être surtendu à 32 dollars". Je vérifiai les fondamentaux, mais rien n'avait changé qui puisse diminuer mon enthousiasme, aussi je ne bougeai pas. Puis le cours atteint 38 dollars. Sans raison délibérée, je commençai à vendre. Probablement avais-je décidé ce qui était extrêmement tendu à 26 dollars et surtendu à 32, était très risqué à 38 dollars.

Evidemment, à peine avais-je vendu, que l'action poursuivait son ascension à 50, 60, 70, et au delà de 180 dollars. Même après avoir souffert des conséquences du fiasco d'Atari qui fit chuter le cours de 60% en 1983-84, il était encore le double de 38 dollars, cours auquel j'avais exécuté ma sortie. J'espérais bien avoir tiré une leçon de cet épisode.

Il m'arriva une autre fois de faire une sortie prématurée avec Toys "R" Us, cette valeur très douée que je vous ai déjà vantée. En 1978, lorsque Toys "R" Us fut libérée du giron d'Interstate Department Stores (un investissement malheureux) à la suite de la banqueroute de ce dernier (les créanciers furent payés en actions Toys "R" Us) celle-ci avait déjà fait ses preuves de rentabilité et s'était étendue dans plusieurs centres commerciaux. Elle avait passé avec succès les tests dans un premier endroit, avant de le dupliquer ailleurs. J'avais fait mes recherches et visité les magasins avant de prendre une importante position au cours ajusté de 1 dollar. En 1985, alors que son cours atteignait 25 dollars, c'était pour quelques-uns un 25-bagger. Malheureusement, je ne faisais pas partie de ces quelques-uns, car j'avais vendu trop tôt.

J'avais vendu trop tôt car j'avais, à un moment ou à un autre, lu qu'un investisseur intelligent du nom de Milton Petrie, l'un des doyens du commerce de détail, avait acquis 20 % du capital de Toys "R" Us, et que ses achats avaient provoqué la hausse du titre. J'imaginais donc que le titre baisserait lorsque Petrie cesserait d'acheter. C'est ce qu'il fit quand le cours atteignit 5 dollars.

J'étais rentré à 1 dollar et sorti à 5; pour moi ce fut un 5-bagger. Puis-je me plaindre ? On nous a tous enseigné les mêmes adages : "Prenez vos bénéfices quand vous pouvez", et "un tiens vaut mieux que deux tu l'auras". Mais lorsque vous avez trouvé la bonne action et l'avez achetée, tout vous indique qu'elle va monter et tout vous en convainc, aussi est-ce une honte de vendre. Un gain quintuplé transforme 10 000 dollars en 50 000 dollars mais le quintuplement suivant transformera 10 000 dollars en 250 000 dollars. Investir dans un 25-bagger n'est pas une chose courante même parmi les gestionnaires de fonds; quant aux amateurs, cela peut se produire une ou deux fois dans leur vie. Si vous en avez trouvé un, autant en tirer profit. Ce fut le cas des clients de Peter deRoetth qui m'a, le premier, mentionné Toys "R" Us. Lui, il l'a gardé dans son fonds jusqu'au bout.

J'ai réussi à répéter cette erreur avec Flowers, une entreprise de boulangerie, puis encore avec Lance, un fabricant de biscuits. Parce qu'on m'avait dit que c'était des opéables, j'attendis en vain qu'une OPA (offre publique d'achat) soit lancée, je me lassai et finis par vendre. Vous pouvez imaginer ce qui arriva ensuite. La leçon, cette fois là, c'est que je n'aurais jamais dû me préoccuper de savoir si cette boulangerie rentable allait profiter d'une OPA ou pas. En fait, j'aurais dû me réjouir qu'elle reste indépendante.

J'ai déjà raconté que j'avais failli ne pas acheter la Quinta parce qu'un des directeurs vendait ses actions. Ne pas acheter parce que quelqu'un de la société vend est aussi impardonnable que de vendre parce que quelqu'un de l'extérieur (Petrie) a arrêté d'acheter. Dans le cas de la Quinta, j'ai ignoré ces absurdités, et je m'en félicite.

Je suis certain qu'il existe d'autres exemples d'erreurs qui m'ont poussé à vendre, je les ai fort à propos oubliées. Il est généralement plus difficile de conserver une action gagnante après que son cours ait monté, que de croire en elle après que son cours ait baissé. Maintenant, si je vois se profiler le danger d'une erreur qui me poussera à vendre, j'essaie de repasser en revue les raisons qui m'ont, à l'origine, incité à l'acheter.

LE ROULEMENT DE TAMBOUR

Voici un exemple où l'amateur est aussi vulnérable à la folie que le professionnel. Nous les experts, avons nos collègues pour nous murmurer à l'oreille; vous, vous avez vos amis, votre famille, les courtiers et autres factotums financiers en tous genres.

Peut-être avez vous déjà eu droit au "Félicitations, mais ne soyez pas trop gourmand". Cela arrive quand votre courtier vous appelle pour vous dire "Bravo, vous avez doublé votre investissement sur Toggle Switch, mais ne soyez pas trop avide. Vendons Toggle Switch et essayons Kinder Mind". Vous vendez donc Toggle Switch qui continue à monter, alors que Kinder Mind fait faillite, raflant tous vos bénéfices. Pendant ce temps le courtier gagne une commission des deux côtés de la transaction. Voilà pourquoi le message de félicitations est un double salaire.

Sans parler de votre courtier, chaque idée stupide que vous entendez sur les actions rentre dans votre esprit de la même façon que "Warner est surtendu" s'est gravé dans le mien. En ce moment, les idées stupides sont assourdissantes.

Chaque fois que vous allumez votre télévision, il y a quelqu'un pour déclarer que les valeurs bancaires sont à la mode, que les compagnies aériennes ne le sont plus, que les services publics ont mangé leur pain blanc, et que les savings and loans sont condamnés. Si vous allumez la radio et entendez par hasard qu'une économie japonaise surchauffée détruira le monde, vous vous en souviendrez la prochaine fois que le marché perdra 10 points, et peut-être, par peur, vendrez vous Sony et Honda, et même Colgate Palmolive qui n'est ni cyclique ni japonais.

Quand on interviewe des astrologues en même temps que des économistes de Merrill Lynch, quand ceux-ci disent avec autant de conviction des choses contradictoires, rien d'étonnant à ce que vous soyiez déconcertés.

Récemment nous avons été confronté à l'effet du roulement de tambour. Un message particulièrement alarmant revient sans cesse jusqu'à ce qu'il devienne impossible d'y échapper. Il y a environ deux ans, il y eut un roulement de tambour au sujet de la masse monétaire M1. Quand j'étais dans l'armée, M1 était un fusil, je savais ce que c'était. Soudain M1 était un chiffre critique dont dépendait entièrement l'avenir de la Bourse, et je ne pouvais pas vous dire ce que c'était. En tout cas, pendant des mois, les nouvelles étaient remplies de ce M1 qui augmentait trop vite, et les gens s'inquiétaient de ce qu'il ruine l'économie et menace le monde. Peut-on avoir une meilleure raison de vendre des actions que "l'augmentation de M1" - même si vous n'êtes pas certain de savoir ce qu'est M1.

Puis soudain, nous n'entendîmes plus un mot sur la terrifiante augmentation de la masse monétaire M1, et notre attention fut détournée sur le taux d'escompte que la Fed (Réserve Fédérale) facture aux banques qui en sont membres. Combien de personnes savent-elles ce que c'est ? Une fois de plus, je n'en fais pas partie. Combien de personnes savent-elles ce que fait la Fed ? William Miller, un ancien président de la Fed, disait que 23 % de la population américaine pensait que la Federal Reserve était une réserve d'Indiens, 26 % que c'était un parc naturel et 51 % une marque de whisky.

Tous les vendredis après-midi donc, la moitié de la population d'investisseurs est hypnotisée par les derniers chiffres de la masse monétaire, et les cours des actions chahutés en conséquence. Avant c'était le jeudi après-midi, mais certains ayant pris l'habitude de se précipiter dans les bureaux de la Fed pour connaître le chiffre avant l'ouverture de la séance de vendredi, le jour fut changé.

Combien d'investisseurs ont-ils été trompés et incités à vendre des bonnes actions parce qu'ils ont entendu dire qu'une accélération du taux de croissance de la masse monétaire menaçait le marché financier ?

Plus récemment, on nous a prévenu (dans le désordre) qu'une hausse des prix du pétrole était terrible, et qu'une chute des prix du pétrole était terrible, qu'un dollar fort était de mauvaise augure et qu'un dollar faible était de mauvaise augure; qu'une chute de la masse monétaire était alarmante et qu'une augmentation de la masse monétaire était alarmante. La préoccupation générale pour les chiffres de la masse monétaire fut supplantée par une panique intense de déficits budgétaire et commercial, et ce nouveau roulement de tambour poussa encore des milliers d'investisseurs à vendre leurs actions.

QUAND VENDRE RÉELLEMENT

Si ce n'est pas le marché qui vous indique quand vendre, alors qui en est capable ? Je ne connais aucune formule valable. "Vendez avant que les taux d'intérêt ne montent" ou "vendez avant la prochaine récession" pourraient être de bons conseils, mais encore faudrait-il savoir quand ces événements interviendront, or nous ne le savons pas et ces assertions sont donc comme les autres : des platitudes.

Après toutes ces années, j'ai appris à penser que c'était le moment de vendre de la même façon que je pense que c'est le moment d'acheter. Je ne prête aucune attention aux conditions économiques externes, sauf dans les quelques cas où je suis certain qu'un secteur spécifique sera affecté d'une façon spécifique. Si le prix du pétrole augmente, il y aura une répercussion évidente sur les sociétés de services pétroliers, mais pas sur les sociétés pharmaceutiques. En 1986-87 je vendis mes actions Jaguar, Honda, Subaru et Volvo car j'étais convaincu que la baisse du dollar éroderait les bénéfices des constructeurs automobiles étrangers qui font la majorité de leur chiffre d'affaires aux Etats-Unis. Mais dans neuf cas sur dix, je vends si la société 380 a une meilleure histoire que la société 212, et surtout si la suite de l'histoire commence à être étrange. Si vous savez pourquoi vous avez acheté une action à l'origine, vous aurez systématiquement une meilleure idée du moment auquel lui dire au revoir. Revoyons les quelques signaux de vente, catégorie par catégorie.

Quand vendre une valeur à faible croissance

Je ne peux guère vous aider dans ce cas là, ne serait-ce que parce que j'en possède peu. Les quelques-unes que j'achète, je les vends dès qu'elles ont pris entre 30 et 50 %, où lorsque les fondamentaux se détériorent, même si le cours a baissé. Voici quelques autres signes :

- la société a perdu des parts de marché pendant deux années consécutives et elle change d'agence de publicité.

- elle n'a développé aucun nouveau produit; le budget de recherche et développement a été réduit, et la société se repose sur ses lauriers.

- ses deux récentes acquisitions sans rapport avec son activité ressemblent à des "dipiresifications", et la société annonce qu'elle recherche d'autres acquisitions.

- la société a payé ses acquisitions si cher que le bilan s'est détérioré; un endettement nul et des millions de liquidités ont fait place à des liquidités nulles et des millions d'endettement. Il ne lui reste plus de fonds pour racheter ses actions, même si leur cours baisse.

- même à un cours inférieur le rendement du dividende n'est pas assez élevé pour attirer l'intérêt des investisseurs.

Quand vendre un pilier

Il m'arrive souvent de remplacer les piliers par d'autres valeurs de cette catégorie. Il ne faut pas en attendre un rapide 10-bagger, et si son cours dépasse ses bénéfices, ou si son PER s'écarte trop de la moyenne, vous pouvez songer à la vendre, quitte à la rechercher plus tard après une baisse ou à la remplacer, comme moi, par autre chose.

Autres signaux de vente :

- De nouveaux produits sortis ces deux dernières années ont des résultats mitigés, et d'autres encore au stade des essais ne seront pas sur le marché avant un an .

- L'action a un PER de 15, alors que des compagnies similaires de ce secteur n'atteignent que 11-12.

- Aucun des cadres ou des directeurs n'a acheté d'actions cette année.

- L'une des principales divisions du groupe qui contribue au quart de ses bénéfices est sensible à une actuelle crise économique (construction, forage de pétrole...).

- Le taux de croissance de la société a ralenti, et bien qu'ayant réussi à maintenir ses bénéfices en réduisant les coûts, les futures opportunités de réductions des coûts sont limités.

Quand vendre une cyclique

Le meilleur moment, c'est vers la fin du cycle, mais qui peut bien la connaître ? Qui même connaît les cycles dont on parle ? Il arrive qu'un investisseur d'avant-garde bien informé commence à vendre un an avant que la société ne montre un seul signe de déclin. Le cours commence à baisser sans raison apparente ici bas. Pour jouer à ce jeu avec succès, il vous faut en comprendre les étranges règles. C'est ce qui rend les cycliques si difficiles. Dans le secteur de la défense, qui se conduit de façon cyclique, il est arrivé que le cours de General Dynamics plonge de 50 % alors que ses bénéfices avaient augmenté. Les myopes avaient vendu à l'avance pour éviter la bousculade.

L'autre meilleur moment pour vendre une cyclique, c'est lorsque quelque chose commence à dérailler. Les prix ont augmenté. Les usines tournent à pleine capacité, et la société commence à dépenser de l'argent pour augmenter sa capacité. Ce qui vous a inspiré pour acheter XYZ entre la dernière dépression et le récent boom devrait vous indiquer que le récent boom s'achève.

Si les stocks s'entassent et si la société n'arrive pas à s'en débarrasser, ce qui signifie prix réduits et donc futurs bénéfices en baisse, c'est un signal évident qu'il faut vendre. Je fais toujours très attention à l'augmentation des stocks. Si le parking est couvert de lingots, il est certainement temps de vendre. En fait, vous êtes même un peu en retard.

La baisse des prix des matières premières est un autre casse-tête. Généralement les prix du pétrole, de l'acier, etc... baissent plusieurs mois avant que les bénéfices ne s'en ressentent. Autre signal utile, le prix futur d'une marchandise est plus bas que le prix actuel, ou le prix spot. Si vous aviez assez d'atout pour acheter une cyclique quand vous l'avez fait, alors sûrement vous remarquerez les changements dans les prix.

Le concurrence est un mauvais signe pour les cycliques. Le dernier venu devra gagner ses clients en baissant ses prix. Ce qui force tout le monde à en faire autant, et a pour conséquence de réduire les bénéfices de tous les producteurs. Tant qu'il y a une forte demande pour le nickel, et que personne ne défie Inco, celui-ci se portera bien, mais si la demande se ralentit ou si des producteurs de nickel se mettent à vendre du nickel, Inco aura des problèmes.

Autres signes :

- Deux contrats importants avec les syndicats expirent dans les douze prochains mois, et les leaders syndicaux exigent le recouvrement du salaire total et des avantages qu'ils avaient abandonné dans le dernier contrat.

- La demande pour le produit ralentit.

- La société a doublé ses dépenses d'investissement pour construire une superbe nouvelle usine au lieu de moderniser les anciennes à moindre coût.

- La société a essayé de réduire ses coûts mais n'en arrive pas pour autant à concurrencer les producteurs étrangers.

Quand vendre une valeur à forte croissance

Dans ce cas, l'astuce c'est de ne pas perdre le 10-bagger potentiel. D'un autre côté, si la société part en lambeaux et que ses bénéfices diminuent, le PER sur lequel l'investisseur avait misé diminuera aussi. C'est un quitte ou double bien cher pour les investisseurs loyaux. La chose principale à surveiller, c'est la fin de la seconde phase de forte croissance, comme je vous l'ai déjà expliqué.

Si The Gap a cessé de construire de nouveaux magasins, si les anciens commencent à avoir l'air miteux, et si vos enfants se plaignent de ne pas y trouver le jean délavé à la dernière mode, alors il est probablement temps de songer à vendre. Si quarante analystes de Wall Street font figurer cette action parmi leurs plus fortes recommandations, si 60 % du capital est détenu par des institutionnels et si enfin trois magazines nationaux ont largement flatté le PDG, c'est définitivement le moment de songer à vendre.

Toutes les caractéristiques de l'Action à Eviter (voir chapitre 9) sont aussi celles de l'Action que Vous Voulez Vendre.

A l'inverse d'une cyclique dont le PER faiblit vers la fin, celui d'une valeur à forte croissance augmente, il peut même atteindre un chiffre illogique et absurde. Rappelez vous de Polaroid et Avon Products. Des PER de 50 pour des sociétés de cette taille ? N'importe quel élève astucieux de seconde aurait pu deviner qu'il était temps de vendre. Avon allait-il vendre un milliard de bouteilles de parfums ? Comment le pouvait-il alors que chaque maîtresse de maison d'Amérique était un représentant d'Avon ? (En effet, cette société a un système de vente à domicile, comme Tupperware.)

Vous pouviez vendre Holiday Inn lorsque le cours atteignit 40 fois les bénéfices, et être sûr que les beaux jours étaient terminés ; vous aviez raison.

S'il vous est arrivé d'apercevoir, en parcourant les principaux autoroutes du pays, un hôtel Holiday Inn tous les trente kilomètres, et arrivé à Gibraltar, d'en trouver un au pied du rocher, il était temps de vous inquiéter. Où le groupe pouvait-il encore s'étendre ? Sur Mars ?

Autres signes :

- Les ventes d'un même magasin ont baissé de 3 % durant le dernier trimestre.

- Les résultats des nouveaux magasins sont décevants.

- Deux cadres de direction et quelques employés clés partent rejoindre un concurrent.

- La société revient d'une tournée de conférences de deux semaines; dans douze villes différentes, elle a raconté son histoire aux investisseurs institutionnels.

- L'action se vend avec un PER de 30, alors que les estimations les plus optimistes avancent une croissance des bénéfices de 15 à 20 % pour les deux prochaines années.

Quand vendre une société en redressement ?

Le meilleur moment pour vendre une société en redressement c'est juste après qu'elle ait été redressée. Tous les problèmes sont terminés et tout le monde le sait. La société est redevenue ce qu'elle était avant sa mauvaise passe : une valeur à forte croissance, une cyclique ou autre chose. Les actionnaires n'éprouvent plus de gêne à la voir figurer dans leur portefeuille. Si le redressement a été un succès, vous devez la reclasser.

Chrysler fut une valeur en redressement au cours de 2 dollars, de 5 dollars et encore à celui de 10 dollars (cours ajustés), mais il ne l'était plus à 48 dollars en 1987. A ce moment là, les dettes étaient remboursées, les problèmes balayés, et Chrysler était à nouveau un robuste et cyclique constructeur automobile. Le cours pouvait encore grimper, mais il y avait peu de chances qu'il se trouve multiplié par dix. On devait désormais le juger comme General Motors, Ford ou tout autre société prospère. Si vous aimez les valeurs automobiles, gardez Chrysler. Toutes ses divisions marchent bien, et le rachat d'American Motors lui confère outre quelques problèmes à court terme, un potentiel supplémentaire à long terme. Si vous êtes spécialisés dans les redressements, alors vendez Chrysler et cherchez autre chose.

General Public Utilities était une valeur en redressement au cours de 4 dollars, de 8 dollars et encore de 12, mais après la remise en service de la seconde unité nucléaire, et après que les autres services publics aient accepté de participer au coût du nettoyage de Three Miles Island, GPU était redevenu un service public d'électricité. Plus personne ne pense que GPU va arrêter ses activités. L'action qui vaut actuellement 38 dollars atteindra peut-être 45 dollars, mais certainement pas 400 dollars.

Autres signes :

- L'endettement qui a été réduit durant cinq trimestres consécutifs, vient d'augmenter de 25 millions de dollars, peut-on lire dans le dernier rapport trimestriel.

- Les stocks augmentent deux fois plus vite que le taux de croissance des ventes.

- Le PER est élevé par rapport aux estimations des bénéfices.

- La principale division de la société vend 50 % de sa production à un seul gros client, or celui-ci souffre d'un ralentissement de ses ventes.

Quand faut-il vendre un jeu d'actifs ?

Il y eut un temps où la meilleure idée était d'attendre l'arrivée d'un raider. S'il y a vraiment des actifs cachés, Saul Steinberg, les Hafts ou les Reichmanns s'en apercevront. Tant que la société n'a pas une frénésie d'endettement qui pourrait réduire la valeur des actifs, tenez bon.

Alexander and Baldwin possède, outre 96 000 acres de terrain à Hawaï, l'exclusivité des droits maritimes sur l'île ainsi que quelques autres actifs.

Beaucoup de gens estimaient que cette action valait beaucoup plus que son cours de 5 dollars (cours ajusté). Ils essayèrent d'être patients, mais il ne se passa rien pendant plusieurs années. Puis apparut un certain Monsieur Harry Weinberg qui acquit 5 %, puis 9 % et enfin 15 % du capital. D'autres investisseurs furent inspirés par M. Weinberg et achetèrent, propulsant l'action au cours record de 32 dollars juste avant qu'il ne soit rabaissé à 16 dans la grande braderie d'octobre 1987. Sept mois plus tard elle avait retrouvé un cours de 30 dollars.

La même chose se produisit avec Storer Broadcasting puis Disney. Disney était une société somnolante qui ne connaissait pas sa propre valeur avant que Mr Steinberg ne pousse le management à valoriser la cote de la société.

La société progressait de toutes façons. Elle avait brillamment réussi à s'éloigner des dessins animés et attirer une audience d'adultes plus large. Disney Channel avait été un succès, comme le nouveau parc à thèmes au Japon, et comme devrait l'être le prochain en Europe. Avec sa cinémathèque irremplaçable et ses biens immobiliers en Floride et en Californie, Disney est à la fois un jeu d'actifs, une société en redressement et une valeur à forte croissance.

Vous n'avez plus besoin d'attendre d'avoir des petits-enfants pour que soient découverts des actifs cachés. Auparavant, vous pouviez rester assis sur une société sous-évaluée votre vie durant sans que son cours ne grimpe d'un centime. Aujourd'hui, la société prend plus rapidement de la valeur grâce à tous ces raiders embusqués qui traquent les actifs sous-évalués.

Il y a quelques années, Boone Pickens est venu nous voir et nous a expliqué très exactement comment une société comme Gulf Oil pouvait éventuellement être rachetée. J'écoutai son exposé clairement raisonné, puis conclus rapidement que cela était impossible. J'étais convaincu que Gulf Oil était trop gros pour être racheté - jusqu'au jour où Chevron passa aux actes. Je suis désormais prêt à croire que tout peut être racheté, y compris les plus grands continents.

Avec autant de prédateurs dans les environs, il est plus difficile pour un amateur de trouver une action avec de jolis actifs, mais il est enfantin de deviner quand vendre. Vous ne vendez pas avant que les frères Bass ne se montrent, et si ce ne sont pas les frères Bass, ce sera certainement Steinberg, Icahn, les Belzbergs, les Pritzkers, Irwin Jacobs, Sir James

Goldsmith, Donald Trump, Boone Pickens. Après cela, il pourra y avoir une OPA, une guerre de surenchères ou un LBO susceptible de faire doubler, tripler ou quadrupler le cours de l'action.

Autre signaux de vente :

- bien que les actions soient sous-évaluées, la direction a annoncé une augmentation de capital de 10 % afin de financer un programme de diversification.

- La division qui était censée rapporter 20 millions de dollars lors de sa vente n'en a rapporté que 12.

- La diminution du taux de l'impôt sur les sociétés réduit considérablement la valeur du report à nouveau déficitaire.

- La participation des institutionnels est passé de 25 % il y a cinq ans à 60% - bon nombre de fonds de Boston figurant dans les acheteurs.

CHAPITRE DIX-HUIT

LES DOUZE CHOSES LES PLUS BÊTES (ET LES PLUS DANGEREUSES) QUE L'ON DIT SUR LES ACTIONS

Je n'en finis pas de m'étonner devant les assertions populaires colportées par les amateurs comme par les professionnels, et essayant d'expliquer pourquoi les actions se conduisent de la sorte. Nous avons fait de grands progrès en éliminant l'ignorance et la superstition dans la médecine et la météorologie, nous nous moquons de nos ancêtres qui blâmaient les dieux du maïs pour leurs mauvaises récoltes, et nous nous émerveillons "qu'un homme aussi intelligent que Pythagore ait pu penser que des esprits malfaisants se cachaient dans les draps chiffonnés ?" Pourtant, nous sommes tout à fait prêts à croire que le vainqueur de la coupe du monde de football aura une influence sur la Bourse.

Grâce à mes stages d'été chez Fidelity, j'avais commencé à comprendre en retrouvant à la rentrée mes professeurs d'université, que même les plus intelligents d'entre eux avaient tort quand il s'agissait d'actions, exactement comme Pythagore et les lits. Depuis j'ai reçu un courant ininterrompu de théories toutes aussi fausses les unes que les autres, et qui ont fini par déteindre sur le grand public.

Les idées fausses et les mythes sont nombreux, et je n'en sélectionnerai que quelques-uns. Voici donc les douze choses les plus bêtes que les gens racontent sur les actions : je vous les présente en espérant que vous les chasserez de votre esprit. Certaines vous seront sûrement familières.

Si le cours est déjà tombé aussi bas, il ne peut pas tomber plus bas.

En voilà une bonne. Je parie que les actionnaires de Polaroid se sont répétés cette même phrase alors que l'action n'en était qu'au tiers de sa longue chute amorcée au cours de 143 1/2 dollars. Polaroid était une société solide à la réputation de blue chip, aussi lorsque les bénéfices et les ventes s'effondrèrent, personne ne réalisa combien le cours était surévalué. Au contraire, ils continuèrent à se rassurer en se disant, "le cours est déjà tombé très bas, il n'ira pas plus bas", en affirmant que "les bonnes sociétés remontent toujours "ou encore" soyons patients avec la bourse" et "rien ne sert d'avoir peur d'une bonne chose".

Nul doute que ces affirmations furent ressassées dans les chaumières des investisseurs ou dans les départements de gestion de portefeuille des banques, pendant que le cours de Polaroid sombrait à 100 dollars, à 90 puis à 80. Quand il franchit le seuil des 75 dollars, la petite portion de ceux qui pensaient "qu'il n'irait pas plus bas" devint foule. A 50 dollars, chaque actionnaire de Polaroid répétait ce même refrain.

De nouveaux actionnaires continuaient à acheter des Polaroid toujours d'après la même théorie selon laquelle le cours ne tombera pas plus bas, et beaucoup ont dû le regretter car son cours est bel et bien tombé plus bas. Ce fleuron a chuté de 143 1/2 dollars à 14 1/8 en moins d'un an, et ce n'est qu'à ce cours là que la théorie "il ne tombera pas plus bas" s'avéra juste. Autant pour elle.

Il n'y a tout simplement aucune règle pour vous dire jusqu'où peut descendre un cours. J'ai appris cette leçon à mes dépens en 1971, alors que je n'étais encore qu'un analyste avide mais sans expérience chez Fidelity.

Kaiser Industries avait chuté de 25 à 13 dollars. Sur mes recommandations Fidelity avait acquis 5 millions d'actions - l'un des plus gros blocs d'actions jamais négocié dans l'histoire de la bourse américaine - au cours de 11 dollars. J'affirmai avec confiance que le cours ne pouvait descendre en dessous de 10 dollars.

Quand il atteignit 8 dollars, je téléphonai à ma mère pour lui conseiller d'en acheter car il était inconcevable que le cours descende en dessous de 7,50 dollars. Heureusement ma mère ne m'écouta pas. Je regardai avec horreur Kaiser sombrer de 7 à 6 puis à 4 dollars en 1973 - où finalement il fut prouvé qu'il ne descendrait pas plus bas.

Confiants dans la théorie selon laquelle si Kaiser était un bon achat à

11 dollars, c'était sans nul doute une très bonne occasion à 4 dollars, les gérants de Fidelity conservèrent leurs cinq millions d'actions. Puisque c'était moi l'analyste qui l'avait recommandé, je devais continuer à les rassurer sur son solide bilan. Nous fûmes d'ailleurs ravis de découvrir qu'avec seulement 25 millions d'actions ordinaires au cours de 4 dollars, la société valait 100 millions de dollars. Soit l'équivalent à l'époque de 4 Boeing 747. Aujourd'hui vous n'en auriez pour le même prix qu'un seul sans moteur.

Le cours de Kaiser était tombé si bas que cette puissante société avec son immobilier, son aluminium, son acier, son ciment, ses chantiers navals, sa fibre de verre, son ingénierie, et ses stations de radio - je ne mentionne pas ses jeeps - se vendait au prix de quatre avions. La société n'avait qu'un faible endettement. Si les actifs devaient être liquidés, l'action vaudrait 40 dollars, avions nous estimé. Aujourd'hui un raider aurait fondu dessus pour le racheter. Le cours de Kaiser Industries rebondit rapidement à 30 dollars, mais pas assez vite pour m'avoir à jamais guéri de toute nouvelle envie d'annoncer qu'il était impossible que le cours descende plus bas.

On peut toujours dire quand un cours a atteint son plancher

La pêche au cours le plus bas est un passe-temps très populaire chez les investisseurs, mais il arrive souvent que le pêcheur morde lui-même à l'hameçon. Essayer d'attraper une action en chute libre à son cours le plus bas revient à attraper un couteau en train de tomber. Mieux vaut attendre que le couteau atteigne le sol, vibre un moment puis s'immobilise avant de l'attraper. Attraper une action qui tombe rapidement peut apporter de douloureuses surprises, car il paraît inévitable que vous l'attrapiez au mauvais endroit.

Si vous avez envie d'acheter une société en redressement, il ne suffit pas que le cours soit tombé si bas qu'il vous paraisse en hausse; il vous faut une meilleure raison.

Peut-être êtes vous conscient que le secteur est en reprise, et en vérifiant son bilan, avez vous découvert que chaque action représente 11 dollars de liquidités alors que son cours actuel est 14 dollars.

Mais même si c'est le cas, vous n'arriverez pas à l'acheter à son cours le plus bas. En quelque sorte il est fréquent qu'une action vibre avant de reprendre son ascension. Cela peut prendre de deux à trois ans, mais quelquefois plus.

Le cours est monté si haut, comment peut-il encore monter ?

Vous avez raison, à moins qu'il ne s'agisse de Philip Morris ou de Subaru. Que Philip Morris soit l'une des plus grandes valeurs de tous les temps est évident, il suffit de voir son graphique. Et je vous ai déjà raconté comment Subaru aurait pu faire de nous tous des millionnaires si nous avions acheté des actions plutôt qu'une voiture.

Si vous aviez acheté Philip Morris en 1950 pour l'équivalent de 75 cents l'action, vous auriez pu être tenté de la vendre 2,50 dollars en 1961 avec pour théorie que cette action ne pouvait plus monter. Onze ans plus tard, l'action valait sept fois plus qu'en 1961, et 23 fois plus qu'en 1950, là encore vous pouviez conclure que Philip Morris avait atteint son cours record. Mais si vous l'aviez vendu à ce moment là, vous auriez manqué le prochain 7-bagger et le prochain 23-bagger.

Quiconque aurait réussi a rester fidèle à Philip Morris tout le long de son ascension aurait vu ses actions à 75 cents fleurir en actions à 124,50 dollars, ou encore son investissement de 1 000 dollars s'épanouir en un bénéfice de 166 000 dollars. Je ne compte même pas les 23 000 dollars de dividendes récoltés tout ce temps.

Si je m'étais donné la peine de me demander "comment cette action peut-elle encore grimper", je n'aurais jamais acheté Subaru après que son cours ait été multiplié par 20. Mais, je vérifiai ses fondamentaux, réalisai que l'action n'était pas chère, l'achetai, et vis son cours multiplié par 7.

Tout cela pour dire qu'il n'y a pas de limite à la hausse d'une action, et si l'histoire reste bonne, si les bénéfices continuent à croître, et si les fondamentaux ne changent pas, "le cours ne peut plus monter" est une très mauvaise raison pour repousser une action. Honte sur tous les experts qui conseillent à leurs clients de vendre systématiquement dès qu'ils ont doublé leur investissement. Vous ne trouverez jamais un 10-bagger en faisant cela.

Des actions telles que Philip Morris, Shoney's, Masco, McDonald's, et Stop & Shop ont, une année après l'autre, brisé les barrières de la théorie du "cours qui ne peut plus monter".

Sincèrement, je n'ai jamais pu prédire quelles actions pouvaient avoir leur cours multiplié par dix, ou par cinq. J'essaie de les conserver aussi longtemps que leur histoire reste intacte, dans l'espoir d'être agréablement surpris. La surprise ne réside pas dans le succès d'une société, c'est ce qui en résulte sur l'action qui en est une. Je me souviens avoir acheté Stop & Shop parce qu'elle était une action conservatrice au rendement intéressant, or les fondamentaux ne cessèrent de s'améliorer et je me retrouvai avec une valeur à forte croissance dans les mains.

Ce n'est qu'une action à 3 dollars; qu'ai-je à perdre?

Combien de fois avez vous entendu des gens dire cela ? Peut-être vous l'êtes vous déjà dit. Vous vous retrouvez en face d'une action qui vaut 3 dollars et déjà, vous pensez "C'est beaucoup moins risqué qu'une action de 50 dollars". Il m'aura fallu vingt ans de métier pour qu'il me vienne à l'esprit que quelle que soit la valeur d'une action, 50 dollars ou un dollar, si elle atteint zéro, vous perdez tout. Si elle chute à 50 cents, le résultat est légèrement différent. L'investisseur qui l'a acheté 50 dollars perd 99 % de son investissement, celui qui l'a acheté 3 dollars en perd 83 %, mais quelle consolation y trouverez vous ?

Il faut en conclure qu'une mauvaise action bon marché est toute aussi risquée qu'une mauvaise action chère, s'il lui arrive de chuter. Si vous avez investi 1 000 dollars dans une action à 43 dollars ou dans une action à 3 dollars, et si chacune se retrouve à zéro, vous avez perdu le même montant.

Pourtant je suis sûr que certains acheteurs ne peuvent résister à une occasion à 3 dollars, et se disent : "Qu'ai-je à perdre ?"

Il est intéressant de noter que les vendeurs à découvert qui profitent de la baisse des cours, prennent le plus souvent des positions plus proches du plancher que du cours le plus haut. Les vendeurs à découvert aiment attendre qu'une société ait sombré si bas que la banqueroute semble inévitable. Cela ne les gêne pas d'intervenir au cours de 8 ou 6 dollars plutôt que 60 car si l'action descend aux enfers, ils en tireront dans les deux cas, le même profit. Et savez vous à qui ils vendent quand l'action est à 8 ou 6 dollars : à ces investisseurs malchanceux qui se disent, "Comment puis-je perdre ?".

Elles finiront bien par repartir

Tout comme les Visigoths ou Gengis Khan, l'action elle aussi, remontera en selle. On a dit que RCA repartirait, mais 65 ans plus tard, il ne s'est toujours rien passé. C'était pourtant une société prospère mondialement connue. Johns-Manville: voilà une autre société de renommée mondiale qui n'est pas repartie, et compte tenu des procès qui lui ont été intentés, il est difficile de faire des prévisions. En émettant des centaines de millions de nouvelles actions, elle a largement dilué ses bénéfices, comme Navistar.

Si seulement je pouvais me souvenir de tous leurs noms, je pourrais vous donner une longue liste de sociétés moins importantes et moins connues dont les fluctuations ont à jamais disparus des écrans. Peut-être aviez-vous même investi dans certaines d'entre elles - je n'aime pas penser que je fus le seul.

Si vous considérez les milliers de sociétés ayant fait faillite, plus les compagnies solvables n'ayant jamais retrouvé leur prospérité d'antan, plus celles qui furent rachetées pour une bouchée de pain, vous commencez à mesurer la faiblesse d'un argument comme "Elles finiront bien par repartir".

Les organisations de maintenance hospitalière, les disques, les montres digitales et les mobile-homes; autant d'actions qui ne sont toujours pas reparties.

Il fait toujours plus sombre avant l'aube

C'est très humain de penser que les choses qui ne vont pas très bien ne peuvent tourner au pire. En 1981, il y avait 4 250 plate-formes pétrolières de forage en activité, mais en 1984, leur nombre était tombé à 2 200. C'est alors que bon nombre de personnes achetèrent des actions dans le secteur des services pétroliers, sous prétexte que le pire était passé. Pourtant, deux ans plus tard, il n'en restait que 686 et leur nombre est aujourd'hui toujours inférieur à 1 000.

Ceux qui investissent en s'inspirant du chiffre des livraisons des wagons de marchandises furent surpris quand le secteur ralentit, à 44 800 en 1981. C'était le chiffre le plus bas depuis 17 ans, et personne n'imagina que ce put empirer. Il atteignit pourtant 17 582 en 1982 puis 5 700 en 1983, soit un énorme déclin de 90 % dans un secteur autrefois alerte.

Quelquefois, il fait plus sombre avant l'aube, mais là encore, il arrive qu'en d'autres occasions, il fasse plus sombre avant que cela ne devienne noir comme dans un four.

Quand le cours rebondira à 10 dollars, je vendrai

D'après mon expérience, aucune action déprimée ne retrouve le cours auquel vous avez décidé de vendre. D'ailleurs à la minute même où vous dîtes "Si elle retrouve le cours de 10 dollars, je vends", vous vouez probablement cette action à des années d'hésitations en dessous de 9,75 dollars avant qu'elle ne se stabilise à 4 dollars, puis s'écrase face contre terre à un dollar. Ce processus douloureux peut prendre dix ans, et ces années durant, il vous faudra tolérer une action que vous n'aimez même pas, et tout cela parce qu'une petite voix intérieure vous souffle qu'elle vaut dix dollars.

S'il m'arrive d'être tenté par un tel raisonnement, je me souviens qu'à moins d'avoir assez confiance dans la société pour acheter davantage d'actions, mieux vaut vendre immédiatement.

Pourquoi m'inquiéter ? Les actions conservatrices ne font pas de gros écarts

Deux générations d'investisseurs conservateurs ont été élevés dans l'idée qu'on ne pouvait pas se tromper avec des valeurs de services publics. Il suffisait de déposer ces titres sans souci dans un coffre et de toucher les chèques des dividendes. Puis apparurent les problèmes nucléaires et les problèmes de taux d'intérêt, et des actions comme Consolidated Edison perdirent 80 % de leur valeur. Puis, aussi soudainement, Con Edison regagna plus qu'il n'avait perdu.

Avec les problèmes économiques et les problèmes de réglementation occasionnés par des usines nucléaires fort coûteuses, le secteur soi-disant stable des services publics est devenu aussi volatil et traître que les caisses d'épargne, ou les valeurs technologiques. Il existe maintenant des compagnies électriques qui ont vu ou verront leur cours multiplié ... divisé par 10. Vous pouvez gagner ou perdre gros; cela dépend de votre chance ou du soin que vous mettrez à choisir le bon service public.

Les investisseurs n'ayant pas saisi ce nouvel ordre des choses ont dû être largement punis financièrement et psychologiquement. Leurs investissements soi-disant de père de famille dans Public Service of Indiana, Gulf States Utilities ou Public Service of New Hampshire se sont révélés aussi risqués que s'ils avaient choisi des firmes biogénétiques inconnues - ou encore plus risqués car ils n'étaient pas conscients des dangers.

Les sociétés sont dynamiques, et les perspectives changent. Il n'existe aucune action que vous puissiez posséder sans pouvoir vous permettre de l'ignorer.

Trop longue attente fait mourir

Voici quelque chose qui vous arrivera très certainement : si, las d'attendre l'heureuse surprise, vous abandonnez une valeur, soyez sûr que l'heureuse surprise interviendra le lendemain du jour où vous l'aurez vendue. Merck a largement testé la patience générale. Malgré une croissance annuelle régulière de 14 % de ses bénéfices, son cours ne bougea pas entre 1972 et 1981. Que se passa-t-il ensuite ? Il démarra en trombe et fut multiplié par quatre dans les cinq années suivantes. Personne ne connaît le nombre des investisseurs malheureux qui avaient vendu, faute de patience ou parce qu'ils cherchaient "plus d'action".

Ils n'auraient jamais vendu s'ils avaient suivi l'histoire de près.

Angelica Corporation, un fabricant de vêtements professionnels bougea à peine d'un centime entre 1974 et 1979. American Greetings fit le mort pendant huit ans, tout comme GAF Corporation pendant onze ans; Brunswick pendant toutes les années soixante-dix; SmithKline (anciennement Tagamet) de 1965 à fin 1970; Harcourt Brace pendant les administrations Nixon, Carter et la première de Reagan; pour Lukens cela dura quatorze ans.

Je conservai Merck parce que je suis habitué à traîner avec une action dont le cours ne semble aller nulle part. J'ai toujours fait le plupart de mes gains trois ou quatre ans après avoir acheté une action. Avec Merck, il m'a fallu un peu plus longtemps. Si tout va bien dans la société, et si mon sentiment initial n'a pas changé, je sais avec confiance que plus ou moins vite, ma patience sera récompensée.

Cette inaction quelques années durant est d'ailleurs un présage très favorable. Vous commencez à croire que tout le monde a raison et que vous avez tort. Mais là où les fondamentaux sont prometteurs, la patience est souvent récompensée - le cours de Lukens fut multiplié par 6 la quinzième année, American Greetings devint un 6-bagger en six ans, Angelica un 7-bagger en quatre ans, Brunswick un 6-bagger en cinq ans et enfin SmithKline un 3-bagger en deux ans.

Imaginez tout l'argent que j'ai perdu. Je ne l'avais pas acheté !

Nous serions tous très riches aujourd'hui si nous avions mis toutes nos économies dans Crown, Cork and Seal lorsque l'action valait 50 cents (cours ajusté)! Conscient de cela, ouvrez votre portefeuille et vérifiez votre dernier relevé bancaire. Vous remarquerez que l'argent est toujours là. En fait, vous n'êtes pas plus pauvre d'un centime qu'une seconde auparavant, lorsque vous avez découvert que vous veniez de passer à côté d'une fortune avec Crown, Cork and Seal.

Cela peut paraître ridicule, mais je sais que certains de mes collègues se torturent quotidiennement en lisant "les dix gagnants de la Bourse de New York" et en s'imaginant la fortune qu'ils ont perdue en ne les ayant pas acheté. C'est la même chose avec les paris de base ball, les bijoux, les meubles et les maisons.

Considérer les gains de votre voisin comme vos pertes personnelles n'est pas une attitude positive si vous voulez investir dans le marché financier. Cela peut même vous mener à la folie absolue. Plus vous connaîtrez d'actions, plus il y aura de gagnants que vous aurez eu l'impression de laisser échapper, et vous en arriverez rapidement à vous blâmer pour des milliards et des centaines de milliards de pertes. Si vous vendez tout votre portefeuille et que le marché prenne 100 points, vous vous réveillerez en marmonnant "Cela m'a coûté 110 milliards de dollars".

Le pire avec ce genre de raisonnement, c'est qu'il risque de vous amener à tenter de vous rattraper en achetant des actions que vous ne devriez pas acheter, simplement pour éviter de "perdre" davantage. D'ailleurs, il en résulte souvent de véritables pertes.

J'ai raté celle là, j'attraperai la suivante

Le problème, nous l'avons déjà vu, c'est que la "prochaine" est rarement la bonne. Si vous avez raté Toys "R" Us, une belle société qui continue à grimper, et acheté Greenman Brothers, une société médiocre en perte de vitesse, vous avez aggravé votre erreur. Pire, vous avez pris une erreur qui ne vous avait rien coûté (souvenez vous, vous n'avez rien perdu en n'achetant pas Toys "R" Us) et l'avez transformé en une erreur qui vous a coûté très cher.

Si vous n'avez pas acheté Home Depot à bas prix, mais avez acheté Scotty's le "prochain Home Depot" vous avez commis une nouvelle erreur, car Home Depot a vu son cours multiplié par 25 depuis son introduction, alors que Scotty's n'a pris que 25 à 30 %, une performance inférieure à celle du marché pendant cette même période.

Même chose si vous avez manqué Piedmont et acheté People Express, ou si vous avez manqué le Price Club et acheté The Warehouse Club. Dans la plupart des cas, mieux vaut acheter l'original de bonne qualité à un prix élevé plutôt que la "prochaine copie" à un prix intéressant.

Le cours a monté, j'ai eu raison, ou ... Le cours a baissé, j'ai eu tort

S'il me fallait choisir une seule belle idée fausse dans le domaine de l'investissement, ce serait la suivante : croire, parce qu'un cours monte, que l'on a fait un bon placement. La plupart des gens se réconfortent facilement si l'action qu'ils viennent d'acquérir au cours de 5 dollars, monte à 6 dollars, comme s'ils voyaient là la preuve de leur sagesse. Rien ne pourrait être plus éloigné de la vérité. Bien sûr, si vous vendez tout de suite à un cours supérieur, vous faites un joli bénéfice, mais rares sont ceux qui vendent dans de telles circonstances. Au lieu de cela, ils sont convaincus que la hausse du cours prouve la justesse d'un tel investissement, et ils conservent l'action jusqu'à ce qu'une baisse du cours leur prouve le contraire. S'ils ont le choix, ils garderont une action dont le cours est passé de 10 à 12 dollars, et se débarrasseront de celle dont le cours est descendu de 10 à 8 dollars, en expliquant qu'ils ont gardé le gagnant et se sont débarrassés du perdant".

C'est ce qui est arrivé en 1981 quand Zapata, une valeur pétrolière au sommet du boom énergétique, a semblé plus agréable à posséder qu'Ethyl Corp, qui souffrait de l'interdit réglementaire sur leur produit principal - des additifs pour l'essence contenant du plomb. Pourtant la soi-disante "meilleure" des deux chuta de 35 à 2 dollars. Et pendant ce temps, Ethyl obtenait de superbes résultats dans sa division de produits chimiques, améliorait ses performances à l'étranger, et enregistrait une croissance forte et rapide dans l'assurance. Son cours grimpa de 2 à 32 dollars.

Aussi si vous entendez, "Regardez le cours a monté de 20 % en deux mois, j'ai vraiment trouvé un gagnant", ou "C'est terrible, le cours a baissé de 20 % en deux mois, je suis tombé sur un perdant", c'est que les gens confondent les prix avec les perspectives. Sauf pour les traders à court terme à recherche de bénéfices de 20 %, la fanfare à court terme ne signifie rien du tout.

La hausse ou la baisse d'un cours après que vous l'ayiez acheté vous indique seulement que quelqu'un était prêt à payer plus - ou moins - cher pour la même marchandise.

CHAPITRE DIX-NEUF

OPTIONS, FUTURES, ET VENTES A DÉCOUVERT

En matière d'investissement, les trucs sont devenus si populaires que la vieille devise "Achetez une action en Amérique" devrait être transformée en "Achetez une option en Amérique". "Investissez dans l'avenir de l'Amérique" signifie désormais "prenez un pari sur le marché des futures".

Je n'ai jamais, de toute ma carrière, acheté un future ou une option, et il ne me viendrait pas à l'esprit de commencer aujourd'hui. Il est suffisamment difficile de gagner de l'argent avec des actions traditionnelles sans être distrait par ces dérivés avec lesquels, m'a-t-on dit, il était presque impossible de gagner à moins d'être un trader professionnel.

Cela ne veut pas dire que les futures ne sont pas utiles pour les matières premières, où un fermier peut s'assurer un prix pour le blé ou le maïs au moment de la récolte, et savoir qu'il les vendra à ce même prix lorsque les récoltes seront livrées. Mais les actions ne sont pas des marchandises, et il n'existe aucune relation entre le producteur et le consommateur qui veut qu'une telle assurance de prix soit nécessaire au fonctionnement de la bourse.

Des rapports issus de Chicago et New York, les deux capitales de futures et des options indiquent qu'entre 80 et 95 % des amateurs perdent. Une probabilité moindre que les plus mauvaises probabilités au casino ou aux courses - et pourtant on continue à dire que ce sont "des alternatives d'investissement censées". Si c'est un investissement censé, alors le Titanic avait un bon commandant.

Cela ne sert à rien de vous décrire comment marchent réellement les futures et les options, car 1) cela exigerait un exposé long et fastidieux à la fin duquel vous seriez toujours aussi dérouté; 2) en savoir plus pourrait vous inciter à en acheter; et 3) je n'y comprends rien moi-même.

Mais je connais quand même deux, trois choses sur le sujet. Je sais que la possibilité d'un énorme rendement attire les petits investisseurs, frustrés de s'enrichir lentement. Ils préfèrent s'appauvrir rapidement. Et cela parce qu'une option est un contrat qui n'est valable qu'un mois ou deux, et contrairement à la plupart des actions, ne vaut plus rien quand il expire - après quoi cet investisseur doit racheter une autre option, pour perdre à nouveau tout son argent. Une série comme cela, et vous êtes dans la panade.

Considérons une situation où vous êtes persuadé que quelque chose de merveilleux va se produire chez "Sûr et Certain S.A.", ce qui propulsera son cours. Peut-être avez vous découvert un Tagamet, un médicament contre le cancer, une forte croissance des bénéfices, ou tout autre signe positif que vous avez appris à déceler. Vous avez trouvé la compagnie parfaite, l'équivalent d'une suite royale.

Vous comptez donc vos économies, mais il n'y a que 3 000 dollars sur votre compte épargne. Le reste est investi dans des fonds communs de placement. "La Personne Qui S'y Entend Aux Choses Sérieuses de l'Argent" ne vous laissera pas y toucher. Vous passez la maison au peigne fin dans l'espoir de trouver quelques objets de valeur à mettre chez un prêteur sur gages, mais le manteau de vison est troué par les mites. L'argenterie, peut-être, mais comme vous avez des amis à dîner ce week-end, votre conjoint s'en apercevra forcément. Vous pourriez vendre le chat, mais il n'a pas de pédigrée. Le dériveur a des trous dans la coque, et personne n'achètera des clubs de golf rouillés avec de mauvais grips.

Il ne vous reste donc bel et bien que 3 000 dollars à investir dans "Sûr et Certain". Soit seulement 150 actions à 20 dollars. Au moment où vous allez vous résigner à ce petit investissement, vous vous souvenez avoir entendu parler du remarquable effet de levier des options. Vous en parlez à votre courtier qui vous confirme qu'une option d'achat de "Sûr et Certain" en avril au cours de 20 dollars, vaut aujourd'hui 1 dollar, et peut en valoir 15 si son cours monte à 35 dollars. Un investissement de 3 000 dollars pourrait vous rapporter 45 000 dollars.

Vous achetez donc vos actions, et chaque jour vous regardez le journal, attendant avec anxiété le jour où le cours entamera sa hausse. Mi-mars, rien n'a encore bougé et les options que vous avez achetées 3 000 dollars ont déjà perdu la moitié de leur valeur. Vous êtes très tentés de vendre pour récupérer une partie de votre argent, mais vous persistez car il reste encore un mois avant qu'elles n'expirent, et ne valent plus rien. Un mois plus tard, c'est exactement ce qui se passe.

Et quand quelques semaines après l'expiration de vos options, le cours de "Sûr et Certain" se décide à monter, l'humiliation s'ajoute à votre blessure. Non seulement avez vous perdu tout votre argent, mais vous aviez raison sur le fond. C'est là le drame. Vous avez bien fait votre travail, et au lieu d'être récompensé, vous avez été anéanti. C'est une perte de temps, d'argent et de talent.

L'autre inconvénient des options, c'est qu'elles sont très chères. Elles ne le paraissent peut-être pas avant de réaliser qu'il faut en acheter quatre ou cinq paquets pour couvrir une action pendant un an. Vous achetez littéralement du temps, et plus vous en achetez, plus la prime qu'il vous faut payer est chère. Et par dessus le marché, la commission du courtier est très généreuse. Avec une poignée de clients acheteurs d'options, celui-ci vivra confortablement.

Le pire, c'est qu'acheter une option n'a rien à voir avec le fait de posséder une action d'une société. Quand une société grandit et prospère, tous les actionnaires en profitent, alors que les options sont un jeu avec zéro au bout du compte. Pour chaque dollar gagné il y en a un de perdu, et seule une petite majorité gagne.

Si vous achetez une action, même si elle est risquée, vous contribuez partiellement à la croissance du pays. Les actions sont faites pour cela. Dans les générations antérieures, lorsqu'il était considéré comme dangereux de spéculer avec des actions de petites sociétés, les soi-disant "spéculateurs" avaient l'avantage de fournir du capital aux IBM, McDonald's et Wal-Mart pour se lancer. Dans le marché multimilliardaire des futures et des options, pas une seule petite partie de l'argent n'est utilisée dans un but constructif. Il ne finance rien du tout à l'exception des voitures, des avions et des maisons achetés par les courtiers et la petite poignée de gagnants. Nous sommes les témoins d'un gigantesque transfert d'argent des imprudents vers les prudents.

On parle beaucoup aujourd'hui de l'utilisation des futures et des options comme d'une assurance pour protéger ses investissements en actions. Comme d'habitude, beaucoup de mes pairs ont montré le chemin de cette pente savonneuse. Les institutionnels ont dépensé des milliards pour assurer leur portefeuille et se protéger d'un krach. Il pensaient être bien couverts durant le dernier, or l'assurance de portefeuille a joué contre eux. Une partie de ce programme d'assurance exige qu'ils vendent automatiquement des actions au moment même où ils achètent davantage de futures, or cette vente massive automatique a accentué la baisse du marché, en déclenchant davantage d'achats de futures et davantage de ventes. Parmi les causes probables de l'effondrement d'octobre 1987, l'assurance de portefeuille est l'un des principaux coupables, mais beaucoup d'institutionnels continuent à prendre cette assurance.

Quelques particuliers ont repris cette mauvaise idée à leur compte. Est-ce bien rentable d'imiter les professionnels ? Ils achètent des options de vente, dont la valeur augmente si le marché baisse, pour se protéger d'un déclin. Mais les options de vente elles aussi, ne valent plus rien lorsqu'elles expirent, et il vous faut en acheter sans cesse si vous voulez être continuellement protégé. Vous pouvez dépenser 5 à 10 % de vos investissements chaque année pour vous protéger d'une baisse de 5 à 10 % du marché.

Comme l'alcoolique qui, alléché par le goût innocent de la bière, retourne vers la bouteille de gin, l'investisseur qui achète des options comme assurance, en arrive souvent à les acheter pour ce qu'elles sont véritablement, et c'est le début des ventes à terme, des combinaisons et des achats simultanés d'option de vente et d'achat sur une même valeur. Au lieu de se mettre à la recherche de sociétés, il passe ses journées à lire des lettres d'analyse technique et à s'inquiéter des configurations graphiques. Pire, il perd de l'argent. Warren Buffet pense que les futures et les options devraient être illégaux, et je suis tout à fait de son avis.

VENDRE A DÉCOUVERT

Vous avez sûrement entendu parler de cette ancienne et étrange pratique qui consiste à tirer parti d'un cours en baisse. Certaines personnes s'intéressent à cette idée en réalisant, après un regard sur leur portefeuille, qu'ils seraient riches aujourd'hui si durant toutes ces années, ils avaient vendu à découvert plutôt que d'être purement actionnaires.

Vendre à découvert revient à emprunter quelque chose à son voisin (sauf que dans ce cas, on ne connaît pas son nom), à le vendre et à empocher l'argent. Un peu plus tard, vous allez racheter un objet identique et vous le rendez à votre voisin. Ce n'est pas tout à fait du vol, mais ce n'est pas non plus une attitude charitable envers lui. Cela s'apparente à un emprunt doté d'une mauvaise intention.

Ce que le vendeur à découvert espère, c'est vendre l'objet emprunté à un prix plus haut, et acheter l'objet de remplacement à un prix plus bas, pour garder la différence. Je suppose que c'est faisable avec des tondeuses à gazon et des tuyaux d'arrosage, mais c'est plus efficace avec des actions - surtout des actions surcotées au départ. Par exemple, si vous aviez compris que Polaroid était surcoté au cours de 140 dollars, vous auriez pu vendre à découvert 1000 actions et voir immédiatement créditer 14 000 dollars sur votre compte. Il vous suffisait ensuite d'attendre que son cours chute à 14 dollars pour sauter sur l'occasion de racheter les 1 000 actions pour 140 000 dollars et rentrer chez vous avec 126 000 dollars dans les poches.

La personne à qui vous avez au départ emprunté les 1 000 actions n'y aura vu que du feu. Ces transactions ne se font que sur papier et par l'intermédiaire des courtiers. C'est aussi facile que de devenir actionnaire*.

Avant de vous emballer pour la vente à découvert, en voici quelques sérieux inconvénients. Durant toute la période où vous avez emprunté les actions, son propriétaire légal perçoit tous les dividendes et autres bénéfices, vous y perdez donc quelque part. Autre chose, vous ne pourrez dépenser le produit de la vente à découvert avant d'avoir racheté les actions et achevé la transaction. Dans l'exemple de Polaroid, vous ne pouviez pas empocher vos 140000 dollars et partir prendre quelques vacances aux Caraïbes. On exige qu'il y ait sur votre compte un solde suffisant pour couvrir la valeur des actions vendues à découvert.

Si le cours de Polaroid baissait, vous pouviez prélever un peu d'argent, mais que serait-il arrivé si le cours avait monté ? Il vous aurait alors fallu rajouter de l'argent pour couvrir votre position.

Le côté effrayant de la vente à découvert, c'est que, même si vous êtes persuadé que la société est en mauvaise posture, d'autres investisseurs peuvent ne pas en être conscients et faire monter son cours. Polaroid avait déjà atteint un niveau ridicule, mais que se serait-il passé s'il avait doublé au cours encore plus ridicule de 300 dollars ? Si vous aviez vendu à découvert, vous auriez été très nerveux. L'idée de dépenser 300 000 dollars pour remplacer un objet de 140 000 dollars peut être très gênant. Si vous ne possédez pas les 100 000 et quelques dollars nécessaires à couvrir votre position, vous pouvez être forcés de liquider avec une perte considérable.

Aucun de nous n'est immunisé contre la panique ressentie lorsque le cours d'une action chute, mais cette panique est quelque peu limitée par le fait que nous comprenons qu'elle ne peut descendre en dessous de zéro. Si vous avez vendu à découvert une action dont le cours monte, vous commencez à réaliser que rien ne peut l'empêcher d'atteindre l'infini car il n'y a pas de plafond au cours d'une action. Or une action vendue à découvert semble toujours tendre à l'infini.

Derrière toutes les histoires de vendeurs à découvert couronnés de succès, se cachent des histoires affreuses de vendeurs qui ont vu, sans recours possible, leurs actions préférées s'envoler de plus en plus haut, contre toute logique, les obligeant à se réfugier à la soupe populaire. Parmi ces malheureux, figure Robert Wilson, un homme intelligent et investisseur avisé, qui,

* En France, la vente à découvert est directement praticable sur la marché à règlement mensuel, sans système d'emprunt de titres.

il y a dix ans environ, vendit à découvert Resorts International. En fin de compte, il avait raison - la plupart ont toujours raison - John Maynard Keynes n'a-t-il pas dit qu'au bout du compte "nous serions tous morts" ? Pendant ce temps, le cours s'envola de 70 cents à 70 dollars, un modeste 100-bagger qui laissa M. Wilson avec la modeste perte de 20 ou 30 millions de dollars.

Si vous envisagez à votre tour de vendre à découvert, il peut vous être utile de vous rappeler ce conte. Avant de vendre à découvert, il vous faut plus qu'une conviction que la société est au bord du désastre. Il vous faut la patience, le courage, et les ressources nécessaires pour tenir bon si le cours de l'action ne chute pas - ou pire s'il monte. Les actions dont le cours est supposé baisser mais ne baisse pas, me rappellent ces personnages de dessins animés qui ne tombent pas des falaises mais continuent à marcher dans l'air. Tant qu'ils ne prennent pas conscience de leur situation difficile, ils restent indéfiniment là-haut.

CHAPITRE VINGT

NE FAITES PAS COMME TOUT LE MONDE

Penché sur ces années passées à chercher des actions, je me rappelle tous ces événements marquants et leur effet sur les cours, à commencer par l'élection du Président Kennedy en 1960. A seize ans, déjà, j'avais entendu dire qu'un président démocrate était toujours néfaste pour la bourse, aussi fus-je surpris lorsqu'au lendemain de son élection, le 9 novembre 1960, le marché remonta légèrement.

Durant la crise de Cuba, et la période de blocus naval des navires soviétiques - la seule fois où l'Amérique s'est trouvée en face d'une menace imminente de guerre nucléaire - j'eus peur pour moi-même, ma famille, et mon pays. Or ce même jour le marché n'accusa qu'une baisse de moins de 3 %. Sept mois plus tard, lorsque le Président Kennedy semonça vertement US Steel et les força à réduire leurs prix, je n'avais peur de rien, et pourtant le marché marqua l'une de ses plus fortes baisses historiques : - 7 %. Que l'éventualité d'un holocauste nucléaire soit moins terrifiant aux yeux de la bourse qu'une intervention du président dans le monde des affaires, me rendit fort perplexe.

Le 22 novembre 1963, je m'apprêtais à passer un examen au Boston College lorsque la nouvelle de l'assassinat du Président Kennedy se répandit sur le campus. Avec mes amis étudiants, j'allai prier. Le lendemain, je lus dans les journaux que le marché avait baissé de moins de 3 %, alors que les transactions avaient été arrêtées dès l'annonce officielle de son assassinat. Trois jours plus tard, il avait déjà effacé cette baisse. En avril 1968, après que le Président Johnson eut annoncé qu'il ne se représenterait pas pour un second mandat, qu'il cesserait les bombardements en Asie du Sud-Est, et qu'il favoriserait des négociations de paix, le marché prit 2,5 %. Durant les années soixante-dix je me consacrai à plein temps aux actions et à mon travail chez Fidelity. Pendant cette période, les grands événements, et les réactions du marché à ces événements, furent dans l'ordre : le Président Nixon imposa le contrôle des prix (hausse de 3 %), le Président Nixon démissionna (baisse de 1 %). Nixon fit un jour remarquer que s'il n'était pas président, il achèterait des actions, ce à quoi un malotru rétorqua que si Nixon n'était pas président, lui aussi achèterait des actions. IBM gagne un grand procès antitrust (hausse de 3,3 %), la guerre du Yom Kippur éclate (légère hausse).

L'événement dont les conséquences furent les plus durables s'avéra l'embargo pétrolier de l'OPEP, le 19 octobre 1983 (un autre 19 octobre chanceux !). Il provoqua une baisse de 16 % sur 3 mois et de 39 % sur un an. Il est intéressant d'observer que le marché ne réagit pas instantanément à l'importance de cet embargo, puisqu'il monta de 4 points le jour même, et de 14 points durant les cinq séances consécutives, avant d'entamer sa chute dramatique. **Ceci démontre que le marché, comme les actions, peut, à court terme, évoluer dans la direction opposée aux fondamentaux.** C'est le cas de l'embargo dont les conséquences furent une hausse des prix de l'essence, des attentes interminables dans les stations, une inflation galopante et une forte hausse des taux d'intérêt. C'est dans les années quatre vingt que l'on a observé le plus grand nombre de séances avec des gains et des pertes exceptionnelles; il y en eut plus que dans toutes les autres décades réunies. La plupart de ces mouvements n'avaient aucune signification. Je classe la chute de 508 points d'octobre 1987 loin derrière le sommet économique du 22 septembre 1985 sur le plan de son importance pour les investisseurs à long terme. C'est lors de cette conférence dite G7 que les principales puissances économiques mondiales se mirent d'accord pour coordonner leurs politiques économiques et autoriser une dévaluation du dollar. Après l'annonce de cette décision, le marché prit 38 % en six mois. La conséquence fut plus spectaculaire encore sur certaines sociétés qui bénéficièrent d'une baisse du billet vert et dont les cours doublèrent et triplèrent dans les deux années suivantes. Comme en octobre 1987, j'étais en Europe au moment de la guerre du Yom Kippur et du G7, mais au moins en ces occasions je visitais des sociétés plutôt que de courir après des balles de golf.

Les courants et les changements progressifs sont gravés dans mon esprit. La période de regroupement des entreprises du milieu des années soixante amena bon nombre de sociétés à se "dipiresifier"; certaines sombrèrent et mirent quinze ans à récupérer. Beaucoup ne refirent jamais surface, et d'autres comme Gulf and Western, ITT et Ogden émergèrent à nouveau dans la catégorie des sociétés en redressement. Durant les années soixante-dix on assista à une véritable histoire d'amour pour les blue chips de bonne qualité. On les considérait comme les "50 merveilles du monde" ou les "coups de coeur" que l'on pouvait acheter et conserver toute sa vie. A cet émerveillement pour des valeurs surestimées qui tourna court, succéda la période baissière dévastatrice de 1973-74 durant laquelle ces mêmes blue chips fondirent de 50 à 90 %. Après avoir atteint 1 050 en 1973, le Dow Jones a régressé à 578 en décembre 1984. Ce fut ensuite de mi-82 à mi-83 l'idylle populaire avec les petites valeurs technologiques; elle aussi se transforma en nouvel effondrement (de 60 à 98 %) de ces mêmes valeurs chéries qui ne pouvaient soi-disant mal tourner. Petit peut être beau mais pas nécessairement profitable.

La hausse du marché japonais de 1966 à 1988 a permis au Nikkei Dow Jones d'être multiplié par 17 alors que notre Dow Jones ne faisait que doubler. La capitalisation boursière des valeurs nipponnes a ainsi dépassé celle des valeurs américaines en avril 1987, et depuis le fossé n'a cessé de s'élargir. Les Japonais ont leur propre façon de considérer les actions; je n'y comprends toujours rien. Chaque fois que je me rends dans l'archipel pour étudier la situation, j'en conclus que toutes les actions sont largement surévaluées, mais cela ne les empêche pas de grimper.

Aujourd'hui, le changement des heures de cotation fait qu'il devient plus difficile de tenir compte des fondamentaux, et de lever les yeux de son écran. Jusqu'en 1952, le New York Stock Exchange ouvrait à 10 heures pour fermer à 15 heures et ce, depuis 80 ans, permettant aux journaux d'imprimer les cours dans leur édition du soir, et aux investisseurs de vérifier leurs actions en rentrant chez eux. En 1952, la séance du samedi fut supprimée, mais la fermeture quotidienne retardée à 15 heures 30, puis en 1985 l'ouverture fut avancée à 9 heures 30. Aujourd'hui, la séance s'arrête à 16 heures. Personnellement, je préfèrerais une séance plus courte. Nous aurions davantage de temps à consacrer à l'analyse des sociétés, ou, pourquoi pas, à visiter les musées, ces deux choses étant plus utiles que de regarder les cours monter et baisser.

Les institutionnels sont sortis de leur rôle mineur des années soixante pour dominer le marché des années quatre-vingt. Le statut légal des grandes firmes de courtage a évolué d'une société de personnes où la fortune personnelle était engagée vers des sociétés où la responsabilité personnelle était limitée. En théorie, cela était censé renforcer les firmes de courtage, puisqu'elles pouvaient augmenter leur capital en vendant des actions au public. Je suis convaincu que l'effet fut négatif.

La montée en puissance du marché hors-cote amena des milliers de valeurs secondaires qui n'étaient autrefois négociées que par l'obscure "feuille rose" - vous ne saviez jamais si vous achetiez ou vendiez à un cours intéressant - vers un marché fiable, informatisé et efficace.

La nation est préoccupée par des nouvelles financières instantanées qui, il y a une vingtaine d'années, n'étaient même pas mentionnées à la télévision. Le succès incroyable que "Wall Street Week with Louis Rukeyser" connut dès ses débuts le 20 novembre 1970, prouve qu'une émission télévisée financière peut devenir populaire.

Ce fut la réalisation de Rukeyser qui incita les grandes chaînes de télévision à augmenter leurs actualités financières, puis plus tard provoqua la création de la Financial News Network qui fit entrer les téléscripteurs dans des millions de foyers américains. Les investisseurs amateurs peuvent désormais surveiller leur portefeuille toute la journée. Seul un décalage d'un quart d'heure sépare encore un Martin Dupont d'un trader professionnel. Viennent ensuite les hauts et les bas des avantages fiscaux : terres agricoles, puits de pétrole, plate-formes pétrolières, péniches, associations de copropriété, cimetières, productions de films, centres commerciaux, équipes de sport, leasing d'ordinateurs, et presque tout ce qui peut être acheté, financé, ou loué. Ce fut encore l'apparition des firmes de fusions-acquisitions, et de groupes désireux et capables de financer des acquisitions de 20 milliards de dollars. Entre les groupes nationaux (Kohlbert, Kravis and Roberts; Kelso; Coniston Partners; Odyssey Partners; et Wesray), les Européens (Hanson Trust, Imperial Chemical, Electrolux, Unilever, Nestlé, etc...) et les raiders individuels avec des comptes en banque de taille (David Murdock, Donald Trump, Sam Hyman, Paul Bilzerian, les frères Bass, les Reichmann, les Haft, Rupert Murdoch, Boone Pickens, Carl Icahn, Asher Edelman) n'importe quelle société grande ou petite, est candidate au rachat.

N'oublions pas la popularité du leveraged buy out ou LBO, grâce auquel des sociétés ou des divisions entières sont retirées de la cote, rachetées par des personnes de l'extérieur ou le management en place avec de l'argent emprunté aux banques ou levé grâce à des junk bonds. L'engouement phénoménal de ces junk bonds, dont l'invention revient à Drexel Burnham Lambert, a fait tâche d'huile. Enfin, la naissance du marché des futures et des options, et plus particulièrement des indices, permet aux "arbitragistes" d'acheter ou de vendre des paquets d'actions pour ensuite inverser leurs positions avec des futures, faisant tourner des milliards de dollars pour d'infimes bénéfices différentiels.

Au milieu de tout ce tumulte, SS Kresge une société moribonde à cinq sous développe la formule de K Mart provoquant la multiplication de son cours par 40 en dix ans. Masco développe son robinet mélangeur et voit son cours multiplié par 1 000, devenant ainsi la plus extraordinaire action des 40 dernières années - qui aurait deviné cela d'une société de robinets ? Les sociétés à croissance forte se transforment en 10-baggers, celles qui font l'objet de rumeurs vont à la faillite et les investisseurs qui reçoivent leurs "Baby Bell" à la suite du démantèlement d'ATT, doublent leur mise en quatre ans.

Si vous me demandez quel fut l'événement le plus important du marché financier, le démantèlement d'ATT figure dans le haut de ma liste (il affecta 2,96 millions d'actionnaires) mais je ne classerai pas le tressaillement d'octobre dans les trois premiers.

J'ai récemment entendu plusieurs choses :

J'ai entendu que le petit investisseur a si peu de chances dans cet environnement féroce qu'il vaut mieux qu'il en sorte. "Iriez-vous construire votre maison sur l'emplacement d'un tremblement de terre ?" demande un conseiller prudent. Mais le tremblement de terre ne se produira pas sous la maison, mais sous l'agence immobilière. Les petits actionnaires sont capables de manipuler toutes sortes de marchés tant qu'ils possèdent de la bonne marchandise. Si quelqu'un doit s'inquiéter, ce sont bien les "oxymorons". Après tout, les pertes d'octobre 1987 ne furent des pertes que pour ceux qui vendirent. Pas pour les investisseurs à long terme. Seulement pour les joueurs marginaux, les arbitragistes, les joueurs d'options, et les gérants de portefeuille dont l'ordinateur indiquait de vendre. Comme un chat qui se voit dans un miroir, les vendeurs se sont fait peur à eux-mêmes.

J'ai entendu que l'ère du management professionnel avait introduit dans le marché financier une nouvelle sophistication, de la prudence et de l'intelligence. 50 000 stockpickers dominent la scène et ils ne peuvent pas tous avoir tort. De mon poste d'observation je dirais que les 50 000 stockpickers ont généralement raison, mais dès qu'ils ont réalisé le moindre gain, ils sont prompts à prendre leur bénéfice.

Les petits investisseurs n'ont pas besoin d'affronter cette foule. Ils peuvent tranquillement franchir la porte d'entrée alors que la horde se presse à la sortie, et sortir quand celle-ci se bouscule à l'entrée. Voici quelques valeurs qui, grandes favorites des institutionnels mi-1987, furent vendues à des cours bien inférieurs dix mois plus tard, et cela malgré une hausse de leurs bénéfices, un avenir prometteur, et de jolis cash flow : Automatic Data Processing, Coca Cola, Dunkin' Donuts, General Electric, Genuine Parts, Philip Morris, Primerica, Rite Aid, Squibb, et Waste Management.

J'ai encore entendu qu'un volume quotidien de 200 millions de titres échangés valait beaucoup mieux que 100 millions, et qu'un marché liquide avait beaucoup d'avantages.

Pas si vous vous y noyez - et c'est le cas. L'année dernière 87 % des valeurs de la Bourse de New York ont changé de mains au moins une fois. Dans les années soixante un volume quotidien de 6 à 7 millions de titres échangés était chose normale, et le taux de rotation des actions atteignait 12 % par an. Dans les années soixante-dix, le volume d'échanges grimpa entre 40 et 60 millions de titres pour atteindre 100 à 120 millions dans les années quatre-vingt. Aujourd'hui si nous n'atteignons pas les 150 millions, tout le monde pense que quelque chose va mal. Je suis conscient de contribuer à cet effet car je vends et j'achète tous les jours. Pourtant mes plus gros gagnants restent des valeurs que j'ai gardées trois ou quatre ans.

Cette rapidité de rotation a été accélérée par le succès des fonds indiciels qui achètent et vendent des milliards d'actions sans considération aucune pour les caractéristiques individuelles des sociétés concernées, ainsi que par les "fonds d'arbitrage" qui permettent aux investisseurs d'échanger leurs actions pour des liquidités, et vice versa, sans délai ni pénalité.

Nous aurons bientôt un taux annuel de rotation de 100 %. Tiens, c'est mardi, il faut que j'achète General Motors ! Comment ces pauvres sociétés vont-elles pouvoir tenir à jour la liste des actionnaires à qui envoyer leur rapport annuel ? Un livre intitulé "What's wrong with Wall Street"* indique que 25 à 30 milliards de dollars sont dépensés chaque année dans les divers échanges, frais, et commissions pour les actions, les futures et les options. Cela signifie que nous consacrons autant d'argent aux actions déjà existantes que nous n'en ramassons en émettant de nouvelles. Or trouver de l'argent frais en vue de nouvelles entreprises est avant tout la première raison d'exister du marché financier. Et lorsque décembre arrive, terme de l'année fiscale, les gros portefeuilles des 50 000 stockpickers ressemblent étrangement à ceux du mois de janvier précédent.

Les gros investisseurs ayant pris ces habitudes de transactions deviennent vite le genre de "ramasse-gains" à court terme que les courtiers adorent. Ce sont désormais les amateurs les plus prudents, les professionnels devenant volatils. Le public est le facteur stabilisant et réconfortant.

La volatilité des sociétés d'investissement, l'establishment de Wall Street, et les financiers de Boston peuvent vous fournir des opportunités. Il vous suffit d'attendre que des actions délaissées retombent à des cours ridicules, et de les acheter.

---

* Ce qui ne va pas à Wall Street

J'ai entendu dire que la chute du 19 octobre, qui est intervenue un lundi, n'était qu'un des déclins de l'histoire ayant pris place un lundi, et des chercheurs ont passé leur vie entière à étudier cet effet du lundi. On en parlait déjà lorsque je faisais mes études à Wharton.

En regardant de plus près, j'ai découvert qu'il y avait peut-être une raison à cela : de 1953 à 1984, le marché a augmenté en tout de 919,6 points, mais a perdu 1 565 points les lundis. En 1973, la hausse totale était de 169 points mais 149 points ont été perdus les lundis; en 1974 le marché a perdu 235 points au total dont 149 les lundis; en 1984, il a gagné 149 points mais en a perdu 47 les lundis; en 1987 la baisse des lundis représente 483 points pour une hausse totale sur l'année de 42 points.

S'il existe un effet du lundi, je pense le connaître. Les deux jours du week-end empêchent les investisseurs de parler aux sociétés. Toutes leurs sources habituelles de renseignements sur les fondamentaux sont taries, et pendant soixante heures, ils ont le temps de s'inquiéter d'un yen trop faible, d'un yen trop fort, de l'inondation du Nil, des méfaits sur la récolte du café au Brésil, des progrès des abeilles tueuses, et de tous les cataclysmes qu'ils trouvent dans les journaux dominicaux. Il n'y a que le week-end où l'on a le temps de lire les lointaines et lugubres prévisions des économistes invités à donner leur avis dans le supplément spécial du dimanche.

A moins d'être assez avisé pour faire la grasse matinée et ignorer les nouvelles, trop de craintes et de suspicions accumulées au cours du week-end vous pousseront à vendre toutes vos actions dès lundi matin. C'est, selon moi, la cause principale de l'effet du lundi. Avant lundi soir, vous aurez eu une chance de joindre une ou deux sociétés et de découvrir qu'elles n'ont pas encore fait faillite, c'est ce qui permet aux cours de rebondir le reste de la semaine.

J'ai entendu que le marché de 1987-1988 était une nouvelle version de 1929-1930, et que nous étions en passe de traverser une nouvelle grande dépression. Jusqu'à maintenant, le marché de 1987-1988 s'est comporté de façon assez similaire à celui de 1929-1930, et alors ? Si nous connaissons une nouvelle dépression, cela ne sera pas à cause de l'effondrement du marché financier, pas plus que ce ne fut le cas en 1930. A l'époque, 1 % seulement des Américains détenaient des actions.

La dépression de 1930 fut provoquée par un ralentissement économique dans un pays où 66 % des travailleurs appartenaient à l'industrie de transformation, 22 % à l'agriculture, et où n'existaient ni sécurité sociale, ni allocations de chômage, ni retraites, ni remboursements de maladies, ni prêts étudiants, ni les comptes d'épargne garantis. Aujourd'hui la fabrication de produits finis n'emploie plus que 27 % des travailleurs, l'agriculture, à peine 3 %, et le secteur des services, qui était de 12 % en 1930, s'est accru avec régularité à travers booms et récessions pour atteindre aujourd'hui 70 % de la population active des Etats-Unis. Contrairement aux années trente, un large pourcentage des gens sont maintenant propriétaires de leur maison; beaucoup ne sont plus endettés ou ont vu leur propriété s'apprécier substantiellement en même temps que grimpait l'immobilier. Aujourd'hui, le ménage moyen a deux salaires au lieu d'un, ce qui fournit un confort économique qui n'existait pas il y a soixante ans. Si nous connaissons une dépression, elle ne ressemblera pas à la dernière !

Pendant les week-ends, comme pendant la semaine, j'ai entendu dire que le pays partait à la dérive. Notre argent valait de l'or, il n'est plus que poussière. Nous avons du mal à gagner des guerres. Nous ne savons même plus gagner des médailles d'or aux Jeux Olympiques. Nos cerveaux sont attirés à l'étranger. Nous perdons des marchés au profit de la Corée. Nous perdons des voitures au profit des Japonais. Nous perdons au basketball au profit des Russes. Nous perdons du pétrole au profit des Saoudiens. Nous perdons la face avec l'Iran.

J'entends dire chaque jour que de grosses sociétés font faillite. C'est le cas pour certaines. Mais qu'en est-il des milliers plus petites qui naissent et créent des millions d'emplois ? En faisant mes tournées habituelles dans les divers sièges sociaux, je suis stupéfait de découvrir que beaucoup de sociétés se portent encore très bien. Certaines gagnent vraiment de l'argent. Si nous avons perdu tout sens de l'entreprise et désir de travailler, alors qui sont tous ces gens qui se bousculent aux heures de pointe ?

J'ai vu la preuve que des centaines de ces sociétés ont réduit leurs coûts et appris à faire les choses avec plus d'efficacité. Il me semble que bon nombre d'entre elles sont en meilleure forme qu'à la fin des années soixante, lorsque les investisseurs faisaient preuve de plus d'optimisme. Les PDG sont plus brillants; la pression est plus forte pour les pousser aux performances. Directeurs et salariés comprennent qu'ils doivent rentrer dans la compétition.

Chaque jour, j'entends dire que le SIDA nous perdra, que la sécheresse nous perdra, ou la récession, le déficit budgétaire, le déficit commercial, ou encore la faiblesse du dollar. Pardon, disons plutôt que la fermeté du dollar nous perdra. On me dit que les prix de l'immobilier vont s'effondrer. Le mois dernier, beaucoup de gens commençaient à s'en inquiéter. Ce mois-ci, ils s'inquiètent de la couche d'ozone. Si vous croyez à ce vieil adage financier qui dit que le marché escalade un "mur de soucis", notez bien que le mur de soucis a maintenant atteint une bonne taille et qu'il s'élève chaque jour.

J'ai développé toute une contre-argumentation à l'argument commun qui veut que le déficit commercial nous perdra. Il se trouve que l'Angleterre vit avec un important déficit commercial depuis 70 ans et que l'Angleterre a prospéré autour de lui. Mais rien ne sert de soulever ce sujet. Avant d'avoir achevé ma réflexion, tout le monde aura déjà oublié le déficit commercial et aura commencé à s'inquiéter du prochain surplus.

J'ai entendu que les investisseurs devraient être ravis lorsque les sociétés dont ils sont actionnaires, sont rachetées par des raiders, ou font l'objet de rachat par les salariés; cela peut doubler le cours de l'action en l'espace d'une nuit. Lorsqu'un raider vient racheter une société solide et prospère, ce sont les actionnaires qui sont volés. Peut-être cela leur paraît-il une bonne affaire aujourd'hui mais ils abandonnent leur mise dans la future croissance. Les actionnaires de Taco Bell étaient trop contents de donner leurs titres quand Pepsi Cola leur racheta au cours de 40 dollars. Mais cette société à forte croissance conserva sa forte croissance, et grâce à la puissance de ses bénéfices une Taco Bell indépendante pourrait bien valoir aujourd'hui 150 dollars. Prenons l'exemple d'une société déprimée dont le cours tombé à 10 dollars, se redresse. Une offre généreuse vous en propose 20 dollars. Cela paraît miraculeux quand elle se présente. Pourtant la remontée de son cours à 100 dollars ne bénéficiera à personne sauf à l'entrepreneur privé qui l'aura rachetée. Bon nombre de 10-baggers potentiels ont quitté la scène à la suite de récentes fusions et acquisitions.

J'ai entendu que nous devenions rapidement un peuple d'inutiles rongeurs de dettes, buveurs de capuccino, vacanciers, mangeurs de croissants. Il est malheureusement vrai que l'Amérique a l'un des plus faibles taux d'épargne des pays développés. Une partie de la faute en incombe au gouvernement qui continue à sanctionner l'épargne en imposant les plus-values sur le capital et les dividendes, tout en récompensant l'endettement par des déductions fiscales sur les remboursements d'intérêt. L'Individual Retirement Account fut l'une des meilleures inventions de ces dix dernières années (enfin on encourageait les Américains à épargner sans les taxer), que fait alors le gouvernement ? Il supprime la déduction pour tout le monde sauf pour le modeste salarié.

En dépit de quelques folies passagères, je reste optimiste pour l'Amérique, les Américains, et l'investissement en général. Pour investir dans des actions, il faut avoir à la base une foi dans la nature humaine, le capitalisme, le pays dans son ensemble, et dans la prospérité à venir. Jusqu'à maintenant, rien n'a été assez fort pour m'ébranler.

On m'a dit que les Japonais avaient commencé par fabriquer des petits cadeaux d'anniversaire et des parapluies en papier pour décorer les boissons d'Hawaï alors que nous avons commencé par fabriquer des voitures et des télés; maintenant c'est exactement le contraire. Si c'est vrai, il doit bien y avoir, quelque part aux Etats-Unis, une société à forte croissance qui fabrique des cadeaux d'anniversaire et qui mérite d'être surveillée. Elle pourrait être le prochain Stop & Shop.

Si vous voulez retenir quelque chose de ce chapitre, en voici les points essentiels :

- Dans le mois, l'année, ou les trois ans à venir, le marché baissera fortement.
- Les baisses de marché apportent de formidables opportunités pour acheter les titres de sociétés que vous aimez.
- Les corrections - c'est la définition des boursiers pour une forte baisse - mettent des sociétés extraordinaires à des prix très intéressants.
- Essayer de prévoir la direction du marché sur un ou deux ans est impossible.
- Pour sortir premier, il n'est pas nécessaire d'avoir toujours raison, ni même la plupart du temps.
- Les grands gagnants sont toujours des surprises pour moi, les OPA le sont encore plus. Cela prend des années, pas des mois, pour produire de gros résultats.
- Différentes catégories d'actions offrent des risques et des récompenses différentes.
- Vous pouvez faire de jolis gains en additionnant des bénéfices de 20 à 30 % avec quelques piliers.
- Les cours varient souvent à l'opposé des fondamentaux, mais à long terme, les bénéfices finissent toujours par guider ces cours.
- Qu'une société se comporte mal ne signifie pas qu'elle ne puisse pas faire pire.
- Qu'un cours monte ne signifie pas que vous ayiez raison.
- Qu'un cours baisse ne signifie pas que vous ayiez tort.
- Des piliers avec une forte participation institutionnelle et largement surveillés par les analystes, qui ont déjà enregistré une belle performance et sont surévalués, sont condamnés à entamer un déclin.
- Investir dans une société médiocre sous prétexte que son action n'est pas chère, est une technique perdante.
- Vendre une valeur à forte croissance parce que son cours semble légèrement surévalué est une technique perdante.

- Les sociétés ne croissent pas sans raison, de même qu'elles ne restent pas indéfiniment avec une forte croissance.
- Vous n'avez rien perdu en ne possédant pas une action gagnante, même s'il s'agit d'un 10-bagger.
- Une action ne sait pas que vous en êtes le propriétaire.
- Ne devenez pas trop attaché à un gagnant au point que la suffisance vous aveugle et que vous vous arrêtiez d'en suivre l'histoire.
- Si un cours chute à zéro, vous perdez autant d'argent si vous l'avez acheté à 50, 25, 5 ou 2 dollars - c'est-à-dire tout ce que vous avez investi.
- En élaguant soigneusement et en tournant suivant les fondamentaux, vous pourrez améliorer vos résultats. Quand les actions ne sont plus dans la réalité et s'il existe de meilleures alternatives, vendez-les et rachetez en d'autres.
- Quand des cartes favorables apparaissent, pariez davantage, et vice versa.
- Vous n'améliorerez pas vos résultats en arrachant les fleurs et en arrosant les mauvaises herbes.
- Si vous n'êtes pas sûr de faire mieux que le marché, alors investissez dans un fonds commun de placement, vous économiserez de l'énergie et de l'argent.
- Il y a toujours quelque chose dont il faut s'inquiéter.
- Gardez l'esprit ouvert sur de nouvelles idées.
- Vous n'êtes pas obligé "d'embrasser toutes les filles". J'ai raté ma part de 10-baggers, et cela ne m'a pas empêché de faire mieux que le marché.

NE PAS ÊTRE PRIS AU DÉPOURVU

J'ai commencé ce livre sur une histoire de vacances, peut-être devrais-je l'achever de la même façon. Empilés dans la voiture, Carolyn, les enfants et moi sommes en route pour le Maryland afin d'assister au mariage de la soeur de Carolyn. J'ai prévu huit ou neuf arrêts entre Boston et l'arrivée. C'est le nombre de sociétés cotées qui se situent dans un rayon de 180 kilomètres autour de notre route directe.

Ma femme et moi venions juste de signer une promesse d'achat pour une nouvelle maison. Le 17 août est le dernier jour où nous pouvons nous rétracter sans perdre la caution de 10 % que nous avons versée. J'essaie de me rappeler que cette somme représente les salaires de mes trois premières années à Fidelity.

L'achat de cette maison nécessite une certaine foi dans mes futures rémunérations qui, elles, dépendent beaucoup du sort des entreprises américaines. Or récemment, régnait la sinistrose.

Les taux d'intérêt atteignaient deux chiffres, certains craignant que nous ne suivions l'exemple du Brésil; d'autres imaginant une répétition des années trente. Des bureaucrates sensés se demandaient s'ils ne venaient pas apprendre à pêcher, chasser et ramasser des baies afin de prendre un peu d'avance sur les millions de chômeurs qui se réfugieraient bientôt dans les bois. L'indice Dow Jones tourne autour de 700, alors que dix ans plus tôt, il avoisinait les 900.

La majorité s'attend à ce que la situation empire.

Autant l'été 1987 fut optimiste, autant aujourd'hui, c'est le contraire. Nous avons serré les dents et décidé de ne pas annuler l'achat de notre maison. Traversant l'Etat du Connecticut, nous avons réalisé qu'elle était à nous. Le plus difficile était de savoir comment nous allions la payer au bout du compte.

Fermant les yeux sur tous ces problèmes, je m'arrêtai pour visiter Insilco, à Meriden, dans le Connecticut. Carolyn et les enfants, eux, passèrent trois heures dans une galerie de jeux vidéos à faire une recherche sur Atari. A la fin de mon entretien, j'appelle mon bureau. Ils m'annoncent que le marché a pris 38,8 points.

Soudain les gens s'excitent. Leur frénésie augmente encore le 20 août quand la hausse atteint 30,7 points.

En une nuit, tout a changé. Les mêmes qui avaient déjà réservé leurs huttes dans les bois, reviennent à toute allure pour acheter toutes les actions qui leur tombent sous la main. Ils se bousculent pour tenter d'enfourcher le taureau. On se rue pour investir dans toutes sortes d'entreprises prospères qu'une semaine auparavant, on considérait comme moribondes. Pour moi, il n'y a rien à faire, sauf des affaires comme d'habitude. Je suis investi à 100 % - je l'étais avant et après ce rebond extraordinaire. Je le suis toujours. Que c'est agréable de ne pas être pris au dépourvu. D'autant plus que cela m'évite de rentrer en catastrophe pour acheter davantage d'actions. Je dois encore aller visiter Uniroyal à Middlebury dans le Connecticut, puis Armstrong Rubber dans le New Haven. Le jour, j'irai voir Long Island Lighting à Mineola, dans l'Etat de New York, et Hazeltine à Commack. Ce sera ensuite Philadelphia Electric et Fidelcor, à Philadelphie. Si je pose assez de questions, peut-être apprendrai-je quelque chose de nouveau. Mais il est hors de question que je rate le mariage de ma belle-soeur. Si on veut réussir en bourse, il faut savoir garder ses priorités.

COLLECTION DE LIVRES D'INVESTISSEMENT

Secrets pour Gagner en Bourse
Stan Weinstein

L'Investisseur Intelligent
Benjamin Graham

Découverte de l'Analyse Technique
Antoine Dublanc

Les Nouveaux Maîtres de l'Argent
John Train

Le Guide des Indicateurs de Marché
Antoine Dublanc et Florent Barrioz

Les Secrets des Grands Traders
Jack Schwager

Le Momentum par Martin Pring
Martin Pring

Les Chandeliers Japonais
Steve Nison

L'Alchimie de la Finance
George Soros

Et si vous en saviez assez pour gagner en Bourse
Peter Lynch

Acheter en Bourse au bon moment
Martin Zweig

L'investisseur visuel
John Murphy

Création de la couverture :
Idées Attitudes
www.id-attitudes.com
Impression par :
Gráficas Santamaría, S.A.
Bekolarra, 4
01010 Vitoria-Gasteiz
España

Dépôt légal 4ème trimestre 1999